청동기시대의 고고학 5
도구론

지은이(집필순)

천선행	전북대학교 박물관
송영진	경상대학교 박물관
유병록	우리문화재연구원
황창한	울산문화재연구원
庄田愼矢	나라문화재연구소
조현종	국립광주박물관
박양진	충남대학교
이양수	문화체육관광부
손준호	한국고고환경연구소
이청규	영남대학교

한국고고환경연구소 학술총서 12

청동기시대의 고고학 5 : 도구론

초판인쇄일	2014년 6월 5일
초판발행일	2014년 6월 5일
편 저 자	이청규, 손준호
발 행 인	김선경
책 임 편 집	김윤희, 김소라
발 행 처	**서경문화사**
	주소 : 서울시 종로구 이화장길 70-14(동숭동) 105호
	전화 : 743-8203, 8205 / 팩스 : 743-8210
	메일 : sk8203@chol.com
등 록 번 호	제300-1994-41호
ISBN	978-89-6062-125-1 94900(세트)
	978-89-6062-130-5 94900

© 한국고고환경연구소, 2014
※ 파본은 본사나 구입처에서 교환하여 드립니다.

정가 16,000원

청동기시대의 고고학 5
도구론

이청규 · 손준호 편

서경문화사

서 문

대한민국의 고고학은 해방 이후 1946년에 경주의 호우총을 처음 발굴하면서 비로소 탄생기를 맞이하게 되었다. 그 뒤 한국고고학 전문 서적으로 국가 주도의 『한국사론』이 1983년 국사편찬위원회에서 출판되었지만, 시대 구분이 가능할 정도의 단순한 편년만을 갖추고 있어 한국고고학은 소아기를 벗어나지 못하고 있었다. 아직 발굴을 통한 고고자료가 많이 부족한 상태였고, 발굴기법이나 유물에 대한 기록도 미숙하였으며, 연구 인력도 대학과 국립박물관에 한정된 상태였다.

한국고고학이 질풍노도와 같은 사춘기를 겪기 시작한 것은 1994년 발굴조사연구기관이 설립된 이후이다. 1995년에는 전해보다 40%를 초과하는 발굴조사가 진행되었고, 이때부터 발굴조사는 급격히 상승하여 2001년에는 469건의 유적이 조사되었다. 이는 거의 하루에 1건 이상의 유적이 발굴되었음을 의미하는 것이다. 그리고 취업의 문이 넓어진 탓에 젊은 연구자가 양산되었다. 특히 산더미처럼 쌓이는 고고자료는 과거처럼 소수 연구자에 의한 연구의 주도를 불가능하게 하였고, 각 지역마다 별도의 성과를 도출할 수밖에 없었다. 따라서 다수의 연구자에 의한 다양성의 시기였으며 또한 혼란의 시기이기도 했다. 그 중에서도 청동기시대에 대한 유적 조사가 압도적이었고, 이에 상응하여 청동기시대를 연구하는 분위기도 고조되었다.

2007년 비로소 한국청동기학회가 창립되면서 청동기시대 모든 연구자가 특유의 인화력을 중심으로 정보의 공유, 발굴현장의 공개, 연구토론 등을 펼쳐나가게 되었다. 그 결과로서 각 지역의 대표적인 회원들이 그들의 연구력을 집약하여 출판하게 된 것이 본 『청동기시대의 고고학』 전 5권이다. 1권은 『인간과 환경』, 2권은 『편년』, 3권은 『취락』, 4권은 『분묘와 의례』, 5권은 『도구론』으로 구성되었는데, 약 50명의 연구자가 참가하여 다양한 주제를 치밀하게 다루고 있다.

본서의 내용은 각 연구자마다 다른 주장처럼 보이겠지만, 언젠가 각자의 논리들은 하나의 학설로 융합하여 다양한 색채로서 역사적 진실의 공간을 채울 것이라 확신한다. 따라서 본서는 현재 우리들의 자화상이고, 또 미래를 향한 또 다른 사색의 출발점이기도 하다. 이 점을 본서의 출판이 가지는 가장 큰 가치라 보고 싶다. 이 출판을 통하여 한국 국가 발생의 맹아적 성격을 가진 청동기 시대 연구가 한국고고학을 청년기로 이끌어 나갈 수 있을 것이라 믿어 의심치 않는다.

끝으로 바쁘신 중에도 원고의 집필을 수락하여 옥고를 제출해 주신 50여 명의 집필진과 특히 2인 1조로 각 권의 책임편집을 맡아주신 10명의 편집자 분들, 그리고 책의 출판을 허락해 주신 서경문화사 관계자 여러분들께 감사의 말씀을 올린다.

2014년 5월

제3대 한국청동기학회장 안 재 호
한국고고환경연구소장 이 홍 종

목 차

총 설

이청규 영남대학교

청동기시대의 주민들이 생존하는 데 필요한 도구로 무엇이 있는가? 이를 이해하기 위해서 우선 생존하는 방식을 검토하고, 이에 맞추어 고고학 자료를 설명해야 한다. 그러나 많은 연구자들은 가시적인 고고학 자료를 먼저 분류하고 이에 맞추어 생존방식을 설명하는 데 익숙해져 있다. 재료에 따라 토기, 석기, 목기, 청동기 등으로 구분하는데, 제작기술이 재질별로 다르면서 같은 재질의 도구 간에는 상호 공통되기 때문이다. 따라서 이 책에서도 이러한 분류에 근거하여 도구를 설명하고 있다.

각 재질별로 도구의 형태 혹은 형식을 분류하고 설명하는데, 이를 규정하는 것은 기본적으로 쓰임새 혹은 용도이다. 여기서 용도라 함은 이미 재질별로 제한된 하위개념으로서, 여러 재질을 포괄하여 목적을 달성하는 행위로서 기능이라는 상위개념이 엄연하게 존재한다. 상위개념의 기능이라 함은 환경에 적응하는 문화·역사의 주체로서 인간의 활동을 총칭하는데, 식량획득활동, 의식주생활, 교통행위, 군사활동, 이념과 관련된 종교의례활동 등이 바로 그것이다. 기능별로 구분한 도구의 종류를 재질별로 살펴보면 다음 표와 같다.

재질 ＼ 기능	식량	생활	교통	군사	이념
토기		○			○
목기	○	○			
석기(옥기)	○	○		○	(○)
청동기			○	○	○

각 기능을 세분하여 도구를 살필 때, 우선 식량획득활동의 경우 농경, 어로, 채집과 수렵 등으로 나누어 볼 수 있다. 우선 농경도구로는 석기와 목기가 대부분을 차지하고 청동기는 거의 없다시피 하다. 석기로는 굴지구로서 신석기시대부터 제작·사용된 보습이나 돌가래가 있다. 석부 혹은 유단석부가 굴지구로 사용되었을 가능성이 있지만, 이 석기들은 또한 벌채용으로 사용되기도 한다. 목제 기경구는 그 사례가 드물지만 고무래, 삽, 괭이 등이 있다. 곡물수확구는 대부분 석기로 반월형석도와 돌낫이 있으며, 탈곡 혹은 제분용으로는 석제 갈돌·갈판과 목제 절굿공이가 대표적이다. 어로도구는 원통형의 토제 그물추와 납작한 자갈돌의 양홈을 낸 석제 그물추가 확인된다. 신석기시대에 보이던 조합 낚싯바늘의 사례는 거의 발견되지 않고 있다. 수렵도구는 석기로서 활촉과 창이 대표적인데, 이는 무기로서 겸용되기도 한다.

다음 의식주생활 중에서 우선 식생활에 사용되는 도구로서 토기가 있다. 목기도 원래 있었을 것이지만 제대로 확인되지 않는다. 식생활용기로서 조리용, 저장용, 배식용 등이 있는데, 각 용도에 따라 심발형, 호형, 그리고 완형 등의 기종으로 나타난다. 건축공구 혹은 목재가공구로서 석기가 대부분이지만, 간혹 청동제도 있다. 도끼와 끌 등이 바로 그것이다. 의생활과 관련된 도구로서 방직구인 방추차가 확인되는데, 원판형의 토제품과 석제품이 있다.

교통에 이용되는 도구로서는 기마용의 재갈과 마면이 확인될 뿐, 수레나 운반도구와 관련된 자료는 확인되지 않았다. 그나마 이러한 사례는 위세품으로서 실제 무덤의 부장품으로 확인되었을 뿐이다. 집단 간의 싸움이나 갈등을 해결하는 데 사용하는 무기로는 석기와 청동기가 있다. 실제로 사용하였는지에 대해서 논란이 있지만, 청동검과 마제석검이 대표적이다. 그밖에 창과 활촉이 있지만 그 대부분이 석기이고, 청동기의 발견사례는 상대적으로 적다.

이념활동에 사용되는 종교적 의기로는 청동거울 등이 있다. 사회적 계층화의 상징물로서 청동무기 등이 있으며, 소형 장식품과 동물형 또는 기하학무늬가 장식된 각종 장신구도 존재한다. 석기 중에서는 별모양 혹은 달모양의 도끼가 위세품으로서 활용된다. 석검의 경우 무덤에 상징적인 위세용 혹은 벽사용으로 제작·보급되기도 한다.

도구의 제작방법을 살펴보면 기본적으로 재질에 따라서 크게 다르다. 석기와 목기는 원자재의 성질을 바꾸지 않으면서 다듬는 과정이 있을 뿐이다. 전자는 찰절과 고타의 기법으로 대체적인 모양을 만든 다음 마제수법으로 완성한다. 이러한 석기 가공에는 숫돌이 동원되는 정도에서 끝나지만, 목기 가공에는 대팻날과 유단석부, 유구석부, 끌과 같은 석제 공구가 뒷받침되지 않으면 안 된다. 옥기는 세밀한 공정이 요구되므로 숫돌은 물론 수정과 같은 경도 높은 송곳이 동원되어야 한다.

한편, 토기와 청동기는 500~1000℃의 온도에서 모양을 완성하는 과정이 석기, 목기와 전혀 다르다. 토기는 성형을 하거나 표면에 장식 또는 칠을 하는 정도에 그치고 완성된 형태를 안정시키기 위해 불에 구워내는데, 그 소성온도가 그렇게 높지 않다. 청동기는 구리와 주석 등의 구하기 어려운 원료를 채취·수입하고, 순수광물을 빼낸 다음 높은 온도에서 녹여내고 합금하는 과정을 거친다. 그리고 거푸집으로 모양을 만들고 문양을 새기는 작업을 필요로 한다.

이러한 과정은 결국 전문성의 차이와 관련된다. 토기, 석기, 목기의 제작은 그 대부분 일반 구성원들이 일정한 숙련과정을 거치면 가능한 일이다. 토기의 경우 적색마연토기, 석기 중에 석검, 그리고 옥기 등은 한 단계 높은 기술을 습득한 반전업의 전문가가 필요하다. 그러나 청동기의 제작은 기술을 습득하고 오래 훈련한 전문 장인이 아니면 곤란하다. 특히 형태와 문양이 상대적으로 복잡한 청동기는 더욱 그러한 바, 전업 장인의 등장은 곧 단순생업사회에서 생업과 수공업의 복합사회로 전환하는 계기가 된다.

각 재질별로 제작된 기종과 형식은 각각의 지역집단별로 그 시간과 공간을 달리하면서 제작·보급된다. 토기는 표면 처리방식에 따라서 마연토기와 조질토기로 구분된다. 무늬는 조질토기에 집중되는데, 신석기시대 토기가 거의 전면에 무늬가 장식된 것과 달리 구연부에 집중된다. 돌대문, 이중구연이 있는가 하면 공렬이나 단사선 장식이 있다. 시간적으로 볼 때 전자가 조기부터 요동과 서북한지역에서 등장한 것이라면 후자는 전기에 주로 남한에 성행한 것으로 이해된다. 그리고 공렬이 변형된 횡점문구연토기가 한반도 동남부, 무늬가 없는 외반구연호가 서남부지역에서 중기에 성행한다. 후기에는 단면 원형의 점토띠토기가 요동에서부터 한반도 전역에 걸쳐 널리 보급된다.

적색마연토기는 요서지역에서 조기부터 등장하는데, 각종 기종이 거의 망라되어 사용된다. 그러나 한반도에 와서는 호형토기 혹은 두형토기에 집중되며, 특히 남한에서는 중후기에 이르러 무덤의 부장용으로 소형 토기가 다량 제작·보급된다. 요동지역에서는 갈색마연토기로서 단지모양과 조롱박모양의 토기가 특징적으로 보급된다.

토기의 경우 기본적으로 그 문양과 디자인은 집단의 모계로 전달되는 것으로 이해된다. 그리고 그 토기 갖춤새 양식이 분포하는 범위는 통혼권과 관련된 것으로 설명하고 있다. 그것은 촌락, 그 상위의 여러 촌락공동체, 그리고 부족집단 혹은 부족연합체 수준으로 확산되는 것으로 이해된다. 따라서 각 지역별로 확산된 토기양식권은 곧 부족연합체 수준 나아가 종족과 대응시킬 수 있을 것이다.

이러한 관점에서 보면 문양과 형태 속성이 어우러져 이루는 지역별로 독특한 양식, 이를테면 전기 서북한의 팽이형토기, 중기 서남한의 송국리식토기, 동남한의 검단리식토기 등을 각 지역별로 등장한 종족집단에 대응시키는 것도 가능하다. 요동지역에서부터 한반도에 걸쳐 후기에 등장하는 점토띠토기는 또 다른 종족집단에 대응되며, 이를 청동기시대 후기 전 영역에 동일한 종족집단이 등장하는 근거로 생각할 수도 있다. 그러나 같은 토기가 확인되는 유적이 한반도 전역에서 일시에 급증한 것이 아니라 산발적이고도 서서히 증가한다. 따라서 주민 혹은 종족집단의 변화가 전면적이었다고 보기에는 무리가 있으며, 일정한 전이·융합과정을 거쳐 점진적으로 이루어진 것으로 이해된다.

목기는 기본적으로 돌도끼 등과 같은 석기의 손잡이를 제외하면 청동기시대에 실제 발견사례는 괭이와 고무래, 그리고 삽 등의 기경구가 주목된다. 이러한 목제 농기구의 출현은 이를 필요로 하는 전에 없던 생업방식의 등장과 제작도구 및 기술의 뒷받침이 있었기 때문에 가능한 것이다. 신석기시대부터 발달했던 밭농사와 이 시대에 본격적으로 수행되었던 논농사는 전자와 관련된다. 특히 논을 조성하기 위해 필요한 수로와 둑은 물론, 경지 관리를 위해서 목제 기경구가 제작된 것이다. 후자의 경우 석제 목공구인 유단석부, 대팻날, 끌 등을 활용한 깎기와 다듬기 등의 제작기술을 제시할 수 있다. 나아가 재배·수확한 알곡 등의 식량작물을 제분·가공할 목적으로 절굿공이 등이 보급되는 바, 이는 식생활 개선과 밀접한 관련이 있는 것으로 보인다.

석기는 그릇이나 장식품, 의기를 제외한 여러 방면의 기종을 갖추고 있다. 공구로서 벌채석부 이외에 유단석부, 유구석부, 대팻날 그리고 환상석부와 다두석부가 주목된다. 농경구 중에는 수확도구로서 반월형석도가 다량 보급되는데, 장주형, 장방형, 삼각형 등이 있어 각각의 지역과 시기를 반영한다. 그 중에서 특히 삼각형석도는 한반도 서남부지역에 유행하는 것으로서 벼를 수확하는 전업적인 도구로 주장되고 있다.

수렵 혹은 무기로서 석촉과 석검, 석창 등의 보급도 두드러진다. 석검은 특히 자루부분의 형식이 다종다양하여 지역과 시기별 특징을 잘 보여준다. 요동과 서북한에서는 별도의 목병을 장착하게 된 유경식이 특징적이다. 남한에서는 병부가 달린 형식이 유행하는데, 절대와 단이 있는 이단병식이 있다. 석검은 무덤의 부장용으로서 과장된 형태로 제작되기도 한다. 석창의 사례는 그렇게 많지 않지만, 석촉의 경우 다량으로 제작되고 무덤에 부장된다. 유경식과 편평만입식이 있어 각각 무기용과 수렵용이라고 하지만, 이에 대해서는 논란이 있다.

석기 중에서 마제석검은 무력적 위세품으로서 이를 계층의 증거로 설명하는 의견도 있다. 심지어는 석촉의 부장으로서 집단의 계층화 현상을 설명하기도 한다. 그러나 그 정도의 차이는 임의적인 등급의 차이로서 실제 명백한 신분상의 계층 차이로 설명하기 어렵다. 다만 기본적으로 구성원들 간에 수평적인 공동체 내에서의 등급 차이로서, 대체로 부족사회 혹은 초기족장사회의 특징을 반영하는 것으로 이해된다.

옥기는 기본적으로 석기에 속한다. 그러나 푸른빛의 색감과 무른 재질의 특성 때문에 장신구로서 제작된다. 한반도와 중국 동북지역에서 관옥과 환옥, 그리고 곡옥이 있을 뿐이다. 요서지역의 하가점하층문화권에서 유행하거나 그 이전의 홍산문화에서 관찰되는 동물형의 정교한 옥기는 확인되지 않는다. 정교한 공예품의 특징은 갖고 있지 않지만, 옥기는 준보석의 희귀광물로서 장식품 혹은 위세품으로서의 상징적인 가치가 있다. 그렇지만 이러한 옥기의 부장 무덤도 앞서 석검의 부장사례와 마찬가지 수준으로 설명해야할 것이다.

청동기는 그 대부분이 무기와 의기, 공구, 장식품 등이며 일부 마구가 전한다. 동검은 요서지역에서 한반도 남단까지 분포하는데, 비파형 검신에서 세형으로 변화하는 것은 널리 알려진 사실이다. 동검에 비해 적은 숫자가 발견되는 동모 또한 모신이 비파형이다. 동과는 자체적으로 제작·보급된 사례가 없다. 동촉은 석촉과 달리 편평식은 적고 유경식이 대부분이다. 동경은 원형에 번개무늬가 배면에 장식된 것이 특징으로 삼각거치문으로 변화하는데, 다음 초기철기시대 세문경에 내외구가 구획된 것과 차이가 있다.

이러한 청동기에 대해서 특히 보유하고 있는 집단의 사회적 성격과 관련하여 설명할 수 있다. 1점이라도 동검을 부장한 무덤과 그렇지 않은 무덤 간에도 계층의 차이가 존재한다는 견해도 있지만, 그것은 단순한 족장사회(chiefdom) 정도의 수준에 그친다. 그러나 청동기시대에 단순한 족장사회에서 복잡한 족장사회, 혹은 족장사회에서 군장사회로 전이되었다는 사실은 복수 기종의 청동기 갖춤새를 통해서 설명할 수 있다. 요서지역에서부터 한반도에 걸치는 전 지역에 청동기가 분포하는데, 각 지역 집단마다 갖고 있는 청동기의 기종과 수량이 각기 차이가 난다. 물론 각 지역집단의 구성원 간에도 보유하고 있는 수준이 각기 달라서 이를 근거로 당대 사회의 계층화 현상을 설명할 수 있다. 그러한 차이는 적어도 3등급 이상으로서 이를 통해 복잡한 족장사회(군장사회)에 이르렀음을 알 수 있다. 그중 최상위급 지도자는 무기, 장엄구, 의기, 차마구 등의 거의 모든 청동기 기종을 부장하고 있는 요하유역의 조양 십이대영자, 심양 정가와자 무덤의 주인공들이다. 이들은 후대의 기록이지만 삼국지 위지 동이전에 등장하는 '국'의 우두머리 군장으로 이해할 수 있으며, 더 나아가 고조선과 관련하여 생각할 수 있다.

제1부
토기와 석기

제1장
토기의 종류와 특징

천선행 전북대학교 박물관

Ⅰ. 머리말

1200℃ 이상의 고온에서 구워지는 도기, 유약을 입히는 자기와 달리 토기는 장석, 석영, 운모 등이 혼입된 조질토기로 약 800℃ 이하의 온도에서 소성된 그릇이다. 그러나 시유되지 않은 것을 포함하여 대체로 삼국시대의 그릇까지를 토기라 부른다.

고고학에서 토기는 그 자체만으로 기술성·기능성·시간성·공간성을 파악하는 주요 수단이다. 토기의 출토 위치, 출토 수량, 정황 등과 결부되면, 제사와 같은 특수성, 사회적 요구에 따른 계층성 등의 사회성을 파악하는 중요한 연구대상이 된다. 따라서 토기를 대상으로 한 연구방법론이 다양화될수록 그것에서 얻어낼 수 있는 고고학적 사실과 추론은 다양해진다. 특히 청동기시대 토기는 현시점에서 고고학적 시간서열을 세우는 데에 절대적인 영향력을 갖고 있다. 그 중에서 심발형토기에 시문된 몇몇 문양은 청동기시대 전기의 편년 기준이 되고, 기형 차이는 중·후기 편년의 기준이 된다.

대부분의 청동기시대 토기 연구는 특수 용도와 형태의 마연토기, 심발형토기 문양을 대상으로 한 편년 및 지역성 연구가 중심이다. 그리고 무문토기와 비슷한 문양은 한반도만이 아니라 중국 동북지방, 일본열도에서도 확인된다. 따라서 한반도 청동기시대 무문토기문화를 '중국 동북지방-한반도-서일본'이라는 동북아시아 속에 자리매김할 필요가 있다. 다음 장에는 청동기시대 토기인 무문토기의 개념과 기종구성에 대해서 알아보고, 기종구성의 특징과 변화를 살펴보고자 한다. 마지막으로는 무문토기 연구의 정점에 있는 심발형토기 문양으로 설정된 각종 토기들의 전개과정과 특징을 파악하여 한반도 청동기시대 무문토기의 위치를 살펴보고자 한다.

Ⅱ. 무문토기의 개념과 기종분류

1. 무문토기 개념의 중층성

신석기시대 토기를 빗살무늬토기(櫛文土器, 櫛目文土器) 혹은 有文土器라 하고, 유문토기에 대비되는 용어로 청동기시대 토기를 민무늬토기 혹은 無文土器로 부른다. 무문토기라고 하지만, 사선문 · 거치문 등의 침선문, 구순각목, 공렬이 구연부에 한정되어 시문되기도 한다. 그러면 무문토기는 어떤 과정을 통해 명명되고 개념화된 것일까?

무문토기라는 용어는 일제강점기 일본 연구자들이 사용하기 시작하였다. 당시 황해도 용연리패총(1916년), 서울 암사동유적(1925년), 부산 동삼동패총(1930년), 함경도 유판(이후의 농포리)패총(1932년) 등이 발굴조사되었다. 이 유적들에서 유문토기가 타제석기와 공반하고 무문토기가 마제석기와 공반하자, 양자를 인종차 혹은 동일민족 내 생활양식차, 전파경로차, 문화계통차로 여기는 다양한 견해들이 제기되었다(浜田耕作 · 梅原末治 1922; 藤田亮策 1934; 横山將三郎 1933). 특히 藤田亮策(1948, 79~80쪽)은 석기시대 토기를 厚手無文土器, 薄手櫛目文土器, 단도마연토기 및 채문토기, 신라소식토기로 분류하고, 후수무문토기는 한반도 전역에서 금석병용기까지 사용된다고 보았다. 구체적으로 "무문토기라고 하나 전혀 장식이 없는 것은 아니고 구연부, 경부, 견부 등에 爪形文을 장식하거나 예새로 그어 1열 또는 2열의 점문을 돌리며 구연부 내외에서 찌른 突刺文을 병렬하거나 소공을 일렬로 배치한 것도 있다. 그러나 대부분은 무문이며 … (중략) … 형태는 호, 화분, 심발, 접시와 같은 단순한 것뿐이고 … (중략) … 평저가 많으나 … (중략) … 손잡이는 이 형태 토기 특유의 것이며 … (중략) … 이 형태의 토기는 한국에서 북쪽 두만강에서 남쪽 제주도에 이르기까지 전역에서 발견되며 만주 각지에도 분포하며 특히 구릉상에 위치하는 유적의 공통된 토기이다. 일반적으로 조선 고유의 토기형식이라고 볼 수 있으며 대륙과 연결되는 것은 당연하다"고 하여 무문토기의 형태와 특징, 분포권을 설명하였지만, 정확한 제작 및 사용 시기에 대한 언급은 없다.

해방 후 북한과 남한에서의 발굴조사가 증가하면서 청동기시대가 정립되지만, "… 이 형식의 토기는 분명히 신석기시대의 무문토기문화를 계승한 것이다 …"(金廷鶴 1963, 22쪽)라는 지적처럼 무문토기는 여전히 무문양 조질토기의 의미로 사용되었다. 무문토기에 시대개념이 더해지는 것은 西谷正(1967)의 연구부터로 '무문토기문화', '무문토기시대'라는 용어가 사용되며, 이후 일본 연구자들의 논문(後藤直 1973; 西谷正 1975; 1982)에 답습된다. 아울러 남한에서는 '조질 무문토기문화'를 신석기시대 후기부터 청동기시대 초기에 걸친 한정된 시대의 것으로 파악하기 시작하였다(金廷鶴 1967, 5쪽).

나아가 김원용은 藤田亮策의 무문토기 개념으로는 지역적, 시간적 관계가 불분명하다고 비판하고 무문토기를 지역형식으로 분류하여 각 형식 간 관계와 기원을 밝히려 하였다. 물론 김원용(1968, 5쪽)은 신석기시대 말기부터 초기철기시대까지 무문토기가 명확하게 구별되지 않아 시대를 구분하지 않고 통일체로 무문토기를 다룬다고 하였다. 그러나 무문토기 가운데 대동강군의 각형토기를 가장 이른 형식으로 보고 신석기시대 즐문토기에서 퇴화된 것으로 보았으므로 무문토기를 청동기시대의 소산으로 인지하였음에 틀림없다. 즉 김원용(1968, 1쪽)이 "무문토기는 한국 선사토기 중 즐문토기, 雷文土器, 홍도, 흑도, 김해토기를 제외한 소위 조질 무문토기를 총칭하는 것이며 일반적으로 갈색, 무문, 평저토기를 머리에 두고 하는 말이다"라고 정의한 이래 무문토기에 청동기시대 토기라는 시대성이 부여되기 시작하였다.

다만 김원용(1968, 16쪽)의 무문토기 범주에는 홍도(단도마연토기)와 흑도가 제외되었다. "무문토기는 적봉에서 보는 따위의 만몽계 평저즐문토기와 중국계 채도 그리고 그 뒤에 오는 홍도의 영향 하에 일어나는 것이며 …"라고 홍도의 존재 가능성을 충분히 고려하였지만, 무문토기의 중요 기형을 심발형, 화분형, 호형, 두형으로만 분류하였듯 홍도와 흑도는 제외되어 있다. 현재의 무문토기 사용례도 이와 비슷한데, 특수 형태를 제외한 자비용 등 일상생활용 토기를 무문토기로 파악하는 협의의 의미로 사용되었다고 볼 수 있다. 그러나 통상적으로 청동기시대 토기를 무문토기로 총칭하는 경우도 많고, 後藤直(1973)과 이청규(1988)가 남한 무문토기에 흑색마연토기와 단도마연토기를 포함하여 분류한 것처럼 무문토기는 청동기시대 토기라는 광의의 의미로 사용되기도 한다.

따라서 무문토기의 개념은 무문양을 일컫는 무문토기, 청동기시대 토기라는 광의의 무문토기, 적색마연토기 등의 특수성을 제외한 일상생활용을 지칭하는 협의의 무문토기 등 중층적으로 사용된다. 다만 청동기시대라는 한정어가 붙는 한 범시대적 무문토기 사용은 혼란을 초래할 수 있으므로 사용상 주의를 요한다. 그리고 사용 장면에 따른 쓰임새와 개념 차이를 분명하게 밝힐 필요가 있다.

2. 기능 · 기종 · 기형 · 형식

토기의 종류를 기종 혹은 形式이라고도 한다. 기종은 어떠한 기준으로 분류되는가? 지금까지 기종을 분류하는 방법은 크게 기능과 용도, 형태적 특징(器形)을 기준으로 하는 두 가지가 있고 전자가 널리 이용된다. 일찍이 中谷治宇二郎(1927)이 형식을 생물학의 종으로 보고 불연속성을 가진 속성으로 파악하였고, 小林達雄(1989)이 형식을 기능과 용도의 의미가 담긴 것으로 파악한 것처럼 말이다. 대표적인 토기의 기종분류는 조작방법에 따라 자비용(심발 또는 옹), 저장용(호), 식기(천발 또는 완)로 나누는 것인데, 이러한 기종분화가 자리 잡는 것은 청동기시대부터라고 할 수 있다. 그러나 기능은 조작방법만이 아니라, 내용물의 차이(액체 · 고체), 사용처(일상용 · 의례용)로도 설정 가능하므로 기종분류는 유동적이다.

그러면 기능과 기종분류는 항상 일대 일로 일치하는가? 단적으로 빗살무늬토기만 보아도 그렇지 않다. 신석기시대 토기는 심발과 천발의 발형토기로 구성된다. 호가 일부 지역에 존재하지만 장기 저장용으로 보기 어려운 소형이 대부분이다. 따라서 신석기시대 토기는 동일한 형태를 크기와 용량에 변화를 주어 각 기능을 수행하도록 고안된 것이다. 뿐만 아니라 송국리식토기를 옹형이나 호형으로 보는 상이한 사용용례가 종종 보인다. 송국리식토기가 일반적으로 청동기시대 전기의 자비용 심발을 대체하는 형태로 변화하는 점을 감안하면 옹형으로 보는 것이 무난하다. 그러나 송국리식토기 가운데 자비용으로 한정하기에 용량차가 큰 것이 있어, 역시 다양한 기능을 규격에 반영시켜 제작 사용했을 것으로 추정된다. 한편, 빗살무늬토기와 송국리식토기는 기본적으로 자비용이라는 동일한 기능을 수행하지만, 통시대적으로 형태가 전혀 다르다. 또한 조리방식의 차이, 한 번의 조리로 끼니를 해결하는 사람 수의 차이, 식량소비형태의 차이, 저장기간의 차이에 따라 동일 기능이라도 양자의 크기가 다양할 것이다. 따라서 단순히 용량 차이로만 기능을 단정하기에도 무리가 따른다. 이러한 부분을 보완하는 것이 최근 활발히 연구되고 있는 사용흔 분석이다.

송국리식토기가 동일한 형태이면서 자비용과 저장용의 두 기능을 겸비한다는 것은 반대로 하나의 기능에 토기 기종이 중복되는 경우도 확인되는 셈이다. 왜냐하면 송국리식토기가 저장용으로 사용되면서 동일 기능을 수행하는 호형토기도 존재하기 때문이다. 또한 빗살무늬토기와 송국리식토기는 기능이 전환되어 옹관으로 용도가 변경되는 경우도 있다.

이상으로 기능에 따라 기종을 명명하는 것이 일치하면 가장 좋지만 실제로는 그렇지 않다. 하나의 토기에 복수 기능과 요구가 포함되어 있거나 반대의 경우도 있고, 어떠한 기능을 기준으로 분류하는가에 따라 기종분류가 다양하다. 토기의 기능에 따른 기종분류가 하나만 존재하거나 불변이 아니고, 기종이 지역·시간·세부 기능·여타 기준에 따라 달라질 수밖에 없는 것이 물질자료의 실제 모습일 것이다.

이러한 고고자료의 실상만이 아니더라도 제작자가 의도한 기능이 있겠지만, 관찰자로서의 우리들이 어느 정도 정확하게 기능을 이해할 수 있을까? 현재 고고자료를 바라보는 우리들의 입장에서 '기능=기종'을 완벽하게 파악하기란 불가능하다. 왜냐하면 고고자료를 연구대상으로 하는 우리들은 제작자나 사용자의 입장에 있지 않고 관찰자의 입장에 있기 때문이다. 관찰자인 우리는 고고학적 기종분류를 경험에 의한 분류, 즉 기능을 잘 표현한다고 생각되는 속성을 선별하여 공통된 형태적 특징으로 이루어진 분류를 기종 혹은 형식으로 일괄하여 파악할 수밖에 없다. 바꾸어 말하면 우리들이 기종 혹은 형식으로 인정하는 것은 공통된 형태가 동일한 기능을 수행할 것이라는 기대와 가정 하에 이루어진다. 小林行雄(1959)이 "일반적으로 형식 내용이 무엇인가를 정하는 것은 혼란스러운데, 중요한 것은 이러한 조작에 의해 연구상에 효과적인 결론이 나오면 좋은 것으로 …"라고 하여 기능과 용도가 아닌 형태적 특징을 형식분류의 기준으로 삼은 것도 위와 같은 이유 때문일 것이다.

기종을 기능차로 보고자 노력하던 일본과 달리 한국의 사용례를 살펴보면, 기종분류가 거의 기형을 통해 설정되는 것이 특징이다. 일반적으로 통용되는 발(바리)은 구경비보다 기고가 큰 것, 천발(얕은 바리)은 기고가 구경비보다 작은 것을 뜻하며, 옹(독)은 경부가 없는 것, 호(항아리)는 경부가 있는 것으로 정의된다. 좀 더 구체적으로 제시된 것이 『한국고고학개정용어집』의 분류 내용으로 갈무리용 그릇으로 큰독(높이 100cm 이상), 독(높이 50~100cm), 큰항아리(높이 50cm 이상), 항아리(높이 30~50cm), 단지(높이 30cm 이하)로 나누어져 있고, 음식그릇은 바리(지름 20cm 이상), 사발(지름 10~20cm), 보시기(지름 5~10cm), 종지(지름 5cm 이하), 쟁반(지름 20cm 이상), 접시(지름 20cm 이하), 잔(높이 20cm 이하, 높이가 지름보다 큰 것)으로 분류되어 있다(한국고고미술연구소 1984, 80쪽). 그리고 바리의 경우 높이가 지름보다 큰 것을 깊은 바리(심발)로, 항아리(단경호)의 경우 목길이가 전체 높이의 1/5 이상인 것을 목항아리(장경호)로 본다. 이것이 바로 경험적 인지를 바탕으로 형태적 특징과 공통성을 추출하여 동일한 형태가 동일한 기능을 겸비한다는 전제에 따라 분류된 것이라 할 수 있다.

이상의 기형에 따른 기종분류는 무문토기 연구 초창기부터 확인된다. 앞서 언급한 김원용은 기형에 따라 심발형·화분형·호형·두형으로 나누었다. 물론 기종이라는 용어를 사용하지 않고 기형분류라는 용어를 사용하며 형식이란 용어가 중첩적인 의미로 사용되긴 하지만, 토기의 공통된 형태를 기준으로 그릇의 종류를 몇 개 군으로 파악한 것은 형식학적 연구법의 출발점이라 할 수 있다. 이후 한영희(1983), 이백규(1974; 1986)의 논문에서도 기종이라는 용어보다 기형이라는 용어가 대체 사용되고 있으며, 기형은 기종의 의미와 각 기종의 세부형태를 지칭하는 용어로 사용된다. 특히 기존의 전형각형토기와 변형각형토기를 용도 차이로 보는 등 기능에 따른 형태 차이를 인식하였음을 엿볼 수 있다. 이처럼 한반도에서 기능 연구보다 기형에 치중한 분류체계가 성행한 이유는 선사시대 토기의 기종구성이 한정되어 있고, 당시 완형의 토기가 적어 정량적 분석이 어려우며, 사용흔 분석에 대한 인식과 활용이 용이하지 않았기 때문일 것이다.

선사시대 토기의 기종을 기능에 따라 하나의 기종 및 용어로 포괄하여 정의하는 것은 불가능하다. 그렇기 때문에 기능 연구와 다른 연구목적에 따른 기종분류가 구별되어야할 필요가 있다. 우리들은 저장용 토기가 다른 기능의 토기보다 내용물을 꺼내는 빈도가 낮도록 목이 좁은 경향이 있고, 음식을 담는 것은 그릇의 높이가 낮으며, 자비용은 어느 정도의 깊이가 있어야 한다는 선험적 인식을 공유하고 있다. 우리는 선험적 경험을 바탕으로 기형에 투영된 기능성을 전제로 관찰자의 입장에서 기형을 기준으로 기종분류를 할 수밖에 없다. 따라서 우리들의 연구목적과 상황에 대처하여 다양한 기준으로 기종을 분류하고 활용할 수 있고, 이러한 다양한 접근방법이 토기연구의 다양화와 고고학적 사실에 한 발 더 다가가는 원동력이 될 것이다. 이와 더불어 토기의 기능 연구는 절실하게 필요한 분야이고, 통문화적 접근이자 개별 문화에서 이루어져야 할 부분일 것이다. 다만, 기형에 따른 기종분류(形式分類) 시에 기준이 명확하게 제시되어야 한다. 기능이 정확하게 알려진 것은 발, 천발, 호 등으로 규정할 수 있지만, 기형에 따른 분류 시에는 기능과 용도가 확정된 용어보다 자비용으로 사용된 것으로 판단되는 심발형, 저장용으로 사용되었다고 추정되는 공통 형태의 호형으로 명명하여 활용하는 것이 바람직하다.

Ⅲ. 동북아시아 청동기시대 토기 기종구성의 변화와 특징(그림 1)

　토기의 기종구성은 자연지리 환경을 바탕으로 한 생업환경과 밀접하게 연동하고, 먹거리의 전통과 조리방식에 따라 다양해진다. 한반도 신석기시대에는 원시적인 농경이 존재하지만 수렵 · 채집 · 어로경제가 중심이고, 대체로 심발형토기를 주축으로 구성된다. 이러한 양상은 동일한 생업체계를 유지하던 중국 동북지방과 일본열도도 마찬가지이다. 세부적인 문양과 특수형태의 기종구성이 추가되기도 하지만, 요서지역의 興隆窪文化를 비롯하여 요동지역의 新樂下層文化 · 小珠山下層文化, 일본의 繩文文化도 기본적으로 심발형토기와 규격을 달리한 기능분화가 확인된다. 반면 신석기시대부터 농경사회로 일찍 진입한 황하유역의 잡곡농경지대와 장강유역의 도작농경지대에서는 심발형토기는 물론 鬲 · 鼎 · 甗 등의 삼족기와 鬶 · 爵 등의 기종이 다양하게 구성된다.

　중국 동북지방은 중원 농경집단과의 접촉, 농경의 파급에 따라 신석기시대 후기부터 기종구성이 변하기 시작한다. 요서지역의 紅山文化와 후속하는 小河沿文化에는 중원의 채도가 도입되고 호형토기가 출현하기 시작하며, 요동지역의 編堡類型, 石佛山類型에도 호형토기가 새로 추가된다. 한반도에서는 청동기시대의 본격적인 농경개시와 더불어 저장용의 호형토기가 출현하고, 일본열도는 송국리문화가 유입되면서 야요이시대에 새롭게 호형토기가 제작 · 사용된다.

　한편, 동북아시아를 조망할 때 청동기시대부터 기종구성은 단순히 생업형태에 좌우된다고 보기만은 어렵다. 중원지방을 대표하는 삼족기의 유무와 빈도를 살펴보면, 중원의 영향을 가장 많이 받는 요서지역에서는 夏家店下層文化, 夏家店上層文化, 魏營子文化에서 관찰되는 바와 같이 삼족기가 성행한다. 하가점하층문화의 경우 흑도 · 채도 · 회갈도가 확인되며, 삼족기(鬲 · 甗 · 鼎)를 비롯해 尊 · 盆 · 甕 · 豆 · 杯 등이 구성된다. 위영자문화도 鬲 · 甗 · 淺鉢 · 大口罐 · 甕 · 二重口緣 盆 등으로 구성된다(천선행 2010a). 다만 요서지역은 생활유적과 무덤유적에서 출토된 토기구성이 상이하다는 점이 특징이다. 공통된 삼족기이지만 생활유적에서는 회갈도가 많고 언 · 력 · 정 · 관 · 분 · 옹이 주로 출토되며, 무덤유적에서는 하가점하층문화의 경우 채도가 많고 력 · 정 · 관 · 罍 · 瓿 · 盉 등 청동용기를 모방한 토기가 출토되는 것이 특징이다(郭大順 · 張星德 2008).

　요동과 요서의 경계지대인 西遼河와 柳河 사이의 평원에 분포하는 高臺山文化에서도 삼족기가 확인되지만, 요서지역과 달리 무덤에서는 삼족기가 출토되지 않는다. 彰武 平安堡遺蹟, 阜新 平頂山遺蹟과 같은 생활유적에서는 홍갈도의 盆式鬲과 筒式鬲, 소량의 鼎, 甗 · 壺 · 盆 · 천발 · 두형토기 등이 출토되고 삼족기의 모습은 요서지역과 다르다(천선행 2010b). 東高臺山, 腰高臺山遺蹟과 같은 무덤유적에는 호형토기와 高足鉢, 천발형토기가 부장된다. 특히 무덤 출토품은 중소형으로 적색을 띠며 재지성을 고집하는 반면, 생활유적 출토품은 요서지역과의 교류, 생업 및 조리방법의 공유를 통해 삼족기가 유입되고 변형되어 사용되었음을 엿볼 수 있다.

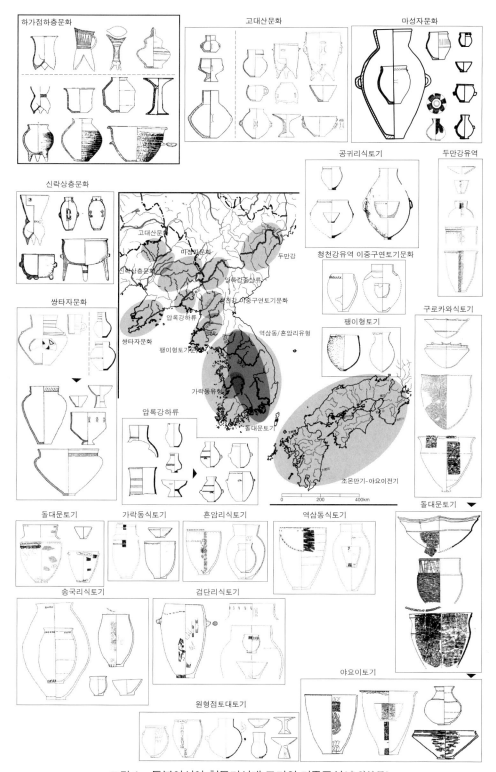

그림 1 _ 동북아시아 청동기시대 토기의 기종구성(축척부동)

요동지역은 지리적 경계에 따라 크게 3개 지역군으로 나뉜다. 고대산문화 말기에 형성되어 발전한 渾河流域의 新樂上層文化, 요동산지 太子河流域의 마성자문화, 요동반도 남단의 雙砣子文化가 있다. 신락상층문화의 무덤유적은 아직 분명하지 않다. 생활유적에서 출토된 토기는 조·사질 홍갈도로 鬲을 제외한 鼎·甗 등의 삼족기를 중심으로 시루·완·발 등이 구성된다. 특히 정이 중심인데, 요서지역의 영향이 미치는 동쪽 한계에 위치한다고 볼 수 있다. 반면 마성자문화는 생활유적 출토품이 분명하지 않다. 다만 일부 포함층유적에서 출토된 유물 구성을 고려하면, 무덤과 생활유적 출토품 간의 차이는 크지 않을 것으로 보인다. 마성자문화 동굴묘에는 罐·호·완형의 토기가 부장되는데, 호형토기는 높이가 대체로 20cm 이하 15cm 전후에 집중하고 있어 무덤 부장품을 따로 제작 사용하였음을 알 수 있다(천선행·장순자 2012). 일부 기고 70cm 이상의 대형 호형토기가 출토되기도 하는데, 이는 후술할 압록강중상류의 공귀리식토기와 유사하다. 마성자문화의 수렵·채집을 중심으로 한 생업환경과 기종구성은 재지 신석기시대를 답습하였다고 볼 수 있다.

雙砣子文化는 于家村上層文化, 羊頭窪文化라고도 하는데, 쌍타자유적 발굴 당시 1기는 신석기시대로 여겨졌지만, 이후 대취자유적에서 출토된 청동창을 근거로 청동기시대로 받아들여지고 있다(大連市文物考古硏究所 2000). 쌍타자 1기는 高頸罐·호·單耳杯를 특징으로 하고 용산문화의 영향을 받았으며, 쌍타자 2기 문화는 岳石文化의 영향으로 정 등의 삼족기와 簋·罐·豆·壺 등이 구성된다. 이상의 쌍타자 1기와 2기 문화는 중원과의 관련성이 엿보이는데, 고대산문화와 같이 요서지역과의 관련성보다는 발해를 사이에 두고 膠東半島와의 직접적 교류로 중원문화가 일부 유입된 것으로 보인다. 쌍타자 1기와 2기가 중원문화의 영향으로 신석기시대에서 청동기시대로 급변하였다면, 쌍타자 3기부터는 요동반도 남단의 재지적 특징이 표출되는 단계이다(大貫靜夫 2007; 천선행 2013). 쌍타자 3기는 관과 호가 가장 많고, 대각이 달린 궤(簋 혹은 권족발)가 특징적이다. 소량이나마 甗과 다족기가 확인되지만, 토기의 기본적 기종구성에 포함될 정도는 아니다.

이상으로 보아 청동기시대 기종구성은 생업환경의 변화와 더불어 주변지역과의 관계를 통해 변동하며, 중원의 영향이 강한 요서지역에서 지리적으로 먼 요동지역으로 갈수록 삼족기 등 중원적 색채가 감소함을 알 수 있다. 중국 동북지방의 동향으로 볼 때 한반도의 청동기시대 토기는 기종구성 및 문양으로 보아 절대적으로 요동지방과 유사한데, 무문토기로 총칭할 수 있는 토기문화는 고대산문화·마성자문화·쌍타자문화 분포권까지로 볼 수 있다. 물론 두만강유역과 같이 연해주를 비롯한 홍성문화의 전통이 한반도 동부로 이어지는 계통도 존재하지만, 비율적으로 보면 '압록강유역-청천강-대동강-한강-금강-낙동강-남강'으로 이어지는 지리적 환경 때문에 중국 동북지방 특히 요동반도의 영향이 크다. 한반도 청동기시대 조·전기의 토기구성은 주지의 사실과 같이 새롭게 호형토기가 구성되며, 한반도 북부의 압록강중상류와 하류에는 인접 지역 문화와의 관계를 통해 다양한 문화가 유입된다.

압록강중상류는 지리적 환경이 유사한 마성자문화와 공통되는데, 공귀리식토기와 돌대문, 석기구성이 그러하다(安在晧 2010). 압록강하류의 신암리 Ⅰ·Ⅱ기 문화는 쌍타자문화와 유관하며, 재지의 소주산상층문화를 바탕으로 쌍타자 1기와 2기 문화요소가 파급되는 주변지적 성향이 강하다. 아울러 쌍타자 3기의 기종구성인 고배가 공통적으로 조성된다. 반면 후술할 문양요소에서 마성자문화와의 융합양상도 동시에 보인다(安在晧 2010; 천선행 2013).

청천강유역 이남에서는 요동반도 각지의 문양요소들이 파급되며 다양한 형태로 재지화되지만, 심발형·천발형·호형이라는 구성에는 변함이 없다. 일상용 토기와 달리 한반도 남부지방에서는 대부발, 대부호, 채문토기 등의 마연토기가 성행하는 특징이 있다. 지금까지의 연구성과로 볼 때, 마연토기도 마성자문화 혹은 쌍타자문화와의 연관성이 엿보인다(송영진 2013). 한반도 청동기시대 전기의 심발형토기는 점차 소형화되면서 구연이 내만하다 중기의 송국리문화 단계에는 외반구연토기로 변화한다. 심발형에서 옹형으로 형태가 변화하였을 뿐 자비용으로 토기조성에는 변함이 없다.

일본열도는 조몬시대에 해양문화의 독자성을 유지하는데, 기종구성은 역시 심발형과 천발형이다. 도작농경문화와 더불어 송국리문화가 유입되면서 토기 기종구성의 변화도 초래하였다. 호형토기가 등장하고, 특히 적색마연호가 적극적으로 유입되어 야요이화된다. 야요이시대부터 서일본은 섬나라로서의 고립성보다 대륙과의 연결을 지향하며 한반도 토기문화의 변화와 연동하며 전개된다. 특히 조몬만기 토기인 돌대문토기는 구경 20cm의 소형과 구경 30cm의 대형군이 있지만 야요이토기는 구경 19~24cm로 정형화가 나타난다는 연구결과로 볼 때(森岡秀人 外 2005), 도작농경이라는 새로운 생업의 유입과 더불어 가족구성, 조리방식의 변화 등 전반적인 식생활문화의 전환이 연쇄적으로 나타났을 것이라 추정된다.

Ⅳ. 심발형토기 각 문양의 시공간적 전개

1. 심발형토기의 분류 방식과 종류

무문토기가 심발형, 천발형, 호형으로 구성됨은 언급한 바와 같다. 천발형과 호형토기는 약간의 기형변화만 보일 뿐, 편년 및 지역성을 뚜렷하게 반영하지 않는다. 그렇기 때문에 심발형토기에 시문된 특징적 문양을 연구대상으로 삼는 경우가 많다. 무문토기 하위 분류명으로 '○○식토기', '○○형토기', '○○토기'가 있다. 전자는 대표적으로 표지 유적명을 이용한 것이 많은데, 가락동식토기, 역삼동식토기, 흔암리식토기가 그러하다. '○○식토기'는 이들이 포함되는 유형의 토기를 일컫는 것으로 토기조합의 의미를 내포하며, 동일한 형태 또는 문양을 가지고 다른 문양과 식별되는 일군을 의미한다. 그럼에도 불구하고 '○○식토기'를 인지하는 방식은 특정 문양요소에 있음을 간과할 수 없다. '○○형토기'는 주로 송국리형토기, 미송리형토기처럼 '○○식토기'와 동일한 맥락으로 사용되거나 특정 문양을 대표하는 팽이형토기(각형토기)처럼 '○○토기'의 의미로도 혼용되어 사용된다. 뿐만 아니라 앞서 이야기한 기종분류 시에 동일 기형을 기준으로 분류된 심발형토기, 호형토기 등 기종분류의 의미로도 사용된다. 'ㅇㅇ토기'는 문양형태 등 토기의 특징적 요소에 착안하여 부여된 용어로 돌대문토기, 점토대토기, 이중구연토기 등이 그러하다. 그렇기 때문에 돌대문 혹은 이중구연 요소를 갖춘 전 시대의 토기를 지칭하는 광의의 의미로 사용되기도 한다. 그러나 광범위한 의미로 사용할 때 돌대문토기와 이중구연토기, 점토대토기가 주로 제작 사용되는 시기와 공간에 대한 이해를 저해하는 경우가 있으므로, 특정시기에 한정된 분포를 가지는 협의의 의미로 사용하는 것이 일반적이다.

심발형토기의 분류 기준은 확실히 문양요소에 있지만, 문양 자체만으로 시공간적 특징을 파악하기 어렵다. 가령 이중구연은 신석기시대 후·말기부터 중국 동북지방을 포괄한 광범위한 지역에서 장기 존속하므로 이중구연만으로는 각 토기의 시대성과 성립 및 전개과정을 논할 수 없다. 따라서 출토 맥락과 형성과정, 시공간적 한정성을 고려하여 특징을 잘 반영하는 'ㅇㅇ식토기', 'ㅇㅇ형토기', 'ㅇㅇ토기'를 시기별로 선별하여 형성과정과 존속시기, 분포, 전개과정을 간단하게 살펴보고자 한다.

2. 조·전기 토기의 특징

한반도 청동기시대의 시작을 알리는 지표유물이 돌대문토기이다. 돌대문토기는 신석기·청동기시대의 한반도, 중국 동북지방, 연해주, 서일본 각지에서 제작 사용된 구연부에 돌대를 덧붙이고 판상도구나 봉상도구로 각목을 새긴 토기를 일컫는다. 돌대문토기는 돌대 형상, 각목 유무에 따라 무각목돌대문토기, 각목돌대문토기, 돌대각목문토기, 절상돌대문토기, 계관형돌대문토기 등이 있다.

한반도에서 돌대문토기는 신석기시대 후·말기와 청동기시대 조·전기에 출토된다(千羨幸 2007). 신석기시대의 것은 춘천 내평, 사천 구평리, 돌산 안도유적에서 출토된 바 있고, 돌대가 대형에 가깝고 돌출되어 각목이 없는 무각목돌대문토기이다(그림 2). 청동기시대의 것은 자비용의 심발형토기 구연에서 0~1cm 떨어진 지점에 돌대가 붙고, 판상도구로 명확하게 각목하는 것이 특징이다. 하남 미사리, 제천 황석리, 금산 수당리, 익산 영등동, 김천 송죽리, 경주 충효동, 순창 원촌, 진주 옥방 5지구, 상촌리 D지구, 어은 1지구, 사천 본촌리, 제주 상모리유적, 영서지방의 가평 연하리, 홍천 철정리, 외삼포리, 정선 아우라지유적과 연기 대평리, 인천 동양동유적에서도 출토되었다. 이 유적들은 대체로 내륙지역 하천변의 충적대지에 분포하는 특징이 있다. 돌대문토기는 石床圍石式(板石敷圍石式) 노지를 갖춘 방형주거지와 土壙圍石式 노지를 갖춘 장방형주거지에서 출토되는 것이 일반적이지만, 최근에는 수혈식 혹은 평지식 노지의 장방형주거지에서도 출토된다. 청동기시대 돌대문토기는 돌대 위치가 구연단 쪽으로 점차 올라가고, 각목 형태가 넓은 D자에서 마름모꼴, 선상을 이루는 형태로 변화한다. 돌대문토기가 주축을 이루는 단계를 조기로 편년하고 전기후반까지 존속한다고 보는 견해가 제시된 이후(安在晧 2000; 千羨幸 2005; 李亨源 2007), 조기에 한정시키거나 전기 이른 단계로 보는 견해도 있어(김장석 2008; 김현식 2008; 박성희 2009; 金炳燮 2012), 돌대문토기의 존속시기와 조기설정 문제는 학계에서 아직 조율되지 못하고 있다.

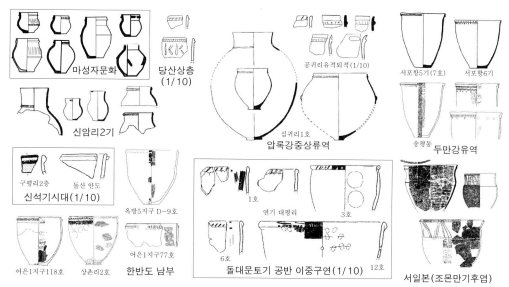

그림 2 _ 돌대문토기 관련자료(별도표기 외 1/20)

　한반도 남부 출토 돌대문토기와 같이 심발형토기 구연부에 돌대를 덧붙이는 것은 한반도 동북지방을 포함한 연해주지역에서 확인된다(그림 2). 서포항유적 4·5기, 회령 오동, 무산 범의구석, 나진 초도, 송평동유적에서 확인되는데, 신석기시대 말기부터 청동기시대에 이르는 전환기의 표지적 유물이며 문양요소로서 돌대문은 역사시대까지 확인된다. 다만, 한반도 남부지방의 각목은 판상 혹은 봉상도구로 시문되는 반면, 동북지방의 각목은 봉상도구, 半裁竹管狀 도구, 손가락을 이용하여 누른 다양한 형태가 있다. 그리고 중국 동북지방과 한반도 서북지방에서는 돌대가 호형토기 혹은 고배에 덧붙는데, 호형토기는 구연부 혹은 동체부, 경부와 동체부의 경계상에 붙는 등 다양하다. 중국 동북지방에서는 돌대가 신석기시대의 소주산상층과 편보유형, 청동기시대 쌍타자 3기, 고대산문화, 마성자문화에서 이용되는 보편적 문양요소이다.

　한반도 남부지역 돌대문토기의 기원은 크게 두 가지 설이 있다. 하나는 돌대문 존재와 주거지 구조의 유사성을 근거로 압록강중상류 혹은 요동반도에서 농경생산을 기반으로 한 주민들이 남하하여 한반도 남부지방 돌대문토기가 출현한다고 보는 설이다(安在晧 2000). 한발 더 나아가 주거지 구조, 공반 석기, 방추차 등의 공통성을 근거로 마성자문화로부터 이어지는 공귀리, 심귀리유적의 압록강중상류에서 직접적인 계보를 구하는 견해가 있다(千羨幸 2005). 또 하나는 매부리형석기, 단면 원추형 방추차, 돌대가 붙는 토기기종(발형토기)의 유사성을 근거로 북위 40°이북의 중국 길림-두만강유역 잡곡농경문화 주민이 기온하강으로 인해 남부지방으로 이주하여 돌대문토기가 출현한다고 보는 설이다(金材胤 2003). 어느 설이든 압록강, 두만강유역과 한반도 남부지방 사이의 지리적 공백이 존재하여, 중간지의 돌대문토기 양상이 어느 정도 밝혀지고 돌대문토기 집단의 이주 배경이 명확해져야 발전적 논의가 가능해질 것이다.

서일본의 돌대문토기는 조몬 만기후엽에 나타나 야요이시대 조기까지 확인된다. 구연부가 꺾인 굴곡형의 발형토기 구연부와 경동부 경계에 1조 내지 2조의 돌대문이 부가되고, 각목 형태와 시문방법은 한반도 남부지방 것과 유사하다. 이 서일본 돌대문토기의 기원을 한반도 남부 돌대문토기에서 구하는 견해가 제기되기도 하였다(千羨幸 2008b).

전기에는 돌대문이 잔존하기도 하지만, 이중구연과 침선문, 공렬토기의 조합양상에 따라 다양하게 전개된다. 이중구연토기는 겹아가리토기, 겹구연토기, 겹입술토기로도 불리는데, 신석기시대 후·말기부터 청동기시대 조·전기(팽이형토기, 청천강유역 이중구연토기, 가락동식토기, 흔암리식토기)에 걸쳐 중국 동북지방, 한반도 일대에 폭넓게 분포하는 보편적 문양요소이다. 먼저 팽이형토기(각형토기)는 대동강유역에 집중 분포하고, 좁은 굽을 가진 옹형토기(전형)와 호형토기(변형)로 구성된다(韓永熙 1983). 이중구연에 몇 개 단위의 사선문을 시문한 것과 그렇지 않은 것이 있다. 금탄리, 남경, 신흥동, 석교리, 마산리, 입석리유적 등이 대표적이다. 청천강유역의 이중구연토기는 종래에 팽이형토기로 여겨졌으나, 청천강유역의 토광위석식 노지와 초석, 대동강유역의 무시설식 노지와 주공의 차이가 부각되면서 양자의 분리가 이루어지게 되었다(그림 3). 주거지 구조 외에도 청천강유역의 이중구연토기는 평저가 더 넓어 안정적이고, 이중구연 위의 사선문이 등간격으로 시문되는 차이가 있다. 이에 따라 가락동식토기의 기원은 종래 팽이형토기에서 청천강유역의 이중구연토기로 변경되어 정설화되었다(朴淳發 1999).

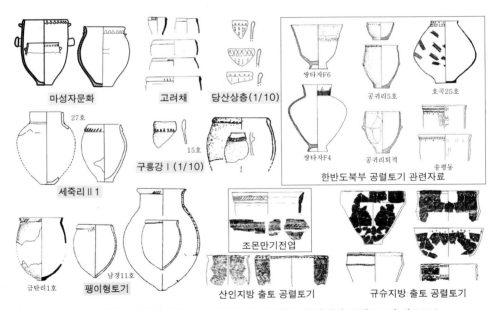

마성자문화

고려채

당산상층(1/10)

쌍타자F6

공귀리5호

호곡25호

27호

세죽리Ⅱ1

구룡강Ⅰ(1/10)

15호

쌍타자F4

공귀리퇴적

송평동

한반도북부 공렬토기 관련자료

금탄리1호

남경11호

팽이형토기

조몬만기전엽

산인지방 출토 공렬토기

규슈지방 출토 공렬토기

그림 3 _ 한반도 북부와 서일본 이중구연 및 공렬토기 관련자료(별도표기 외 1/20)

한반도 남부지방 가락동식토기는 평저의 심발형으로 이중구연 전체 혹은 하단, 동체부에 걸쳐서 거치문이나 사선문이 시문된다. 가락동식토기는 금강유역을 비롯하여 한반도 남부 전역에서 출토되나 가락동유형의 유물복합체는 금강유역에 배타적으로 분포한다(金壯錫 2001). 전기후반에 금강유역에서 구순각목이 부가되거나 공렬이 부가된 흔암리식토기가 출토되지만 그 수량은 미미하다. 대전 용산동, 둔산, 신대동, 궁동, 익산 영등동, 청주 용암유적 등이 대표적이다. 금강유역에서 가락동식토기는 장방형주거지에 토광위석식 노지, 초석이 설치되어 있는 경우가 많으며, 청천강유역 이중구연토기문화 집단의 이주로 형성된 것으로 이해된다.

흔암리식토기는 일반적으로 구순각목, 공렬로 대표되는 역삼동식토기와 가락동식토기의 문양조합이 이루어진 것으로 이해된다. 가락동유형이 금강유역에 집중 분포하는 반면, 흔암리식토기는 한반도 남부지역 전역에 걸쳐 광범위하게 분포한다. 이러한 분포범위는 역삼동식토기와 동일하므로 역삼동·흔암리유형으로 변경시키거나(李亨源 2002) 흔암리유형을 폐기하는 경향(金壯錫 2001)이 있다. 흔암리유형과 달리 한 토기에 가락동식토기와 역삼동식토기 문양요소가 조합되는 경우 여전히 흔암리식토기로 통용된다.

가락동식토기와 흔암리식토기는 이중구연을 공통분모로 하므로 변화가 동일하다. 이중구연 하단부가 분명한 형태에서 접합흔이 선상으로 희미하게 남아 있는 형태(유사이중구연 혹은 퇴화이중구연)로 변하고, 이중구연 폭이 2.5cm 정도로 짧은 것에서 5~7cm 정도로 길어진다(安在晧·千羨幸 2004). 또한 이중구연과 결합하는 침선문이 이중구연 위에만 시문되다가 점차 하단부로 이동하고 전기후반에는 이중구연과 동체에 걸쳐 시문된다.

최근에는 가락동식토기 및 흔암리식토기와 구별되고, 돌대문토기와 공반하는 이중구연토기가 연기 대평리, 홍천 외삼포리, 진주 평거동유적에서 출토되어 이들을 재분류하는 연구가 진행되고 있다(그림 2). 돌대문토기와 공반하는 이중구연토기는 미사리유적(KC-017)에서 이미 출토된 바 있지만, 요동지역 전기 청동기시대의 소산으로 가락동식토기와 다르다는 인식만이 존재하였다. 이들은 이중구연이 짧은 공통성이 있는데, 마성자계 이중구연·상마석계 이중구연(安在晧 2010), 요동계 이중구연(裵眞晟 2012), 이중구연(金炳燮 2012), B형 이중구연(정지선 2010) 등으로 명명되기도 한다. 어떤 용어든 돌대문과 공반하는 이중구연을 남한화의 지표인 가락동식토기와 구분하려는 의도는 동일하며, 용어 사용 문제는 좀 더 논의를 거쳐야 할 것이다.

돌대문과 이중구연이 공존하는 사례는 중국 동북지방 신석기시대 후기부터 확인된다. 대표적인 것이 편보유형인데, 조공가유형으로도 불린다. 한 토기에 이중구연과 돌대가 결합되기도 하며, 압록강하류역의 당산유적에서도 출토된 바 있다(그림 3). 당산상층의 소속연대를 신암리 1기보다 이르게 볼 것인지(宮本一夫 1986), 신암리 3지점 1문화층과 신암리 2기 사이에 개재하는 것으로 볼 것인지(배진성 2009)에 대한 의견이 분분하다. 이후의 석불산유적과 고려채유적에서도 발형의 이중구연토기가 다수 출토되어 한반도 북부 이중구연토기들의 출자를 논하는 데 중요하다. 이중구연은 그밖에 동검문화 단계인 상마석상층기에도 지속되며, 지리적으로는 마성자문화, 고대산문화, 요서지역의 하가점상층문화 단계에도 확인된다. 그러나 요서지역의 것은 사선문이 시문되지 않고, 력 등의 삼족기에 나타나는 차이가 있다. 뿐만 아니라 최근에 한반도 이중구연토기가 파급된 것으로 추정되는 예가 서일본 山陰地方의 시마네현 三田谷 Ⅰ유적과 原田遺蹟에서 출토(岡田憲一·千羨幸 2006)되어 앞으로 청동기시대 전기의 대외교류 양상에 대한 재검토가 필요할 것으로 생각된다(그림 3).

공렬을 주축으로 구순각목과 결합되는 역삼동식토기는 일찍이 동북지방에서 기원하는 것으로 여겨져 왔고, 팽이형토기 분포권을 제외한 한반도 전역, 서일본의 규슈지방, 山陰地方에서도 확인된다(片岡宏二 1999). 공렬토기는 관통과 미관통이 존재하고 천공방향, 공렬의 직경 등이 다양하므로 계통이 다를 것으로 여겨진다(千羨幸 2008a)(그림 3). 특히 안에서 밖으로 찔러 외면으로 도드라지게 만든 것을 突瘤文, 밖에서 안으로 찌른 미관통이나 방향에 관계없이 천공된 것을 공렬문으로 부르기도 한다.

역삼동식토기의 기원은 아직 미지수인데, 두만강유역에서 기원한다는 설을 필두로 돌류문이 압록강유역에서 기원했을 가능성(大貫靜夫 1996), 돌류문이 요동반도의 원형첩부문에서 발생하였을 가능성(安在晧·千羨幸 2004), 신석기시대 자체발생 가능성(金壯錫 2001; 2008)이 제기된 바 있다(그림 3). 그러나 아직 어느 한 설이 타당하다는 충분한 근거가 제시되지 못하였고, 각각의 설이 나름의 문제점을 안고 있다. 공렬토기는 신석기시대에도 출토되는데 춘천 내평유적과 같이 돌류문이 이르다고 보거나, 을왕동 1유적에서 돌류문, 인천 용유도, 서산 대로리유적에서 관통된 공렬문이 출토되는 등 시문수법만으로 연대차를 파악하기 어렵다.

한편, 역삼동식토기는 전기 이른 시기부터 나타나 가락동식·흔암리식·역삼동식이 전기 기간 동안 공존한 것으로 이해되어 왔다. 이와 달리 강원도지역 무문토기가 '가락동식-흔암리식-역삼동식토기'순으로 변화하고 선송국리유형에는 공렬토기만 보이며 가락동식토기의 늦은 형태인 유사이중구연(金炳燮 2003) 또는 퇴화이중구연(後藤直 2006)과 공렬토기가 공반하는 점을 근거로, 역삼동식토기가 흔암리식토기에 후속한다고 보는 견해가 제시되기도 하였다(庄田愼矢 2007). 이에 대해서는 공렬토기의 긴 존속시기 전체를 출현시기로 간주할 수 없다는 점, 이른 형태의 가락동식토기와 공렬토기의 공반이 확인되는 등 지역에 따라 가락동식과 역삼동식의 관계가 상이한 점, 무엇보다 절대연대상 가락동식과 차이가 없다는 점 등을 볼 때 좀 더 논의가 필요한 부분이다. 어떻든 역삼동식토기는 영서지역과 한강유역, 영남지역에서는 중기까지 잔존한다.

공렬토기는 서일본 조몬 만기중엽 黑川式 단계의 유적에서 출토되어 청동기시대 전기와 조몬 만기중엽의 병행관계가 일찍부터 설정되었다. 그리고 공렬토기는 한반도 남부에서 북부 규슈를 거쳐 남부 규슈와 山陰地方으로 파급된다고 여겨져 왔다(片岡宏二 1999). 그러나 최근의 연구성과에 따르면 山陰地方 출토품은 안에서 밖으로 찔러 미관통된 돌류문이 중심이고 黑川式에 병행하는 原田式 이른 단계부터 확인되는 반면, 동남 규슈지방에서는 대부분 밖에서 안으로 찌른 미관통된 것이 주류를 이루고 黑川式 늦은 단계에 나타난다(千羨幸 2008a). 따라서 기존의 전기 무문토기와 조몬 만기중엽의 병행관계와 지역관계에 재검토가 필요하며, 한반도 전기 무문토기 집단과 서일본 각지와의 지역관계가 다양하게 전개된 것으로 추정된다.

이외에 무문양으로 대형 호형토기에 종상 파수가 부착되고 경동부 경계에 돌대문이 부가된 압록강 유역의 공귀리식토기가 있다. 강계 공귀리, 시중 심귀리, 중강 토성리유적이 대표적이다. 공귀리식토기 와 더불어 공렬토기와 돌대문이 공반되는 점, 공귀리식토기의 주거 구조와 석기조성(방형편인석부 · 장방형석도), 만두형 방추차의 유사성을 근거로 한반도 돌대문토기의 기원으로 보기도 한다. 공귀리식 토기는 마성자문화의 이주민에 의해 형성된 것으로 보인다(安在晧 2010). 다만, 종상파수에 盤耳가 결 합된 양상은 고대산문화의 요소여서 마성자문화 외연지역에서 고대산문화와의 접촉으로 나타나는 것 으로 판단된다. 공귀리식토기의 존속시기는 확실하지 않고 이후 어떻게 전개되는지도 불분명한 상태 이다.

이상의 일상용 토기를 제외하고 청동기시대 전기에 적색마연토기가 성행하는데, 적색안료가 도포 되지 않은 것도 마연토기의 범주로 파악할 수 있다. 마연토기 중 대부토기는 일찍부터 쌍타자 3기 문 화의 簋에서 기원(安在晧 2002)하여 압록강유역, 두만강유역을 거쳐 남부로 파급되었다고 여겨졌다. 최근 대부토기를 세분하고 각각의 기원을 분석한 연구에 따르면, 대부토기는 대각형태에 따라 통형과 단각으로 구분되고 단각에 반부가 편구형을 띠는 편구옹대부토기가 있다. 특히 통형의 대부토기는 단 경호에 대각이 부착된 형태로 한강유역을 중심으로 분포하여 한반도에서 자생하였을 가능성이 많다. 단각대부토기의 경우 외래기원설과 자체발생설이 모두 제시되어 있어 아직 기원은 확실치 않다. 편구 옹대부토기는 요동반도 영향인 편구옹에 단각대부토기가 결합된 것으로 보기도 한다(김지현 2010). 그러나 편구옹대부토기의 기원은 좀 더 검토의 여지가 있다. 왜냐하면 횡대구획문을 제외하고 쌍타자 3기의 궤는 규격이 크고 회갈도 내지 갈도이지만, 마성자문화에 속하는 환인 대리수구유적 출토품은 색조, 규격면에서 한반도 출토품과 유사하기 때문이다(천선행 2013).

적색마연토기는 한반도의 독특한 기종이다. 한반도 서북부와 요동반도에서는 적색안료를 도포한 것이 보이지 않고, 두만강유역의 서포항 6기와 7기에서 확인되어 기원지로 삼기도 한다. 일부 장경호 등을 살펴보면 두만강유역 적색마연토기와의 유사성이 분명해 보인다. 이후 한반도에서 적색마연호는

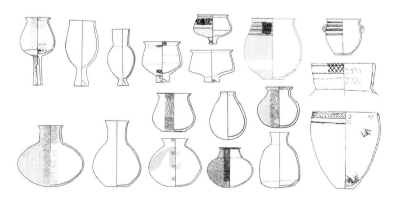

그림 4 _ 한반도 청동기시대 마연토기 및 횡대구획문토기 각종(축척부동)

한반도화를 거쳐 적극적으로 활용되는데, 전형적인 적색마연호가 아니더라도 무문토기형의 적색마연토기도 존재하며 적색안료를 도포하지 않았지만 정선된 태토를 사용하고 마연한 것도 있다. 적색마연토기 중에 대부토기나 적색마연호는 생활유적에서 출토되는 반면, 채문토기는 전기후반에 무덤 부장품으로 등장하는 것이 특징이다. 특히 영남지방에서는 2점이 세트로 무덤에 부장되는 경향이 있다. 채문토기는 견상부와 동부에 걸쳐 가지모양으로 탄소를 흡착시킨 것인데, 유사한 예가 마성자문화의 東升遺蹟과 마성자 C동에서도 확인된 바 있어 관련 가능성이 크다(姜仁旭 2003).

　그밖에 횡대구획문을 시문한 토기들이 존재한다. 일반적 기종구성으로 보기 어렵지만 한반도와 중국 동북지방의 관련성을 보여주는 중요 유물이다. 횡대구획문은 대전 신대동, 진천 사양리, 김천 교동, 사천 본촌리유적 등에서 출토되었는데, 대부발에 시문되거나 호형토기 혹은 심발형토기에 시문되는 등 특정 기종과의 연계성은 없는 듯하다. 아마 시각적 요소의 정보교환이 이루어진 것으로 보인다. 횡대구획문은 쌍타자 3기 문화의 대표 문양요소이다. 횡대부가 돌대상인 것에서 침선으로 변화한다고 알려져 있지만(裵眞晟 2007), 호형토기에서만 그렇고 쌍타자 3기의 대부발에 시문되는 횡대구획문은 대부분 침선구획이다. 따라서 한반도 출토 횡대구획문은 요동반도 남단의 쌍타자 3기 문화, 상마석상층기와 관련되며, 중서부지방으로 직접 유입되고 주변지역으로 확산되면서 변형된 것으로 추정된다. 한편, 횡대구획문은 일본열도 조몬 만기후엽의 돌대문토기 단계에도 확인되는데, 주로 山陰地方과 瀨戶內地方에 분포한다. 서일본에서 돌대문토기와 횡대구획문의 분포와 출현시기가 동일하여 한반도에서 서일본으로 유입되었을 가능성이 제기된 바 있다(千羨幸 2008b).

　이상의 청동기시대 조·전기 무문토기의 종류와 특징은 신석기시대와 단절적이다. 이는 무문토기 형성과 전개에 외적 요소가 개입되었음을 인정하는 것이다. 앞서 살펴본 바와 같이 돌대문토기를 비롯한 청천강유역의 이중구연토기, 압록강중상류의 공귀리식토기, 압록강하류의 신암리유적은 중국 동북지방으로부터 생업환경을 배경으로 한 복합적 문화가 유입되었음을 적극적으로 시사한다. 이후 전기부터 한반도화의 진행과 더불어 무문토기에 제의적 요소들의 시각적 정보가 중서부지방으로 유입되어 확산된다. 따라서 무문토기의 전개는 단순하게 재지성 혹은 전통성으로만 유지되는 것이 아니라, 주변지역과의 부단한 정보교환 과정과 그에 대한 다양한 대응을 통해 진행된 것으로 판단된다.

3. 중기 토기의 특징

　부여 송국리유적 발굴 이전에 청동기시대는 가락동식을 비롯한 전기와 점토대토기의 후기로 시기 구분되었다. 이후 송국리유적 자료를 전·후기 사이에 개재시킴으로써 청동기시대 중기가 설정되었다(藤口健二 1986). 송국리문화는 도작농경을 비롯한 환호취락, 송국리식토기, 삼각형석도, 편인석부류와 같이 농경에 적합한 문화복합체를 이룬다. 송국리식토기는 구연부가 짧게 외반하는 외반구연토기로 전형적인 송국리유형은 충청도와 전라도지역, 영남 서부지역에 집중 분포하고, 나머지 서울경기지

역과 영서지역에서는 전기의 역삼동식토기가 잔존하며 동남해안지역에서는 검단리유형이 전개된다 (그림 1)

송국리식토기의 형성과정은 송국리유형의 형성과정과 직결되는데, 크게 외래기원설과 자체발생설이 있다. 자체발생설은 전기 무문토기 말기에 내만하는 심발형토기가 다수를 점하고 여기에 적색마연토기의 외반구연방식이 결합되면서 출현한다는 형식학적 설명을 근거로 제시한다(安在晧 1992; 김장석 2002). 아울러 전기의 장방형주거지가 방형계 주거지에 타원형수혈이 부가된 휴암리식주거지를 거쳐 원형의 송국리식주거지로 단계적으로 발전한다고 본다. 반면 외래기원설은 도작농경, 송국리식토기와 주거지가 복합체로서 완성된 형태로 등장하므로 이후 전기 무문토기와의 접촉으로 휴암리식주거지와 같은 양상이 나타난다고 본다(이홍종 2002; 禹姃延 2002; 이진민 2004). 그러나 아직 기원지로 볼 수 있는 외부지역이 불투명하여 기원 문제는 평행선을 달리고 있다. 송국리유형의 기원 문제는 문화복합체의 세트로 파악하기보다는 각 요소별 양상을 검토할 필요가 있다. 송국리식토기가 충남 서해안, 금강중하류에서 주변지역으로 파급되면서 여타지역에서는 전기 무문토기와 접촉하여 다양한 형태로 전개되었을 것으로 예상되므로, 한반도 전체를 하나의 모델로 세우기보다 지역별 양상을 검토한 후 종합적으로 고려할 필요가 있을 것이다.

송국리식토기에는 더 이상 문양이 시문되지 않으므로 편년을 세우기 어렵다. 다만 구연이 짧게 직립하는 것에서 점차 외반하는 것으로 변화한다고 이야기된다. 기면을 물손질하는 것이 일반적이지만, 전남지역에서는 마연하기도 하며 보령 관창리유적처럼 타날하기도 한다. 송국리식토기는 자비용으로 사용되지만, 일부 대형은 저장용으로 이용되었을 것으로 생각된다. 그리고 송국리식토기는 송국리유적에서와 같이 직치 혹은 사치한 단옹관으로 전용되기도 하는데, 이 경우 소성 후 천공된 구멍이 있는 것이 특징이다.

송국리식토기는 원형점토대토기의 출현과 더불어 소멸하는 것으로 여겨졌지만, 최근에는 보령 진죽리, 관창리, 군산 도암리유적 등 송국리형주거지에서 원형점토대토기가 공반하므로 단순하게 문화가 대체된다고 보기는 어려워졌다. 송국리식토기 말기에 원형점토대토기 집단과 공존한 것으로 보기도 하고, 원형점토대토기와 접촉한 송국리식토기 사용집단이 토기 요소만 채용하였다고 보기도 하며, 점토대토기 집단의 등장으로 송국리식토기를 비롯한 문화가 점이적으로 변화한다고 보아 송국리유형이 기원전 2세기 말까지 존속했을 가능성이 제기되기도 하였다(朴淳發 2004; 李亨源 2005; 박진일 2007).

송국리식토기가 출토되지 않는 동남해안지역에서는 검단리식토기가 전개된다. 검단리식토기는 심발형토기 구연부에 공렬문·낟알문(단사선·횡침선문)이 단독으로 시문된 것으로 울산지역을 중심으로 경주, 양산, 포항 등지에 분포한다. 그밖에 파수가 부착된 심발형토기, 적색마연호, 울산형주거지, 동북형석도, 단면 타원형 혹은 방형의 토제 어망추 등의 물질자료와 결합되어 검단리유형으로 명명된다(배진성 2005; 李秀鴻 2005).

검단리식토기는 검단리유적에서 환호 폐기 단계에 방형주거지에서 출토되고, 전기의 특징인 침선문과 공반하여 전기말에서 중기초로 편년된 바 있다. 그러나 이후 울산지역 발굴자료가 대부분 전기말 또는 중기초로 귀결되어 울산지역에는 중기후반의 자료가 없는 결과를 초래하였다. 이에 전기로 대표되던 공렬토기가 동남해안지역에서 중기까지 잔존할 가능성이 제기되면서 검단리식토기 편년에 대한 재검토가 이루어져, 중기말까지 잔존하는 것으로 이해되기에 이르렀다(김영민 2000). 검단리식토기는 전기의 복합계 문양 가운데 먼저 구순각목과 이중구연 요소가 사라지고, 전기말에 공렬과 단사선문이 결합된 복합계 문양이 주를 이루게 된다. 이후 돌류문이 소멸하면서 단사선문만 남게 되는데, 이것이 검단리식토기이다. 단사선문은 더욱 짧아져 낟알문화하고 구연단 쪽으로 위치가 올라가다가 다시 횡선화하며, 전기의 공렬문은 내면 돌출이 없는 변형공렬로 변화한다(천선행 2006). 형식학적으로 낟알문이 사선형태인 것을 중기전반, 횡선화하고 변형공렬이 확인되는 단계를 중기후반으로 보지만, 사선형태가 완전히 소멸하고 횡선화한 낟알문이 등장하는 것은 아니다. 양자는 중기에 공존하지만 비율상 점차 후자가 많아지는 경향성이 있다.

청동기시대 중기에도 여전히 마연토기류가 성행하는데, 송국리식토기 분포권에서는 플라스크형 적색마연호가 생활유적에서 출토되는 특징이 있다. 플라스크형은 호남지역에서 출토된 예가 적고 충청도지역에 집중 분포한다(송영진 2013). 영남지역은 대구지역과 남강유역, 낙동강 서안에서 적색마연토기의 지역성이 두드러진다. 대구지역에서는 경부가 내경하는 장경호가 집중적으로 분포하고, 낙동강 서안에서는 함안식이라고도 일컬어지는 경부가 내경하는 단경호가 분포하며, 남강유역에서는 C자

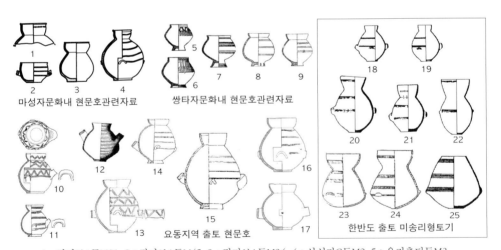

마성자문화내 현문호관련자료   쌍타자문화내 현문호관련자료

요동지역 출토 현문호

한반도 출토 미송리형토기

1 : 장가보A동M31, 2 : 장가보A동M45, 3 : 장가보A동M34, 4 : 산성자C동M2, 5 : 우가촌타두M3,
6 : 우가촌타두M21, 7 : 우가촌타두M31, 8 : 우가촌타두M36, 9 : 우가촌타두M40, 10 : 신성자M1,
11 : 신성자M13, 12 : 동산M12, 13 : 서풍 소방대, 14 · 15 : 쌍방6호석개석관묘, 16 : 동구M5,
17 : 동구M2, 18 · 19 : 신암리3기3호, 20~22 : 미송리상층, 23 · 24 : 남경4호, 25 : 표대11호

그림 5 _ 미송리형토기 관련자료(1/15)

구연의 적색마연호가 집중 분포한다(김미영 2013). 그리고 송국리식토기의 주분포권에서 적색마연토기는 생활의례로 사용되거나 파쇄하여 무덤 주위에 뿌리는 의례행위로 활용되는 반면, 영남지역에서는 무덤 부장용으로 꾸준히 사용되는 특징이 있다. 또한 검단리식토기 분포권에서는 전기와 유사하게 구연이 길게 직립하는 장경호가 시종일관 재지성을 유지하며 사용된다(千羨幸 2008c).

한편 비파형동검과 함께 한반도 북부와 중국 동북지방에서는 미송리형토기가 성행한다(그림 5). 미송리형토기는 평북 의주군 의주읍 미송리 동굴유적 상층유물을 지표로 하는데, 동부가 함께 출토되고 쌍방유적에서는 비파형동검과 공반하여 일찍부터 고조선의 소산으로서 중요시 여겨졌던 경위가 있다. 미송리형토기는 한반도에서는 서북부에 분포하는데 이른 형태의 전형적인 것은 신암리 3기와 중강 토성리유적에서 출토되며 주변부로 갈수록 지역화된다. 청천강유역의 이중구연토기, 대동강유역의 팽이형토기와 공반하기도 한다. 미송리형토기는 쌍방, 신암리 출토품과 같이 동최대경이 하위에 있고 구경이 짧으며 파수가 들려 있는 것이 이르고 점차 횡교상의 평행파수로 변화하며, 평저의 경부가 긴 미송리 출토품, 경부가 더욱 길어지고 뉴상 파수가 붙는 묵방리형으로 변화한다고 여겨진다(로성철 1993; 金美京 2006).

중국에서는 미송리형토기를 弦文壺라고 하는데, 경부 혹은 동부에 몇 조의 횡침선문대가 확인되어 붙여진 명칭으로 요북지방에서 요중지방에 걸쳐 석관묘문화와 관련하여 나타난다. 미송리형토기의 기원에 대해서는 의견이 분분한데, 북한 연구자와 중국의 일부 연구자들은 쌍타자 3기의 우가촌 타두 적석묘에서 기원한다고 보지만(로성철 1993; 華玉冰 · 陳國慶 1994), 미송리형토기의 구성 요소인 파수가 결여된 것이 문제점이다. 그 외에 마성자문화 장가보 A동에서 출토되는 鉢口狀壺와 현문 요소, 횡교이가 확인되어 미송리형토기가 마성자문화에서 발생한 것으로 보는 견해도 있다(華玉冰 2010; 吳世恩 2004). 다만, 마성자문화에서 확인되는 현문이 2점뿐이라는 한계점이 있다. 이러한 점을 감안하여 마성자문화와 쌍타자 3기 문화의 결합으로 미송리형토기가 형성된다고 보는 견해가 제시되기도 하였다(李恭篤 · 高美璇 1995; 中村大介 2008).

미송리형토기는 요동반도와 한반도 서북부 출토품을 조망할 때, 일정한 지역적 특성이 확인되고 공반하는 토기도 분명한 차이가 있다. 따라서 미송리형토기는 동검문화라는 공통성을 바탕으로 재지 지역성이 발현된 토기문화와 결합하여 다양하게 표출된 것으로 보아야 한다. 결국 어느 지역이 전형이다 비전형이다라고 이야기하기보다 지역적 출토양상과 특징, 시기를 면밀하게 살펴 출현과정과 전개과정을 이해해야 할 것이다.

4. 후기 토기의 특징

청동기시대 후기의 토기는 점토대토기로 대표된다. 심발형에 점토띠를 덧붙인 것으로 점토띠의 단면형태에 따라 원형, 삼각형으로 분류된다. 원형점토대토기는 한강유역을 비롯한 중서부지방에 집중 분포하는데 수석리식토기라고도 한다. 양주 수석리, 보령 교성리유적과 같은 생활유적에서는 파수부

호형토기가 공반하고, 원형점토대토기에 뉴상 돌기가 부착되기도 한다(그림 1). 대전 괴정동, 아산 남성리유적과 같은 무덤유적에서는 흑도장경호가 공반한다. 최근에는 원형점토대토기가 장흥 신풍리·갈두유적, 보령 관창리, 군산 도암리유적 등에서 송국리형주거지에서도 출토되기도 한다. 공반하는 파수부호형토기는 환상파수에서 조합우각형파수, 우각형파수로 변하고, 흑도장경호는 시간이 지날수록 경부가 길어진다. 그리고 두형토기는 대각이 비어있는 공심형과 차있는 실심형으로 나뉘는데, 전자가 이르며 실심형은 삼각형점토대토기와 공반하기도 한다(박진일 2007).

원형점토대토기의 기원은 평양 남경유적에서 출토된 유사한 팽이형토기에서 구하는 견해가 제기된 바 있지만(韓相仁 1981), 요동반도 출토 세형동검문화와의 유사성을 근거로 燕 장수 秦開의 동진으로 한반도에 원형점토대토기가 파급된 것으로 이해되어 오랫동안 정설로 자리잡고 있다(朴淳發 2004). 원형점토대토기는 요동의 二道河子 출토품, 심양 鄭家窪子, 公主屯 后山遺蹟만이 아니라, 요서지역의 水泉遺蹟에서도 출토되므로 광역적 검토가 필요하다. 역사적 사실을 바탕으로 원형점토대토기의 상한은 기원전 4세기로 여겨져 왔지만, AMS 연대측정을 통해 기원전 5세기 이전 혹은 기원전 6세기까지 올려보기도 한다(박진일 2007; 이창희 2010). 상한연대의 결정은 원형점토대토기의 파급 동인을 말해주는 역사적 사실과 절대연대를 보완하여 좀 더 신중을 기해야할 것이다.

삼각형점토대토기는 원형점토대토기에 후속하는 것으로 삼천포시 늑도유적과 해남 군곡리유적을 표지로 한다. 삼각형점토대토기는 대체로 원형점토대토기에서 변화 발전한 것으로 보이지만 세부 과정에 대해서는 이견이 있다. 남부지역에서 원형에서 삼각형으로 자체 변화한다고 보거나(鄭澄元·申敬澈 1987), 서북한 명사리식토기문화가 남으로 파급되었다고 보기도 하며(이재현 2004), 중국 동북지방의 윤가촌 하층 2기 문화에서 기원한다고 보기도 하고(安在晧 1989), 삼각형점토대가 요북지방에서도 보이므로 이것이 한반도와 관련된다고 보기도 한다(李成載 2007). 삼각형점토대토기는 구연이 꺾여 외반하고 기면에 목리흔이 확인되는 특징이 있는데, 개, 시루, 파수부호 등이 나타나기 시작하며 철기와 더불어 합구식 옹관이 조성되기도 한다.

삼각형점토대토기는 원형점토대토기와 달리 남부지방 특히 영남지방에 집중 분포하는데, 이러한 현상에 대해 서울경기지역은 원형점토대토기 유물복합체가 크게 발달하여 삼각형점토대토기 단계까지 지속되고 남부지역은 이전 단계 문화의 영향으로 원형점토대토기가 발달하지 못하다가 삼각형점토대토기 단계부터 성행하게 되었다고 보기도 한다(최정아 2011). 이 점토대토기는 일본열도 야요이시대 전기말에 파급되는데, 점토대토기가 세형동검보다 먼저 유입된다. 이를 영남지역 점토대토기 주민의 도래로 보거나 연 세력 확장에 따른 연속적 주민의 남하과정으로 보기도 한다(李昌熙 2009).

V. 맺음말

토기는 흙을 재료로 만든 도구이다. 도구는 애초에 기대되는 기능에 걸맞은 형태를 가지고 있다. 기능은 한 가지 기준만 존재하지 않는데, 가령 '끓인다'의 경우 무엇을 대상으로 할 것이냐에 따라 도구의 형태는 다양해질 수밖에 없다. 본고에서는 무문토기의 기능을 일상용과 비일상용으로 나누고, 실생활용 토기는 자비용, 식기, 저장용이라는 일차적 기능을 바탕으로 심발형토기의 문양에 집중하여 기원, 형태, 분포, 전개 과정에 대해서만 살펴보았다. 이러한 내용은 관찰자로서 과거를 재편성하고 특정 의미를 부여하려는 목적에 맞게 토기를 조작하는 방식일 뿐, 정작 도구로서 토기를 이해하는 접근방식이 아니다. 도구로서 토기라고 했을 때 문양이라는 장식성보다는 기능적 속성, 사용흔에 초점을 맞추어야 할 것이다. 가령 기능을 표출하는 다양한 규격비와 변화를 통해 그에 포함된 기능적 의미와 변화상을 추론할 수 있을 것이다. 그리고 토기 규격의 정형화에 따른 식문화의 안정성, 수혈주거지 내 토기의 기종별 수량에 따른 토기 소비경향 등 도구로 제작된 토기가 실제로 사용되는 방식을 모델화하는 작업들이 필요하다. 뿐만 아니라 실용적인 기능 외에도 토기에 담겨진 사회적 기능에 대한 인식을 바탕으로 토기가 도구로서 변화 발전하는 과정을 밝힐 수 있도록 지향해 나가야 할 것이다.

참고문헌

姜仁旭, 2003, 「遼寧地方 太子河上流지역 신발견 彩文土器에 대하여」『고고학』 2-2.

金美京, 2006, 「美松里型 土器의 변천과 성격에 대하여」『한국고고학보』 60.

김미영, 2013, 「영남 중동부지역 적색마연토기의 지역성」『韓半島 (赤色)磨硏土器 探究』 한국청동기학회 토기분과 워크숍.

金炳燮, 2003, 『韓半島 中南部地域 前期 無文土器에 대한 一考察』, 慶尙大學校大學院 碩士學位論文.

金炳燮, 2012, 「남강유역 조기-전기 편년」『청동기시대 광역편년을 위한 조기~전기문화 편년』 제6회 한국청동기학회 학술대회.

김영민, 2000, 「울산 연암동형 주거지의 검토」『울산연구』 2.

金元龍, 1968, 「韓國無文土器地域分類試論」『考古學』 1.

金壯錫, 2001, 「흔암리 유형 재고: 기원과 연대」『嶺南考古學』 28.

김장석, 2002, 「충청지역 송국리유형 형성과정」『한국고고학보』 51.

김장석, 2008, 「무문토기시대 조기설정론 재고」『한국고고학보』 69.

金材胤, 2003, 『韓半島 刻目突帶文土器의 編年과 系譜』, 釜山大學校大學院 碩士學位論文.

金廷鶴, 1963, 「廣州 可樂里 住居址 發掘 報告」『古文化』 2.

金廷鶴, 1967, 「韓國無文土器文化의 硏究」『白山學報』 3.

김지현, 2010, 「청동기시대 전기의 대부토기에 대한 검토」『고고학』 9-2.

김현식, 2008, 「남한 청동기시대 조기-전기의 文化史的 意味」『考古廣場』 2.

로성철, 1993, 「미송리형단지의 변천과 그 년대에 대하여」『조선고고연구』 4.

박성희, 2009, 「청동기시대 조기론에 대한 비판적 접근」『江原考古學報』 12 · 13.

朴淳發, 1999, 「欣岩里類型 形成過程 再檢討」『호서지방의 선사문화』 제1회 호서고고학회 학술대회 발표요지.

朴淳發, 2004, 「遼寧 粘土帶器文化의 韓半島 定着 過程」『錦江考古』 1.

박진일, 2007, 「점토대토기, 그리고 청동기시대와 초기철기시대」『韓國靑銅器學報』 1.

배진성, 2005, 「檢丹里類型의 成立」『韓國上古史學報』 48.

裵眞晟, 2007, 『無文土器文化의 成立과 階層社會』, 서경문화사.

배진성, 2009, 「압록강~청천강유역 무문토기 편년과 남한」『韓國上古史學報』 64.

裵眞晟, 2012, 「可樂洞式土器의 初現과 系統」『考古廣場』 11.

송영진, 2013, 「호남지역과 남강유역의 마연토기의 변화와 지역성」『韓半島 (赤色)磨硏土器 探究』 한국청동기학회 토기분과 워크숍.

安在晧, 1989, 「三角形粘土帶土器의 性格과 年代」『勒島住居址』, 釜山大學校博物館.

安在晧, 1992, 「松菊里類型의 檢討」『嶺南考古學』 11.

安在晧, 2000, 「韓國 農耕社會의 成立」『韓國考古學報』 43.

安在晧, 2002, 「赤色磨硏土器의 出現과 松菊里式土器」『韓國 農耕文化의 形成』, 학연문화사.

安在晧, 2010, 「韓半島 靑銅器時代의 時期區分」『考古學誌』 16.

安在晧 · 千羨幸, 2004, 「前期無文土器의 文樣編年과 地域相」『福岡大學考古學論集』 小田富士雄先生退任記念.

吳世恩, 2004, 「關于雙房文化的兩個問題」『北方文物』 2.

禹姃延, 2002, 「중서부지역 송국리복합체 연구」『韓國考古學報』 47.

李白圭, 1974, 「京畿道 無文土器 磨製石器」『考古學』 3.

李白圭, 1986, 「漢江流域 前半期 민무늬토기의 編年에 대하여」『嶺南考古學』 2.

李成載, 2007, 『중국동북지역 점토대토기문화의 전개과정 연구』, 崇實大學校大學院 碩士學位論文.

李秀鴻, 2005, 「檢丹里式土器의 時空間的 位置와 性格에 대한 一考察」『嶺南考古學』 36.

이재현, 2004, 「영남지역 三角形粘土帶土器의 성격」『新羅文化』 23.

이진민, 2004, 「중부지역 역삼동유형과 송국리유형의 관계에 대한 일고찰」『韓國考古學報』 54.

李昌熙, 2009, 「在來人と渡來人」『彌生文化誕生』彌生時代の考古學 2, 同成社.

이창희, 2010, 「점토대토기의 실연대」『文化財』 43-3.

李淸圭, 1988, 「南韓地方 無文土器文化의 展開와 孔列土器文化의 位置」『韓國上古史學報』 1.

李亨源, 2002, 『韓國 靑銅器時代 前期 中部地域 無文土器 編年 硏究』, 忠南大學校大學院 碩士學位論文.

李亨源, 2005, 「松菊里類型과 水石里類型의 接觸樣相」『湖西考古學』 12.

李亨源, 2007, 「남한지역 청동기시대 전기의 상한과 하한」『한국 청동기시대의 시기구분』 제1회 한국청동기학회 학술대회.

이홍종, 2002, 「松菊里文化의 時空的 展開」『湖西考古學』 6·7.

정지선, 2010, 『남강유역 돌대문토기의 편년』, 경상대학교대학원 석사학위논문.

鄭澄元·申敬澈, 1987, 「終末期 無文土器에 관한 硏究」『韓國考古學報』 20.

千羨幸, 2005, 「한반도 돌대문토기의 형성과 전개」『韓國考古學報』 57.

천선행, 2006, 「영남지방 무문토기시대 중기로의 문양구성 변화」『石軒鄭澄元敎授停年退任記念論叢』, 釜山考古學研究會.

千羨幸, 2007, 「無文土器時代 早期 設定과 時間的 範圍」『韓國靑銅器學報』 1.

千羨幸, 2008a, 「西日本の孔列土器」『日本考古學』 25.

千羨幸, 2008b, 「西日本における突帶文土器文化の成立過程」『考古學雑誌』 92-3.

千羨幸, 2008c, 「韓半島南部の赤色磨研土器」『吾々の考古學』, 和田晴吾先生還暦記念論集刊行會.

천선행, 2010a, 「비파형동검 성립전후 요서지역 토기문화의 전개」『요하문명의 확산과 중국 동북지역의 청동기문화』, 동북아역사재단.

천선행, 2010b, 「고대산문화의 시공간 검토」『嶺南考古學』 52.

천선행, 2013, 「한반도 조·전기 무문토기와 중국 동북지역」『中國 東北地域과 韓半島 南部의 交流』 第22回 嶺南考古學會 學術發表會.

천선행·장순자, 2012, 「마성자문화 동굴묘 출토 토기 변천과 전개」『嶺南考古學』 63.

최정아, 2011, 『서울 및 경기도지역 삼각형점토대토기에 대하여』, 서울대학교대학원 석사학위논문.

한국고고미술연구소, 1984, 『한국고고학개정용어집』.

韓相仁, 1981, 『粘土帶土器 文化性格의 一考察』, 서울大學校大學院 碩士學位論文.

韓永熙, 1983, 「角形土器考」『韓國考古學報』 14·15.

岡田憲一·千羨幸, 2006, 「二重口緣土器と孔列土器」『古文化談叢』 55.

郭大順·張星德(김정열 역), 2008, 『동북문화와 유연문명』 상·하, 동북아역사재단.

宮本一夫, 1986, 「朝鮮有文土器の編年と地域性」『朝鮮學報』 121.

大貫静夫, 1996, 「欣岩里類型土器の系譜論をめぐって」『東北アジアの考古學-槿域』, 깊은샘.

大貫靜夫, 2007, 『遼寧を中心とする東北アジア古代史の再構成』平成16年度~平成18年度科學研究費補助金.

大連市文物考古研究所, 2000, 『大嘴子』, 大連出版社.

藤口健二, 1986, 「朝鮮無文土器と彌生土器」 『彌生文化の研究』 3, 雄山閣.

藤田亮策, 1934, 「朝鮮古代文化」 『岩波講座 日本歷史』, 岩波書店.

藤田亮策, 1948, 『朝鮮考古學研究』, 高桐書院.

浜田耕作 · 梅原末治, 1922, 『大正七年度古蹟調査報告』 1.

森岡秀人 · 中園聰 · 設樂博己, 2005, 『稻作傳來』先史日本を復原する 4, 岩波書店.

西谷正, 1967, 「朝鮮における金屬器の起源問題」 『史林』 50-5.

西谷正, 1975, 「會寧伍洞の土器をめぐる問題」 『九州大學文學部 史淵』 112.

西谷正, 1982, 「咸鏡南道の無文土器」 『九州大學文學部 史淵』 119.

小林達雄, 1989, 「繩文土器の樣式と型式と形式」 『繩文土器大觀』 4, 小學館.

小林行雄, 1959, 「けいしき形式 · 型式」 『圖解考古學辭典』, 東京創元社.

李恭篤 · 高美璇, 1995, 「遼東地區石築墓與弦紋壺有關問題研究」 『遼海文物學刊』 1.

庄田愼也, 2007, 「韓國靑銅器時代の編年と年代」 『第19回東アジア古代史 · 考古學研究交流會予稿集』, 東アジア考古學會.

中谷冶宇二郎, 1927, 『注口土器ノ分類卜其ノ地理的分布』, 岡書院.

中村大介, 2008, 「靑銅器時代와 初期鐵器時代의 編年과 年代」 『한국고고학보』 68.

片岡宏二, 1999, 『彌生時代渡來人と土器 · 靑銅器』, 雄山閣.

華玉冰, 2010, 「遼東地域 靑銅器時代 考古學文化 系統의 研究」 『考古學探究』 7.

華玉冰 · 陳國慶, 1994, 「本溪地區晚期靑銅時代考古文化」 『遼海文物學刊』 1.

橫山將三郎, 1933, 「釜山府絶影島東三洞貝塚報告」 『史前學雜誌』 5-4.

後藤直, 1973, 「南朝鮮の「無文土器」」 『考古學研究』 19-3.

後藤直, 2006, 「南部地域の前期 · 中期無文土器」 『朝鮮半島初期農耕社會の研究』, 同成社.

제2장
토기의 제작

송영진 경상대학교 박물관

Ⅰ. 머리말

1. 토기의 정의와 의미

토기는 고운 흙을 물에 반죽하여 원하는 모양으로 만들고, 바람에 말려서 불에 구운 것을 말한다. 이렇게 구워진 토기는 건조 토기보다 단단하며, 불에 타지도 않고(不燃) 물에 녹지도 않는(不溶) 전혀 새로운 성질의 인공물이 된다. 이처럼 간단하게 정의되는 토기의 발명은 인류에게 '조리'와 '저장'이라는 엄청난 혜택을 가져다주었다.

물을 끓여 익혀먹는 조리 기능은 음식물의 복합화, 부드러워짐, 탄닌 제거, 살균 등 인류에게 음식에 대한 새로운 지평을 열어주었다. 또 음식물(특히 액체음식)과 종자, 그리고 영혼까지 담아 내는 저장 기능은 미래를 대비하는 인류의 생존 본능을 확대시켰다. 이 때문에 토기 발명은 지구의 환경변화, 식량의 변화와 확대, 인류 정주생활의 시작 등과 맞물려 인류역사의 중요한 획기로 인정되었고, 동아시아지역에서는 신석기시대의 시작을 알려주는 시대구분의 중요한 지표가 되고 있다(동삼동패총전시관 2004, 10~11쪽).

2. 토기의 출현과 무문토기로의 전개

이러한 토기의 출현에 대한 기원은 여러 가지 설이 있는데, 제빵 기술에서 착안했다는 제빵 기원설, 미국 인디언이 대그릇(編籠)에 점토를 발라 토기를 성형하는 것에서 착안했다는 대그릇 기원설, 흙 묻은 바구니가 화로에 떨어져 그릇이 되었다는 화로 추락설, 토기 이전의 돌그릇(石鉢)에서 기원했다는 돌그릇 기원설, 점토를 바른 저장구덩이에서 유래하였다는 건조 토기설 등이 그것이다(任鶴鐘 2012; 하인수 2006). 동아시아에서의 토기 발생에 대해서는 아직 뚜렷한 가설은 없지만 음식물 조리나 기름, 아교 추출 등의 필요성 때문에 발생했다는 주장이 제기되고 있다. 하지만 토기의 발명은 점토를 불에 굽는 기존의 비너스 제작기술과 가죽 주머니나 대그릇 제작 등의 용기 제작기술이 종합적으로 작용한 것이며, 각 지역에서 서로 다른 요인과 필요성에 의해 발명되었다는 견해가 타당해 보인다(동삼동패총전시관 2004).

동아시아에서 그릇으로서 토기의 시작은 1만 년을 상회하지만, 현재까지 한반도에서 제주도를 제외한 가장 오래된 토기는 기원전 6천년기의 융기문토기(안승모 2011, 79~82쪽)부터이다. 이처럼 비교적 완성된 상태로 시작되는 한반도의 신석기시대 토기는 기원전 1,500년을 전후한 어느 시기에 청동기시대의 무문토기로 전환된다.

3. 무문토기 제작 관련 연구약사

무문토기는 즐문토기에 비해 기종의 다양화, 크기의 다양화가 가속되며 특히 壺의 대형화가 뚜렷해진다. 지역성을 가지기는 하지만 즐문토기가 둥근바닥과 뾰족바닥을 선호하는 데 비해, 무문토기는 납작바닥을 기본으로 하고 문양은 구연부 중심으로 단순화된다. 이러한 형태와 문양의 차이는 제작기법의 차이로 이어진다.

무문토기 제작기법에 대한 관심은 독립적으로 이루어지지 못하고, 전체적인 토기 연구 속에서 부분적으로 다루어지면서 출발하였다. 이는 해방 이후 1960년대까지도 무문토기에 대한 개념이 제대로 규정되지 못했기 때문이다. 무문토기에 대한 개념이 지금과 같이 마연토기를 포함하는 포괄적인 개념으로 사용된 것은 1970년대에 들어와서부터이며, 그 이전에는 유문토기, 마연토기, 김해식 타날문토기와 구분되는 좁은 개념으로 사용되었다(李淸圭 1988).

다만, 기본적인 관찰을 바탕으로 무문토기에 대한 인식은 이루어지고 있었다. 즉, 태토는 니질에 굵은 석영질 사립이 혼입되는 현상에 주목하였고, 혼화제의 역할에 대한 이해도 시도되었다(金廷鶴 1967). 제작에는 넓은 점토대를 이용해 성형하는데, 물레를 사용하지 않았지만(金廷鶴 1967) 돌림판(회전대)의 사용 가능성을 제기하였다(安春培 1977). 저부는 평저를 띠며 구연부는 약간 외반하는 형태로 제작하는 형태적 특징과 문양에도 주목하였다. 또한 무문토기의 기벽이 즐문토기보다 두텁지 않음을 지적하고, 일본인학자 鳥居龍藏이 후수무문토기라고 명명한 것에 대해 반론을 제기하기도 하였으며, 토기색의 차이가 태토와 산소공급 차이에 있음을 밝히기도 하였다(金廷鶴 1967). 한편 토기의 경도에 대한 이해를 위해 화학적 구성비나 흡수율, 건조 정도, 수축율에 대한 접근도 시도되었지만(安春培 1977), 70년대까지는 기초적 관찰에 집중되어 있어 전체적인 제작기법에 대한 체계적인 연구는 보이지 않는다.

1980, 90년대가 되면 보다 구체적인 토기 제작법에 대한 검토가 이루어지는데, 최성락·이정호(1988)는 저부제작기법, 동체성형기법, 정면기법을 본격적으로 다루었고, 윤세영(1994)도 무문토기의 정면수법에 대한 검토를 시도하였다. 특히 윤세영의 연구는 토기 제작기법을 단일 주제로 한 논문이라는 점에서 주목되는데, 여기서 정면도구와 정면기법, 판상구조정, 깎기 등에 대한 연구가 시도되었다. 토기의 표면처리에 대해서는 윤무병(1989)도 주목하였지만, 갈색토기, 적색마연토기, 흑색마연토기로 크게 구분하는 정도에 머물렀다. 다만 북한지역의 토기를 관찰하면서, 당시 마연기법이 무문토기 제작에 필수적 요소라는 견해를 제시하기도 하였다. 부산대학교박물관(1989)에서는 늑도유적 보고서를 통해 목리흔에 대한 세부적인 분류와 목리구의 차이에 대해서 논하였으며, 이홍종(1996)은 송국리형토기의 제작기법에 대해 다루면서 저부제작기법과 토기 크기의 관계를 검토하고 다른 무문토기와의 제작기법과 크게 다르지 않음을 밝혔다.

토기 제작기법에 대한 연구는 2000년대에 들어와서 보다 체계적으로 이루어지기 시작하였다. 먼저 태토에 대해서는 주로 보고서 속에서 과학적 분석으로 이루어진 점이 주목된다. 심수연(2010)은 두형토기의 대각접합법에 대한 치밀한 연구결과를 내놓았고, 深澤芳樹와 이홍종(2005)은 송국리 단계에 나타나는 중서부지역의 타날기법에 대한 연구를 진행하였다. 소성에 있어서는 김현(2002)이 무문토기 가마의 구조에 대해 검토하였고, 이후 한국고고환경연구소의 토기소성에 대한 통시대적 연구 속에서 庄田愼矢(2007a)는 무문토기의 소성법과 소성 과정, 소성흔 등에 대한 연구결과를 발표하였다. 한편 2000년대에는 토기 제작 전반에 걸친 연구도 시도되는데, 조민주(2004)는 진주 대평리 전기 무문토기를 대상으로 토기 제작의 전 과정에 대한 연구를 진행하였으며, 복천박물관과 홍보식(2003)은 토기 제작에 대한 전반적인 흐름을 살피고 있다. 또 신경숙·오민미(2010)와 임학종(2012)은 마연토기의 성형과 소성실험 연구를 통해 토기 제작 과정을 전반적으로 검토하여 많은 성과와 자료를 제공하였다. 한편 외국의 연구성과도 소개되면서 토기 제작에 대한 이해의 폭을 넓혀주었는데, 이성주가 번역한 칼라 시노폴리(2008)의 『토기연구법』이 대표적이다.

이하에서는 위에서 살펴본 무문토기 제작에 관한 연구성과를 종합하고, 최근의 새로운 정보를 반영하여 무문토기 제작에 대해 살펴보도록 하겠다.

Ⅱ. 준비 : 점토 채취와 태토 만들기

1. 점토의 채취

토기 제작에 있어서 제일 우선되는 작업이 토기의 원료인 점토를 채취하고, 여기에 적당한 수분과 혼화제를 첨가하여 가소성을 가지는 태토를 만드는 일이다. 점토는 1차 점토(primary clay)와 2차 점토(secondary clay)로 구분된다. 1차 점토는 잔류점토(residual clay)라고도 하는데, 원석이 풍화작용에 의해 고운 점토로 변화된 후 이동되지 않고 제자리에 위치하고 있는 점토를 말한다. 1차 점토는 산화철 함량이 적어서 백색도와 반투명성이 높아 고급 도자기의

사진 1 _ **퇴적점토**(진주시 중안동)

원료로 사용되지만, 입자가 굵어 충분한 가소성을 갖지 못하기 때문에 다른 성분의 점토를 혼합하여 사용해야 한다. 1차 점토의 대표적인 예가 바로 도자기 점토로 사용되는 고령토(白土, kaolin)이다.

2차 점토는 퇴적점토(sedimentary clay)라고도 하는데, 물이나 바람 등에 의해 원산지로부터 이동하여 퇴적됨에 의해 생성된 점토를 말한다. 2차 점토는 이동 과정에서 다양한 불순물과 여러 생성지의 흙들이 혼합된다. 따라서 2차 점토에는 유기물질과 철분이 많이 함유되는 성질을 가지며, 소성 시 붉은색 계통의 색조 경향을 띠게 된다.

한반도의 선사 · 고대토기는 대체로 2차 점토를 이용하여 제작되었다(임학종 2011). 2차 점토가 1차 점토보다 선사토기 제작에 선호되는 이유는 점성과 가소성이 뛰어나기 때문에 다른 점토와의 배합 과정 없이 토기 제작이 가능하기 때문이다. 2차 점토는 이동과 재퇴적의 과정에서 선별과 풍화가 더욱 진행되어 입자가 보다 세밀해진다. 점토 입자가 세밀할수록 가소성은 증대된다(鐘ヶ江賢二 2007, 19쪽). 또, 매몰 과정에서의 박테리아와 산화작용 등의 외부 영향도 가소성을 증대시킨다.

점토의 채취는 동남아시아 민족지 사례를 보면 마을에서 그다지 멀지 않은 곳에서 채취하고 있다. 충적지 인근에 주로 거주하는 청동기시대 사람들 역시 마을 주변, 또는 경제적 소비가 많이 발생하지 않을 정도의 거리 어딘가에서 점토를 채취해 왔을 것이다. 이는 태토분석 사례에서도 확인되는데, 태토의 성분이 인근에 분포하는 토양과 동일함이 지적되고 있다(양동윤 · 김주용 2002; 조대연 2011).

2. 점토에서 태토로

점토를 태토로 만드는 데 있어서 고려해야 하는 성질은 점성과 가소성, 다공성이다. 점성은 점력,

점도라고도 하며 서로 달라붙는 성질을 말한다. 가소성은 힘을 가하여 변화된 형태가 그 힘이 제거된 이후에도 제자리로 돌아오지 않고 변화된 형태 그대로 유지되는 성질을 말한다. 다공성은 다공질이라

그림 1 _ 점토와 수분의 관계(정기영 1999, 324쪽)

그림 2 _ 토기 단면의 공극 모식도 (澤田正昭 1973, 96쪽)

고도 하며 기체나 액체가 통과 가능한 구멍이나 틈을 말한다. 때문에 흡수성이라고 표현하기도 한다(佐原眞 1974). 이 3가지 성질을 조정하는 것이 점토를 태토로 만드는 과정이다.

점토는 그 자체로서는 고체상태이며, 수분이 가해질수록 덩어리화→반죽 가능→가소성→액상화되어 간다. 따라서 수분이 너무 적거나 많으면 토기 제작이 불가능하다. 점토에 어느 정도의 수분을 제공하여 반죽하는가 하는 것은 매우 중요한 제작기술이지만, 이는 제작자의 경험 지식을 바탕으로 필요와 의도에 따라 결정된다.

태토 제작 과정에서 혼화제를 첨가하는데, 이를 비짐이라고도 한다. 혼화제의 첨가는 태토에 공극을 제공(다공성의 확대)하는 역할을 한다. 공극은 고운 입자로 제작된 토기가 가지는 단점, 즉 성형 시의 내구성, 소성 시의 내화성, 사용 시의 열전도율과 내화성의 단점을 극복하는 데 도움을 준다. 혼화제로 사용되는 암석, 소성토 등의 굵은 입자 알갱이는 그 자체로서 공극을 만들고, 섬유질, 짐승 털 등 유기물질은 소성 시 연소됨으로써 공극을 만든다. 2차 점토는 퇴적 과정에서 광물들이 자연적으로 혼입되어 별도의 첨가제 없이 그 자체로 토기 원료가 되는 경우도 있지만, 두터운 퇴적층을 가지는 퇴적점토는 대체로 균질한 점토로 이루어져 있어 혼화제의 첨가가 요구된다. 무문토기 태토분석 사례를 보면 별도의 혼화제를 첨가하여 만들었음이 확인된다(조대연 2011). 혼화제는 적당한 굵기의 모래를 사용하기도 하지만, 암석을 부수어 첨가하는 경우도 많다. 혼화제에는 다양한 광물이 포함되지만 특히 석영, 장석, 운모가 기본구성을 보이는데, 혼화제의 공급은 제작자의 경험 지식을 바탕으로 필요에 따라 종류와 양이 결정된다.

한편 무문토기 태토제작에서 실제적으로 사용되었는지는 알 수 없지만 태토질(점성과 가소성)을 좋게 하는 방법이 있는데, 먼저 태토를 반복해서 다지면 수분의 분포가 균일해지고 기포가 제거된다. 또 반죽을 숙성하는 방법이 있는데, 이렇게 수분을 유지하면서 숙성하면 점토의 이온활동으로 가소성과 접착력이 증가한다고 한다(大田區立鄕土博物館 2001). 현재 도자기 제작공정에서도 다진 반죽을 비닐로 싸서 2주일 정도 축축한 상태로 숙성하여 사용하는 경우가 있다(정기영 1999).

Ⅲ. 제작 : 성형에서 시문까지

1. 모양 만들기 : 성형

토기는 제작자의 사용목적에 따라 형태가 달라지는데, 이것이 바로 기종(≒形式, form)으로 나타난다. 하지만 기종이 동일하더라도 세부적인 형태는 제작집단(공간적·시간적·사회적)에 따라 차이를 보이는데, 특정 집단에서 만든 동일 범주의 토기집합이 바로 형식(型式, type)이라고 할 수 있다. 무문토기 제작은 이러한 기종과 형식에 관계없이 공통으로 적용되는 기본적인 제작기술과 세부 부위, 특정 기종, 형식에 구애되는 세부적 기술로 구분하여 살펴볼 수 있다.

1) 토기 제작의 기본 기술

토기 제작의 기술에는 손빚기(手捏法, hand-kneading method), 서리기(捲上法, coiling method), 테쌓기(輪積法, ring-building method), 뽑아올리기(轆轤, wheel lathe), 거푸집법(型起法, mould), 분할성형법 등이 있는데, 무문토기 제작은 주로 테쌓기법으로 이루어진다. 토기 제작에는 점토띠를 나선형으로 감아 올리면서 쌓는 서리기가 가장 흔한 기술이라고도 하지만(시노폴리 2008), 실제로 무문토기 제작에서는 잘 확인되지 않는다.

테쌓기법은 점토띠나 납작하게 가공한 점토판을 적당한 길이로 잘라서 아래 점토로부터 한 단씩 덧붙이면서 쌓아올리는 방법이다. 이러한 제작법은 얇고 넓은 점토판으로 한꺼번에 높이 올릴 수 있는 장점이 있지만, 상반부의 무게가 가중되는 대형 토기의 경우 처짐을 방지하기 위해 약간의 건조를 거친 다음 점토판을 올리기도 한다. 이러한 시간차에 의해 상하단 점토대는 건조 차이가 발생하게 되고, 이것이 점토대 접합부의 숨은 경계가 되어서 파손 시 이 지점을 따라 파손되는 경향을 보인다.

| 손빚기 | 서리기 | 테쌓기 |

그림 3 _ 토기의 제작(홍보식 2003)

2) 토기 제작의 세부 기술 : 저부–동체–구연–부속부위

(1) 저부에 보이는 제작흔

소형 토기 등 수날법으로 제작하는 몇몇 경우를 제외하면 토기 제작에는 기본적으로 받침대가 필요하다. 받침대는 제작자가 원하는 제작 높이를 제공해 주기도 하고, 매끈한 바닥을 제공하여 저부 바닥을 재손질하는 번거로움을 없애 주기도 한다. 또 토기의 특성상 사방에서 제작(성형–조정–시문)이 이루어져야 하는데, 이를 위해서는 사람이 토기를 돌거나 토기를 돌려가면서 제작해야 한다. 전자는 토기가 바닥으로부터 분리되는 경우가 적지만, 후자의 경우는 토기가 자주 바닥으로부터 분리되어야 한다. 그렇지 않다면 토기 바닥과 함께 돌 수 있는 무언가의 장치가 있어야 하고, 그

사진 2 _ 나뭇잎 받침흔

것이 '토기받침대'라고 할 수 있다. 이러한 받침대가 발전하면 '회전대'가 되며, 회전의 원리와 고속회전을 통한 뽑아올리기의 원리가 구현된 것이 '녹로'기술이라고 할 수 있다.

제작받침대에 대한 흔적으로서 가장 명확한 것은 나뭇잎흔이다. 나뭇잎은 토기 제작에서 토기와 바닥의 분리 필요성을 인지하고 있었음을 보여주는 단서이다. 나뭇잎은 대개 활엽수 잎을 사용하고 있는데, 1장으로 전체를 커버하기 위해 당연한 선택이었을 것이다. 그런데 문제는 무문토기 제작에서 나뭇잎의 사용비율이 그다지 높지 않다는 것이다. 전체의 10%도 넘지 못한다. 이것은 무문토기인들이 토기 제작 시 반드시 바닥에 나뭇잎을 깔았던 것은 아니며, 오히려 나뭇잎을 까는 행위는 일회적(주변에 있으면 쓰고 없으면 굳이 구하러 가지 않아도 되는)이었던 것을 보여준다. 바닥흔은 성형~건조까지의 흔적을 나타내고 있는데, 분명한 것은 편평하고 딱딱한 곳에 두었다는 점이다. 모래바닥은 아니기 때문에 가공된 목판, 납작하고 편

해무리모양의 들린바닥

해무리모양의 평바닥

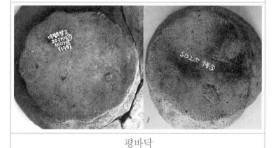

평바닥

사진 3 _ 저부의 3가지 유형

사진 4 _ 해무리굽 저부의 제작 복원

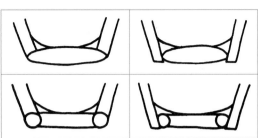
그림 4 _ 저부 제작 복원(趙珉珠 2004)

평한 천석, 지석 등의 사용이 예상된다.

한편 저부를 관찰해 보면, 크게 3가지의 유형으로 구분된다. 첫째 중앙부가 들려 있고 가장자리가 굽을 이루는 해무리모양의 들린바닥, 둘째 바닥 전체가 편평하게 마무리된 해무리모양의 평바닥, 셋째 평바닥이다. 이러한 차이는 저부를 제작하는 방법상의 차이로 판단되는데, 기존의 견해(趙珉珠 2004)로는 들린바닥을 설명하기 어렵다(그림 4).

그런데 해무리모양의 바닥은 조기부터 점토대토기까지 지속적으로 보이고 평바닥보다 오히려 다수를 차지하고 있어, 청동기시대의 일반적인 저부제작법이었다고 할 수 있다. 들린바닥 중 일부는 일부러 중앙부를 깎아낸 경우도 있어 들린바닥이 우연의 소산이 아님을 말해주고 있다. 한편 해무리모양의 경우 가장자리의 굽은 토기 하중에 의해 편평한 면을 이루게 되는데, 그 폭이 일정하게 나타나고 있어 1줄의 점토띠가 돌려졌음을 알 수 있다.

이상에서 해무리굽흔을 보이는 저부는 원형의 점토띠와 점토판의 결합에 의해 만들어진 저부임에 틀림없다. 이를 토대로 들린바닥의 성형을 추정해 보면, ① 점토띠를 감아 테로 만들고 그 위에 중앙부가 들리도록 점토판을 결합하였거나, ② 반대로 둥근 원판을 만든 후 그 위나 가장자리를 따라 점토띠를 붙여서 뒤집으면 들린바닥이 된다.

이러한 점토띠를 이용하여 저부를 제작하면 저부의 크기를 정확하게 정할 수 있고, 둥근 형태를 잘 유지할 수 있다. 또 들린바닥은 제작 시 바닥과의 접지면을 최소화할 수 있고, 동체부의 하중을 받지 않아 저부 중앙부를 얇게 만들 수 있다.

(2) 동체부에 보이는 제작흔 : 외경접합

무문토기 동체부는 테쌓기-점토판-경사접합-지두압흔-외경접합으로 이루어지는데, 이는 서로 분리할 수 없는 일련의 제작체계라고 할 수 있다. 무문토기의 기형을 살펴보면 외경, 내경, 꺾임, 외반 등의 굴곡변화가 자주 관찰된다. 이러한 다양한 굴곡변화를 가지는 토기의 제작에는 동일 높이에서 변화를 줄 수 있는 테쌓기법이 유리하다. 테쌓기법은 한꺼번에 높이 올릴 수 있는 점토판을 이용하는 데 적합한 방법이다. 그런데 이 경우 점토판은 접합 이전에 기벽두께로 두께가 이미 결정되어 있어, 수평접합 할 경우 접합면이 좁고 위아래 점토판에서 끌어당겨 쓸 여분의 점토도 없다. 따라서 점토대 접합에서 수평접합은 거의 불가능한 방법이다.

그러므로 접합도를 높이기 위해서는 점토판을 서로 엇갈리게 접합시킬 수밖에 없는데, 이것이 바로 경사접합이다. 경사접합은 접합 면적의 확대라는 장점도 있지만, 보다 중요한 점은 수평접합으로는 불가능한 '압착결합'이 가능하다는 것이다. 압착결합이란 상하 점토대를 중첩시켜 기벽 내외에서 압력을 가해 결합하는 방식을 말한다. 이러한 결합방식은 토기에 그 흔적을 남기는데, 그것이 바로 점토대 접합부를 따라 나타나는 지두압흔이다.

그런데 문제는 상하의 점토대를 어떻게 엇갈리게 결합하는가 이다. 점토대 접합 시 점토대는 완성된 원형테로 올리는 것이 아니라, 적당한 길이의 점토판을 제작하여 양단을 손으로

사진 5 _ 점토대 접합흔과 외경접합흔

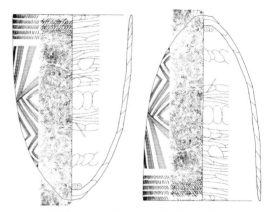

그림 5 _ 도치성형 시의 접합경사면 변화

잡고서 하부의 점토대 상단에 중첩시키면서 쌓아 올린다. 그리고 점토판의 시작점과 끝점을 결합하여 테를 완성한다. 이러한 제작공정에서 상부의 점토판을 하부의 점토판 내부로 넣어 접합하는 것은 매우 불편하다. 당연히 하부의 점토대를 지지축으로 삼아 상부의 점토대로 감싸면서 중첩시키는 것이 유리하다. 이렇게 중첩시킨 부위를 손가락으로 눌러 압착시키고 다듬으면 바로 외경접합이 되는 것이다.

이처럼 동체부의 점토대 접합은 당연히 외경접합으로 나타나게 된다. 그런데 즐문토기에서는 내경접합도 자주 확인된다. 하지만 여기서 한 가지 주의할 것이 있다. 바로 도치성형이다(任鶴鐘 2006). 정치 상태의 토기가 내경접합을 보이더라도 토기를 도치하게 되면 외경접합이 되기 때문이다. 즐문토기에서 도치성형이 많고 테쌓기가 일반적인 제작법(임학종 2011)이라는 점에서 보면 즐문토기 역시 외경접합법이 기본적인 제작법이 아닐까?

(3) 구연부에 보이는 제작흔 : 구연부 보강기법

구연부는 단순한 홑구연과 점토대보강 구연부로 구분할 수 있다. 구연부를 보강하는 기법으로는 돌대문, 이중구연, 점토대부가기법이 있다.

사진 7 _ 돌대 부착의 예

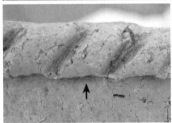

사진 6 _ 돌대문(상)과 이중구연(하)

먼저 돌대문과 이중구연의 기법은 동시기에 구사되는 기법으로 구분이 애매한 경우가 있는데, 제작기법을 통해 다음과 같이 구분할 수 있다. 즉, 돌대문은 구연부에 점토대를 붙인 후 점토대 상하면의 경계면을 소멸시키면서 접합하는 기법인 반면, 이중구연은 점토대를 구연단에 맞추어 덧댄 후 상단을 접합하고 하단은 그대로 남겨 두는 기법이다(정지선 2012).

구체적으로 살펴보면 돌대문은 점토대를 기벽에 바로 덧붙이는 방식인데, 접착 면적을 최대한 늘리기 위해 상하단의 경계부를 문질러서 접착시키고 돌대를 유지하기 위해 끝이 납작한 도구로 눌러 기면과 압착시켰다. 일부 돌대문의 경우는 보다 효과적인 압착을 위해 점토대가 부착되는 기면에 줄홈을 내기도 하였다.

한편 이중구연은 돌대문보다 다양한 접합 형태를 보이는데, ① 접착면을 넓게 한 점토판을 구연단에 맞추어 덧대고 상단부를 접착한 경우, ② 둥근 점토대를 구연단에 맞추어 덧대고 내측 구연단으로 곱싸서 접착한 경우, ③ 최상단 점토대를 외경접합하여 상단을 구연부로 하고 하단을 이중구연화하는

사진 8 _ 다양한 이중구연의 제작 형태

경우, ④ 구연부 자체를 구부려 이중구연화하는 경우 등이다. 이러한 이중구연은 기벽과의 접착도가 높기 때문에 눌러 압착하는 각목문은 드물고, 점토대를 무문으로 남겨두거나 문양을 새기는 경우가 보인다.

청동기시대 전기 후반이 되면 한반도의 이중구연은 모두 흔적만 남는 유사이중구연으로 변화된다. 그런데 남강유역에서는 이러한 한반도 문양 변화에 역행하여 '대평리식 이중구연토기(金炳燮 2003)'라고 하는 새로운 형태의 이중구연 ⑤가 나타난다. 구연단에 점토대를 붙이는 방식은 이중구연 ② · ③과 유사하지만, 덧붙이는 점토대의 양단을 삼각형 모양으로

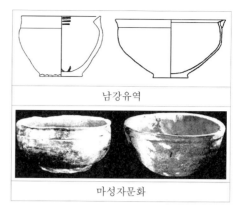

그림 6 _ 이중구연토기의 비교

조정하여 구연단 내면을 경사지게 만드는 점은 앞 시기의 이중구연토기들과 큰 차이를 보인다. 이처럼 구연단을 곱싸서 내측으로 경사지게 만드는 이중구연은 중국 동북지역의 마성자문화에서 유행하는 기종에서 간취되고 있어, 이러한 이중구연기법의 출현은 외래문화의 영향에 의한 것으로 판단된다.

이와 같은 구연부보강기법은 송국리 단계가 되면 거의 소멸하지만, 점토대토기 단계가 되면 원형점토대와 삼각형점토대 부착기법으로 다시 등장한다. 먼저 원형점토대의 부착은 상기의 이중구연 ②와 마찬가지로 점토대를 구연단 바깥에 덧붙이고, 토기의 구연단으로 점토대를 곱싸서 접착시킨다. 삼각형점토대는 여러 가지 방법으로 제작되지만, 이와 동일한 방식으로 만든 후 원형점토대의 상단을 손가락으로 눌러 물손질하여 삼각형으로 만드는 경우도 많다. 이 경우 삼각형점토대의 하단은 그대로 둥근 형태를 유지하고 있다. 점토대토기는 상기한 대평리식 이중구연토기와 마찬가지로 구연단 내면이 안쪽으로 경사지는 특징을 보이는데, 이러한 형태의 제작은 〈사진 10〉과 같이 기능적인 측면에서 이해할 수 있겠다.

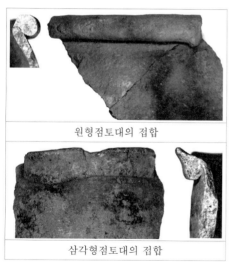

원형점토대의 접합

삼각형점토대의 접합

사진 9 _ 점토대토기의 접합과 구연단의 내경 형태

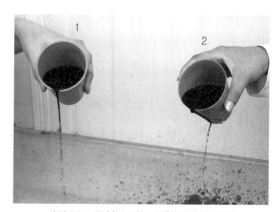

사진 10 _ 구연부 기능 실험(서길덕 2006)

(4) 부속부위의 제작 : 파수, 대각, 주구의 결합

토기의 기본 기능을 저장이라고
한다면 활용을 위한 기능을 담당하
는 부위를 부속부라고 할 수 있는데,
파수·대각·주구 등이 그것이다.
이러한 부속부위를 토기 본체와 결
합시키는 방법으로는 천공결합기법
과 밀착결합기법이 있다.

사진 11 _ 천공결합 파수   사진 12 _ 대각의 결합

천공결합기법은 기면에 구멍을
뚫고, 끼워 넣어서 기벽 내외면에서
접착시키는 방법이다. 이러한 결합은 매우 강한 접착 효과를 가지기 때문에 대형 파수나 결합 부위가
좁은 대각, 내부까지 천공되어야 하는 주구를 부착할 때 유용하다. 내외면 접합부는 다시 별도의 점토
를 부가하여 결합도를 높인다.

밀착결합기법은 기면에 접착면을 넓혀서 바로 밀착시켜 결합하는 기법이다. 소형 파수나 속이 비어
있는 넓은 대각을 결합할 때 유용하다. 접착부는 결합면에 홈을 내거나 외면에 별도의 점토를 부가하
여 결합도를 높이기도 한다. 한편 속이 비어 있는 대각의 경우에는 상반부의 점토를 대각 내부로 밀어
넣어 접합하는 경우도 있다(사진 12).

2. 모양 다듬기 : 조정

모양 다듬기는 용어상에서 보면 기형에 변화를 주지 않고 기면만을 정리하는 整面과 기형에 세부
변화를 주어 토기 형태를 최종적으로 완성하는 調整으로 구분할 수 있지만, 실제 제작에서는 정면과
조정이 하나의 기법에서 동시에 구사되는 경우가 많다. 따라서 모양 다듬기 기법은 조정이라는 용어로
통일하여 사용하겠다. 조정은 성형 다음의 제작 단계임에 틀림없지만, 반드시 성형이 끝난 후에 이루
어지는 것은 아니다. 실제 조정은 성형과 동시에 시작된다.

이러한 기면 조정은 토기의 다공성과도 관련되는데, 패각조정 → 목판조정 → 물손질 → 마연으로
갈수록 기면이 치밀해져 다공성이 줄어든다. 조정기법에는 이외에도 목판누르기, 깎기, 점토보강 등이
있지만, 여기서는 일반적인 조정기법인 목판조정, 물손질, 마연, 타날을 중심으로 살펴보겠다.

1) 목판조정기법(木理調整, 긁기, scraping)

목판조정은 목리조정, 판목조정, 긁기 등으로 불리는 정면기법으로서 가장 기본적인 조정기법이다.

목판조정에 의한 줄무늬 흔적은 사용에 의해 나이테 중 조직 밀도가 약한 春材 부분이 빨리 마모되어 조직이 치밀한 秋材 부분이 돌출됨으로써 나타난 요철흔적이다. 따라서 다양한 목판조정흔은 수종과 나이테의 마모 차이라고 할 수 있다.

목판조정은 기벽의 두께를 조정하기도 하고, 울퉁불퉁한 표면을 고르기도 한다. 목리에 의해 다공성이 부여되기도 하지만, 다시 타날과 마연, 물손질 등이 이루어지는 경우가 많아 반드시 다공성을 고려하고 있다고 보기는 어렵다.

목판조정구는 조정흔을 통해 보면 목리가 거의 없는 것에서부터 목리가 뚜렷한 것까지 다양하며, 끝부분이 면을 이루는 경우와 봉상을 이루는 경우가 있다. 폭은 0.5cm 전후의 좁은 것에서부터 2cm에 이르는 것까지 다양하며, 넓은 것은 4cm를 넘는 경우도 확인된다. 또 목판조정흔은 토기의 외면은 주로 종방향과 사방향으로 이루어지고, 내면은 횡방향으로 이루어지는 경향이 강하다.

사진 13 _ 목판조정구의 예시

사진 14 _ 다양한 목판조정흔

2) 물손질기법(문지르기, smoothing)

물손질은 손가락이나, 포, 가죽 등으로 토기를 문질러서 조정하는 기법으로 시대를 막론한 가장 기초적인 조정기법이다. 무문토기 제작에서는 독자적인 조정기법으로 보기 어렵고 목판조정이나 타날조정 등과 함께 구사되는데, 주로 토기 외면에서 확인된다. 무문토기에서 물손질이 중요하게 구사되는 곳은 구연부이다. 물손질을 통해 구연단의 모양을 조정하기 때문에 횡방향으로 강한 물손질이 일어난다. 이외에도 저부 외측면과 돌대부착면 등 세부 모양을 다듬는 최종 행위에도 물손질이 자주 나타난다. 한편 물손질의 경우 사립의 움직임 관찰을 통해 방향을 추정할 수 있는데, 이동 흔적이 희미한 경우는 판단에 주의가 필요하다(佐原眞 1973).

| 구연단 외면 | 구연단 내면 | 석립의 이동(방향 ←) | 석립의 이동(방향 →) |

사진 15 _ 구연단 물손질과 석립의 이동 현상

3) 마연기법(burnishing)과 마광기법(polishing)

마연(마광)기법은 청동기시대에는 적색 안료나 채문 등과 밀접하게 관계하고 있는 것에서 시문기법에 해당되기도 하지만, 시대를 막론하고 구사되는 가장 치밀한 기면 조정기법이기 때문에 여기에서 다루도록 하겠다. 마연토기를 관찰해 보면 마연 단위가 뚜렷한 경우와 마연 단위가 관찰되지 않는 경우가 있다. 전자를 마연, 후자를 마광이라고 한다. 마연과 마광은 어떻게 다를까? 결론적으로 말하면 두 기법의 차이는 마연흔의 유무에 있으며, 제작기법에서 보면 결국 윤을 내는 도구의 차이라고 할 수 있겠다.

마연 도구는 일반적으로 몽돌, 토기파편, 나무(대나무), 뼈, 알 등이 상정되는데, 이러한 도구들의 특징은 표면이 매끄럽고 딱딱하다는 것이다. '매끄러움'은 '윤'과 관련하므로 마연흔은 바로 '딱딱함'에서 비롯된다. 따라서 윤이 나면서도 마연흔을 남기지 않는 마광기법은 '매끄럽지만 딱딱하지 않은 도구'를 사용했음을 알 수 있다. 매끄럽고 딱딱하지 않은 도구로는 가죽이나 나무껍질의 내면, 매끄러운 과일껍질이나 나뭇잎 등이 상정된다.

그러나 마연, 마광 도구는 실물자료로서 발견된 사례가 거의 없다. 따라서 마연기법은 매끄럽고 딱딱한 도구로 기면을 치밀하게 조정하는 기법, 마광기법은 매끄럽고 부드러운 도구로 기면을 치밀하게 조정하는 기법으로 정의할 수 있겠다.

마연(마광)기법은 다른 조정기법들과는 달리 성형이 끝난 이후 약간의 건조를 거쳐 이루어진다. 건조의 정도는 제작자의 경험 지식을 통해 결정된다. 표면이 완전 건조되기 이전에 매끄러운 도구로 문지르면 굵은 입자들은 가라앉고 고운 입자들이 부상하여 표면이 치밀해지면서 피막을 이루게 되어 윤이 나게 된다. 안료를 바를 경우에는 다시 약간의 건조를 거쳐 마연해야 하는데, 안료를 바른 후 바로 마연하게 되면 안료가 마연 도구에 발려

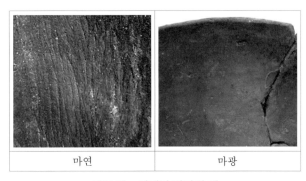

| 마연 | 마광 |

사진 16 _ 마연과 마광의 예

나가고 안료 아래 무문토기의 갈색 입자가 부상하여 채색 효과를 방해하기 때문이다. 정리하면 마연기법의 구사는 성형→조정→반건조→(안료도포→반건조)→마연(마광)→건조의 순으로 진행된다.

제작기법상에서 볼 때 마연(마광)기법은 표면을 치밀하게 하여 다공성, 즉 흡수율을 줄이는 기법이므로, 마연토기의 기본적인 기능은 수분과 관련하고 있음이 분명해 보인다(김미영 2010). 다만 한반도에서는 이러한 마연토기에 형태적·색상적 상징성이 부여되면서, 보다 다양한 용도로 전용되었던 것으로 보인다.

4) 타날기법(paddle and anvil method)

타날기법은 토기 내부에 지지대를 대고 외부에서 두드려 기벽의 두께를 조정하며, 기벽 내부의 공기를 제거함으로써 부풀어 터짐을 방지하는 기법이다. 외면의 두드림판을 외박자, 또는 타날판, 내면의 지지대를 내박자, 또는 받침모루라고 한다. 점토의 밀림을 방지하기 위한 외박자의 요철면을 이용해 문양 효과를 내기도 한다. 무문토기의 타날기법은 전기부터 확인된다고 하지만(趙珉珠 2004), 분명한 조정기법으로서의 타날은 송국리 단계에 중서부지역을 중심으로 정착된다. 타날기법에 대해서는 기존 연구성과(深澤芳樹·李弘鍾 2005)를 빌어 제작 도구와 공정, 기법으로 구분하여 정리할 수 있다.

무문토기에 사용되는 타날도구로서 외박자는 목제이며, 후대의 타날판과 일본 야요이시대의 타날판, 민족지 사례 등을 통해 볼 때 장방형라켓(羽子板) 모양으로 추정된다. 타날부는 무문인 경우, 사용 마모에 의한 板目狀인 경우, 평행타날문을 새긴 경우로 구분되며, 관창리와 소송리에서는 격자타날도 확인되고 있다. 이 시기 타날문은 새김면이 엉성하고, 요철이 넓은 것이 특징이다. 내박자는 울산 호계리 출토품이 알려져 있지만, 타날이 유행하는 중서부지역에서는 확인되지 않고 있다. 민족지 사례에서 볼 때 매끄러운 둥근 돌로 추정된다.

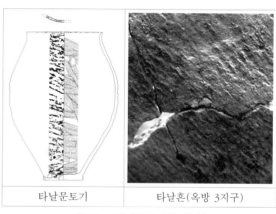

그림 7 _ 타날문토기와 타날흔

타날의 공정은 목판조정을 기준으로 그 이전에 하는 것을 1차 타날, 그 이후에 하는 것을 2차 타날로 구분하고, 타날로서 조정이 마무리되

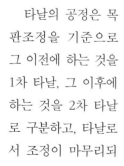

사진 17 _ 외박자와 내박자의 예(庄田愼矢 2007b, 80쪽)

사진 18 _ 타날 모습(中村浩·池田榮史 2012)

는 경우는 최종 타날이라고 한다. 무문토기의 타날은 1차 타날이 최종 타날이 되는 경우가 많으며, 타날 이후에 목판조정이나 물손질, 깎기, 마연 등이 이루어지는 경우도 있다. 후자의 경우 타날의 문양 효과는 크게 고려하지 않고 있다고 하겠다.

타날은 성형과 동시에 이루어지기도 하고 성형 완료 후에 이루어지기도 하지만, 어느 쪽이든 반건조 상태를 유지하면서 시행하여야 한다. 이것은 기벽의 공기를 제거하기 위해서 타날 시 점토가 좌우로 퍼지는 것보다 전후로 밀착되어야 하기 때문이며, 또한 얇아진 기벽이 토기 체중을 견딜 수 있어야 하기 때문이다. 타날흔은 팔꿈치를 기점으로 반원상으로 나타나는 경우가 많은데, 이를 圓弧狀打捺이라고 한다. 이러한 원리를 통해 팔의 위치, 방향을 파악할 수 있으며, 원호의 형태에 따라 어떻게 타날했는지, 어느 손으로 타날했는지 등을 파악할 수 있다.

3. 문양 새기기 : 시문(design)

무문토기는 명칭상 '문양이 없는 토기'이지만, 사실 문양은 청동기시대 시기 변화의 기준이 될 정도로 다양하다. 따라서 시문은 무문토기 제작에서 중요한 토기 제작 공정 중의 하나라고 할 수 있다. 무문토기의 시문은 크게 새김기법과 채색기법으로 구분할 수 있으며, 문양 명칭은 시문기법(방법과 도구)과 시문위치, 문양 형태를 통해 명명된다.

1) 새김기법

(1) 덧새김기법(粘土帶附加技法)

이중구연, 돌대문, 점토대문이 대표적이다. 이러한 문양들은 성형을 통해 이루어지는데, 압날기법과 침선기법의 결합을 통해 문양이 완성된다. 즉, 돌대문은 주로 목판이나 봉상도구로 눌러 새긴 각목과 결합하여 각목돌대문을 이루며, 이중구연은 단사선문, 거치문, 점렬문 등과 결합하여 다양한 문양을 이룬다. 이중구연과 돌대문이 복합되는 경우도 있다. 점토대를 덧붙이는 이중구연은 전기 후반이 되면 외경접합흔의 유사이중구연으로 변화된다. 유사이중구연은 공렬, 구순각목, 단사선 등과 결합하여 전기 후반의 핵심 문양을 이룬다.

(2) 압날기법

시문구를 눌러서 새기는 기법으로 목판, 봉, 죽관 등의 도구가 사용된다. 목판은 무문토기에서 가장

많이 사용되는 도구로서, 압날
에 의해 나타나는 목리를 통해
볼 때 목판 조정도구를 사용하
였을 가능성이 있다. 목판의 납
작한 선단부를 이용하여 눌러
새기는 기법으로 구순각목문,
돌대각목문, 유사이중구연부의
단사선문 등이 대표적이다.

봉상 시문구는 끝이 뭉툭한
단면 원형의 형태로 추정되는
데, 돌대문의 각목문 중 봉상
시문구의 몸체로 눌러 시문한
경우도 있다. 봉의 뭉툭한 선단
부를 이용한 시문은 검단리식
토기의 낟알문이 대표적이다.
이외에 천공이나 점렬문에도
사용되었을 것이다.

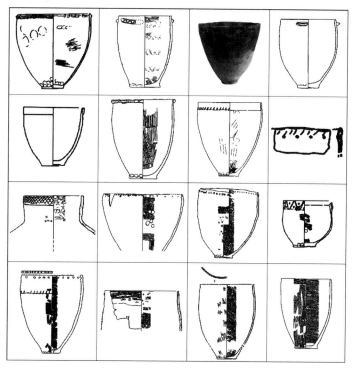

그림 8 _ 다양한 문양들

죽관은 속이 비어있는 원통형의 봉상 시문구로서 이중구연거치문의 점렬문과 공렬문, 돌류문의 시
문에 주로 이용된다. 공렬문과 돌류문은 관통인지 반관통인지를 통해 구분하기도 하지만, 문양은 외면
장식이라는 관점에서 관통 여부에 관계없이 외면→내면의 새김은 공렬문, 내면→외면의 새김은 돌류
문으로 구분하기도 한다(國立文化財硏究所 2004, 82쪽).

(3) 침선기법

침선기법은 대나무칼이나 봉상 시문구로 선을 그어서 새긴 문양을 말한다. 단사선문, 횡침선문, 거
치문, 사격자문, X자문, 횡선문 등 다양하며, 횡대구획을 통한 삼각집선문, 횡집선문 등의 문양도 대부
분 침선기법으로 시문된다. 침선기법은 단독, 또는 상기의 다른 기법들과 복합되어 구사된다.

2) 채색기법

무문토기에는 채색기법도 유행하는데, 대부분 마연기법과 함께 이루어진다. 마연기법에 대해서는
전술하였으므로 여기서는 채색기법만 다룬다.

(1) 색칠기법(painting)

안료를 발라 문양을 내는 것으로 진주 평거동 3-1지구에서 뇌문토기가 2점 출토되었다. 잔존 상태

가 미미해서 정확한 안료는 알 수 없지만, 이러한 채색 뇌문은 신암리 2기층에서 확인되고 있어 남강유역의 토기 계보와 시간성을 유추할 수 있게 해준다(고민정 2011, 396쪽).

그림 9 _ 평거동 출토 채색토기

(2) 적색기법

붉은색은 전 세계적으로 인류에게 무언가 특별하고 신성한 의미가 있다(市毛勳 1998). 한반도를 둘러싼 중국, 일본도 예외 없이 적색기법이 많이 사용되었는데, 중국에서는 채색기법이 베풀어진 토기를 채도로 구분하고 적색 바탕의 토기를 통칭해서 홍도라고 한다. 일본에서 붉은 안료는 전통적으로 '朱'로 통칭하였던 것에서 고고학에서도 붉은색의 토기를 화학성분에 상관없이 '朱漆土器'라 하며, 이에 대해 야요이시대 마연토기는 '단도마연토기'라고 구분하여 부른다. 이렇게 형성된 중국, 일본의 용어가 한반도 무문토기 용어에 그대로 도입되어 사용되어왔다.

그런데 최근 토기의 붉은색 안료에 대한 화학적 분석이 이루어지면서 이 용어들의 부적절성이 지적되었다. 즉, 마연토기의 붉은 안료는 '丹'이나 '朱'가 아니라 벵가라(산화제이철, Fe_2O_3)라는 것이다. 따라서 붉은 안료가 칠해진 토기는 우리말 '붉은간그릇'에 가장 잘 대응되는 '적색마연토기'라는 용어가 일반적으로 사용되고 있다.

주는 583.5℃에서 승화하므로 소성용으로는 사용할 수 없다. 이에 비해 벵가라는 승화점이 1,550℃로서 구우면 더욱 붉어지는 특성 때문에 소성용 안료로 적당하다. 이러한 안료의 제작은 주변의 붉은 흙이나 돌에서 마련하는 안이 제시되었는데(任鶴鐘 2012), 마연토기 제작을 위해서는 소량의 안료만으로 가능하기 때문에 일회적으로 제작하여 사용했을 수도 있다. 안료는 물에 희석하여 도포하는데, 안료가 흘러내리지 않도록 반건조 상태에서 도포하며 도포 후에는 다시 반건조시킨 후 마연한다.

(3) 채문기법

채문기법에 대해서는 유기물질설, 흑색광물 도색설, 목탄 도색설이 있다. 유기물질설은 '의도한 무늬권 위에 나뭇잎이나 나무껍질, 또는 톱밥을 얹어 놓고 구우면 탄소가 토기 겉벽으로 스며들어 무늬화한다'는 것(韓永熙 1986)이지만, 유기물질로 채문효과를 낸다는 것은 성립되지 않는 가설이다(이융조·신숙정 1987, 306쪽). 왜냐하면 소성 시의 열이 유기물질에 의해 발생하는 탄소까지 모조리 태워버리기 때문이다. 이 때문에 소성 시가 아니라 토기소성이 끝날 무렵 토기가 아직 뜨거운 열을 가지고 있을 때 유기물질을 올리는 가설이 제시되었다(尹武炳 1979; 李健茂 1986). 그러나 이 역시 뚜렷한 경계를 가지는 채문을 설명하기에는 한계가 있다. 채문의 경계가 뚜렷한 것에서 목탄 막대기로 문지르는 방법도 제시되었지만(國立文化財研究所 2004), 역시 동체부에서 구연부 내외면으로 이어지는 굴곡부의 흑색 문양을 설명하는 데는 한계가 있다. 또 이융조·신숙정(1987)은 흑색 광물로 무늬를 그려 넣

는 안을 제시하였지만, 대부
문의 채문에서 색칠의 인위
성을 찾을 수 없기 때문에 역
시 적용하기 어렵다.

아직 채문에 대한 해답을
제시할 수는 없지만, 채문기
법을 이해하는 데 중요한 2
가지 요소가 있다. 바로 채문
범위와 채문 현상이다. 채문

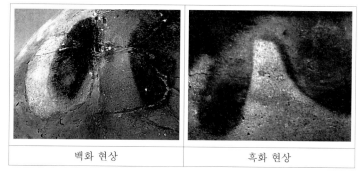

| 백화 현상 | 흑화 현상 |

사진 19 _ 채문 경계에 나타나는 2가지 현상

범위는 아예 채문이 없는 경우, 동체부에 흔적만 있는 경우도 있지만, 동체부에서 구경 내외면까지 일
체로 자연스럽게 이어지는 경우가 확인된다. 이러한 채문의 범위는 인위적이라기보다 자연적으로 형
성된 것으로 보인다. 또 채문의 형태는 종방향으로 나타나며, 대부분 동최대경 상부에서만 확인된다.
이상에서 채문은 구연부와 동체 상부에 구사된 어떤 소성기법에 의해 만들어진 불완전소성흔으로 생
각된다(禹枝南 2002, 24쪽).

한편 채문은 일반적인 흑반과는 달리 경계부가 자연스러운 弧狀을 이루고, 채문의 경계 외면에 백
화 현상이나 경계 내면에 줄모양의 흑화 현상을 특징으로 한다. 그러나 어떻게 이러한 형태의 채문이
형성되는지는 여전히 미제로 남아 있다.

(4) 흑색기법

토기면 전체를 흑연 등의 검은색 광물질로 도포하는 것으로 주로 점토대토기 단계에 사용되는 기
법이다. 이러한 기법은 청동기시대 전기~송국리 단계에 보이는 비의도적 불완전 소성에 의한 흑색토
기와 다른 것으로, 그 연원은 중국 동북지역에서 구해진다. 따라서 청동기시대 흑색기법은 점토대토기
단계의 검은색간토기(黑色磨研土器, 黑陶)의 제작기법이라고 할 수 있다.

Ⅳ. 완성 : 건조에서 소성까지

1. 말리기 : 건조(drying)

건조는 의도하지 않더라도 태토 만들기가 끝나면 바로 시작된다. 이러한 비의도적 건조 때문에 제
작 과정에서 일부러 수분을 공급하는 경우도 있다. 의도적 건조는 반건조와 건조로 구분할 수 있는데,
제작을 진행하는 동안 반건조 과정은 자주 등장한다. 반건조는 기형의 처짐 방지, 효과적인 타날과 마

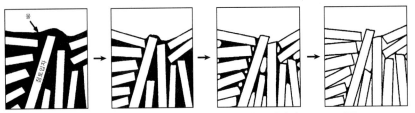

그림 10 _ 수분 증발에 따른 수축 과정 모식도(정기영 1999, 324쪽)

연, 문양 새기기, 안료 채색 등을 위해 이루어진다.

이러한 제작공정이 모두 끝나면 건조가 시작된다.

건조의 목적은 태토 속에 들어 있는 수분(수축수)을 제거하는 것이다. 따라서 수분의 증발은 토기의 수축을 가져오게 되며, 이 과정에서 불균형이 일어나면 왜곡, 파괴, 변형, 균열이 발생한다. 따라서 건조는 특별한 의도가 있지 않는 한 통풍이 잘되는 그늘에서 시행하는 것이 원칙이다.

태토의 입자를 감싸고 있는 수분이 증발함에 따라 일어나는 수축의 정도를 수축률이라고 한다. 이론상 입자가 고울수록 수축률이 높기 때문에, 혼화제가 어느 정도 섞였느냐도 수축 정도에 영향을 미친다. 건조 과정을 확대해서 보면 먼저 수축수가 증발함에 따라 점토 입자들이 서로 기대게 되는데, 이를 1차 건조라고 한다. 1차 건조에서는 문양 새기기가 가능하다. 다시 건조가 지속되면 점토 입자 사이의 공극수마저 증발하게 되는데, 그 이후에는 더 이상 수분 증발에 의한 건조 수축은 일어나지 않는다. 이러한 원리에서 건조 수축률은 소성 수축률보다 높게 나타나는데, 최근 실험연구에서 마연토기와 근대 도자기 제작을 통해 수축률을 확인한 결과와도 일치한다(任鶴鐘 2012).

2. 굽기 : 소성(firing)

토기는 아무리 오래 건조시킨다 하더라도 근본적인 성질이 변화되지 않기 때문에 물에 녹이면 다시 점토로 돌아온다. 따라서 불에 타지도 물에 녹지도 않는 진정한 의미의 토기를 만들기 위해서는 반드시 소성이라고 하는 단계를 거쳐야 한다.

반죽한 점토는 열을 가하는 정도에 따라 변화를 보이는데, 500℃ 이하에서 점토에 흡착되어 있는 수분이 증발하고, 500~600℃에서는 광물 내의 구조수분이 증발한다. 이때 탄소, 염분, 황화물 등도 모두 가스로 증발하면서 전혀 다른 성질의 인공물이 된다. 500~900℃ 사이에서는 결정광물들이 구조 변화를 보이는데, 이들에 대한 분석을 통해 소성 온도를 추정할 수 있다. 선사토기는 대개 900℃ 이하에서 소성된다. 보다 고온을 내기 위해서는 밀폐요가 필요한데, 밀폐요에 의한 고온 소성에서는 규산질이 녹아 나와 표면이 유리질화된다. 이 과정에서 다시 수축률은 증가하고 다공성(흡수율)이 낮아지는데, 대개 1,000~1,200℃ 사이에서 급격한 변화를 보인다.

소성에 관한 연구는 토기가마 유적과 토기에 잔존하는 소성흔의 관찰, 민족지 사례연구, 실험고고학적 방법을 통해 진행되고 있는데, 아직 국내 연구는 많지 않은 편이다. 먼저 토기 소성유구는 최근 연구성과를 통해 보면 약 90여 기가 알려져 있는데, 이러한 소성유구의 판정은 세부적인 차이가 있지만 대체로 ① 점토덩어리, ② 불탄흙, ③ 소성실패품, ④ 목탄, ⑤ 피열바닥, ⑥ 토기박편 등을 통해서 알 수 있다. 무문토기 소성유구는 溝와 수혈 형태로 확인되었다. 마연토기의 경우는 귀중품으로서 가치 때문에 소량만 소성하는 소규모 시설도 상정된다(任鶴鐘 2012).

토기의 소성방식은 산소를 공급하면서 굽는 산화염소성과 산소를 차단하여 굽는 환원염소성으로 구분되는데, 환원염소성은 밀폐요가 등장하는 와질토기 단계 이후부터 나타난다. 선사토기는 지속적으로 산소가 공급되는 산화염소성에 해당하는데, 가마의 형태에 따라 개방형소성과 덮개형소성으로 구분할 수 있다.

개방형은 별도의 천장시설 없이 소성하는 가마이며, 덮개형은 연료를 덮은 후 다시 점토 등을 발라 덮개를 만들어 소성하는 방식이다. 개방형 소성유구는 온도 변화가 급격하고 연료 소모가 많으며 열기가 일정하지 않지만, 불의 조정을 통해 온도 변화에 인위적인 개입이 가능하다. 이에 비해 덮개형은 연료 소모가 적고 온도 상승이 완만하여 안정적인 소성 분위기이지만, 연료와 불의 조정이 불가능하다(小林正史 2007).

이러한 소성방식의 차이는 소성흔에도 영향을 미치는데, 이를 통해 한반도의 무문토기는 전기 단계까지는 개방형소성을 주로 하였고, 덮개형소성은 송국리 단계부터 본격적으로 도입되었던 것으

사진 20 _ 개방형소성(任鶴鐘 2012, 20쪽)

그림 11 _ 덮개형소성(久保田正壽 1989)

로 보고 있다. 덮개형소성이 짚을 주원료로 하는 것에서 송국리 단계에 본격적으로 시행되는 이유를 도작농경과의 관련성 속에서 찾기도 한다(庄田愼矢 2007a).

소성에서 중요한 요소 중의 하나가 연료이다. 연료는 불에 탈 수 있는 것이면 되겠지만, 그 중에서 나무류는 참나무과, 나뭇잎은 소나무잎, 풀 종류는 바랭이, 볏짚 등이 상정되고 있다. 특히 볏짚은 적은 양으로도 고화도를 내며, 재 사이로 산소가 공급됨과 동시에 열을 외부로부터 차단하는 효과도 있다. 또 거의 흑반을 남기지 않고 소성할 수 있는 뛰어난 소성 연료이지만, 지붕재료나 보온용, 생필품 등 곳곳에서 사용되는 귀중한 재료였기 때문에 함부로 사용되지는 않았을 것이라는 견해도 있다(任鶴鐘 2012).

토기의 소성 과정을 확대해서 살펴보면, 소성 초기에는 연료의 불완전 연소와 토기 표면의 유기물질에 의해 전면에 탄소가 부착되어 검게 변화된다. 이후 소성 열이 지속되면 열원에서부터 탄화부를

밀어내듯이 발색이 이루어진다. 이러한 발색 과정에서 어떤 요인에 의해 열원이 미치지 못하게 되면 그 부분에 흑반이 남게 된다. 따라서 이러한 흑반의 경우는 속심까지 불완전연소 상태를 보인다. 하지만 발색이 된 이후에도 다시 탄화물이 부착하게 되면 표면에만 흑반이 남게 된다.

V. 맺음말

이상에서 한반도 무문토기 제작에 대한 내용을 토기 제작순서에 따라 살펴보았다. 본 글의 성격상 토기 제작에 대한 일반론적 접근은 가능하였지만, 구체적인 제작기법을 밝히는 데까지는 나아가지 못했다. 이하에서는 토기 제작과 관련하여 몇 가지의 향후 과제를 제시해 보는 것으로 맺음을 대신하고자 한다.

토기 제작에 대한 향후 과제의 핵심은 기초 연구의 확대에 있다. 전술하였듯이 무문토기 제작기법만을 대상으로 한 국내 연구성과는 거의 보이지 않으며, 대부분 다른 주제 속에 포함되어 부분적으로 다루어져 왔다. 하지만 본 글에서 보았듯이 혼화제의 문제, 저부의 제작법, 성형방법, 기면조정법, 시문법과 시문 도구, 제작과 기능, 안료 문제, 채문기법, 마연기법, 소성가마와 소성흔 등 세부적인 토기 제작기술로 조금만 깊이 들어가 보면 무문토기 자료를 기반으로 한 연구성과는 거의 없음을 알 수 있다. 앞으로 토기 제작에 대한 보다 세부적인 주제로의 접근이 요구된다.

최근 조금씩 증가하고 있기는 하지만, 제작실험을 통한 연구도 더욱 활성화되어야 한다. 이러한 제작실험에서 중요한 것은 정확한 가설을 세우는 것이라고 할 수 있는데, 이 역시 폭넓은 자료 집성과 치밀한 관찰을 통해서 가능하다. 필자가 미처 파악하지 못한 탓도 있겠지만 토기 제작 연구에 반영할 만한 민족지적, 민속학적 국내 연구성과도 매우 부족하며, 여러 가지 과학적인 분석 연구 역시 고고학적 시각에서 다루어지지 않아 분석을 위한 분석 수준에서 크게 벗어나지 못하고 있다.

끝으로 본 글에서는 다루지 못했지만, 무문토기 제작자에 대한 연구가 요구된다. 이는 토기 제작을 어떤 관점에서 접근할 것인가의 가장 기초가 되는 부분이다. 청동기시대 토기에서 전문제작자의 존재가 상정되고는 있지만, 본 글을 진행하면서 그러한 증거는 발견하지 못했다. 다만 송국리 단계가 되면 부장 유물과 생활용 유물의 분리가 나타나고 타날과 같은 특수한 제작기술이 등장하고 있으며 다른 분야에서 전문제작자의 존재가 인정되고 있기 때문에, 토기 제작에도 전문제작자가 존재했을 가능성은 여전히 인정된다.

아무래도 이러한 연구는 토기 제작기술뿐만 아니라, 유물과 기술의 교류 등에 대한 연구와 함께 종합적으로 이루어져야 할 것이다. 무문토기는 청동기시대 연구의 핵심적인 연구과제로 다루어져 왔음에도 불구하고, 제작기술에 대한 연구는 제대로 주목받지 못한 것이 사실이다. 본 글이 이러한 기초 영역에 대한 관심을 불러일으키는 데 작은 도움이 될 수 있기를 바란다.

참고문헌

고민정, 2011, 「고찰」『진주 평거 3-1지구 유적』, 경남발전연구원역사문화센터.

國立文化財研究所, 2004, 『韓國考古學專門事典-靑銅器時代篇』.

김미영, 2010, 「적색마연토기의 변천과 분포에 대한 연구」『慶南研究』2, 경남발전연구원역사문화센터.

金炳燮, 2003, 『韓半島 中南部地域 前期 無文土器에 대한 一考察』, 慶尙大學校大學院 碩士學位論文.

金廷鶴, 1967, 「韓國無文土器文化의 研究」『白山學報』3.

金賢, 2002, 「大坪 無文土器 窯에 대한 一檢討」『晉州 大坪里 玉房 1 · 9地區 無文土器 集落』, 慶南考古學研究所.

동삼동패총전시관, 2004, 『신석기시대의 토기문화』.

釜山大學校博物館, 1989, 『勒島住居址』.

서길덕, 2006, 『원형점토띠토기의 변천과정 연구』, 세종대학교대학원 석사학위논문.

시노폴리, 칼라(이성주 역), 2008, 『토기연구법』, 考古.

신경숙 · 오민미, 2010, 「실험고고학을 통해 본 청동기시대 마연토기의 제작복원」『야외고고학』8.

沈秀娟, 2010, 『嶺南地域 豆形土器 研究』, 嶺南大學校大學院 碩士學位論文.

안승모, 2011, 「신석기문화의 성립과 전개」『한국 신석기문화 개론』, 중앙문화재연구원.

安春培, 1977, 「南江上流의 先史文化研究」『白山學報』23.

양동윤 · 김주용, 2002, 「대구 칠곡 동천동 취락유적 토기분석」『大邱 東川洞 聚落遺蹟』, 嶺南文化財研究院.

禹枝南, 2002, 「彩文土器의 研究現況」『固城 頭湖里遺蹟』, 慶南考古學研究所.

尹武炳, 1979, 『世界陶瓷全集』17, 小學館.

尹武炳, 1989, 『韓國靑銅器文化研究』, 藝耕.

尹世英, 1994, 「無文土器의 整面手法에 關하여」『韓國上古史學報』17.

李健茂, 1986, 「彩文土器考」『嶺南考古學』2.

이융조 · 신숙정, 1987, 「제원 황석리유적 출토의 붉은간토기와 가지무늬토기의 고찰」『三佛金元龍教授停年退任紀念論叢』, 一志社.

李淸圭, 1988, 「南韓地方 無文土器文化의 展開와 孔列土器文化의 位置」『韓國上古史學報』1.

李弘鍾, 1996, 『청동기사회의 토기와 주거』, 서경문화사.

任鶴鐘, 2006, 「櫛文土器의 倒置成形」『石軒鄭澄元教授停年退任紀念論叢』, 釜山考古學研究會.

임학종, 2011, 「토기의 제작과 기능」『한국 신석기문화 개론』, 중앙문화재연구원.

任鶴鐘, 2012, 『紅陶의 成形과 燒成 實驗』, 大東文化財研究院.

정기영, 1999, 「도자기와 광물」『鑛物과 人間生活』金洙鎭教授頌壽記念集.

정지선, 2012, 「영남지역 무문토기 성립기의 양상」『남한지역 초기 무문토기의 지역양상』, 한국청동기학회 토기분과 워크샵.

조대연, 2011, 「진주 평거 3-1지구 유적 출토 토기에 대한 자연과학적 분석」『진주 평거 3-1지구 유적』, 경남발전연구원역사문화센터.

趙珉珠, 2004, 『晉州 大坪里 前期無文土器 製作技法에 대한 一考察』, 慶南大學校大學院 碩士學位論文.

최성락 · 이정호, 1988, 「海南 郡谷里貝塚 出土 土器의 性格」『전남문화재』1.

하인수, 2006, 「신석기시대의 즐문토기」『우리 옛그릇』, 부산박물관.

韓永熙, 1986, 「國立晋州博物館 新收品(1984-85) 紹介」『嶺南考古學』 1.

홍보식, 2003, 「土器 成形技術의 變化」『기술의 발견』, 복천박물관.

久保田正壽, 1989, 『土器の燒成』 1, 私家版.

大田區立鄕土博物館, 2001, 『ものづくりの考古學-原始・古代の人の知惠と工夫』.

小林正史(孫晙鎬 譯), 2007, 「民族誌 事例의 比較分析에 기초한 덮개형 野外燒成의 基本 特徵과 多樣性」『土器燒成의 考古學』, 서경문화사.

市毛勳, 1998, 『朱の考古學』, 雄山閣.

深澤芳樹・李弘鍾, 2005, 「松菊里式土器의 打捺技法 檢討」『송국리문화를 통해 본 농경사회의 문화체계』, 서경.

庄田愼矢, 2007a, 「無文土器 燒成技法의 變遷過程과 그 背景에 대한 素描」『土器燒成의 考古學』, 서경문화사.

庄田愼矢, 2007b, 「土器成形과 打捺板에 관한 民族誌考古學的 硏究」『科技考古硏究』 13.

鐘ヶ江賢二, 2007, 『胎土分析からみた九州彌生土器文化の硏究』, 九州大學出版會.

佐原眞, 1973, 「土器の話(10)」『考古學硏究』 19-3.

佐原眞, 1974, 「土器の話(11)」『考古學硏究』 20-3.

中村浩・池田榮史, 2012, 「カンボジア中部における傳統的土器つくり」『東南アジアの傳統的土器つくり』, 大阪大谷大學博物館.

澤田正昭, 1973, 「遺跡・遺物の保存科學(2)」『考古學硏究』 19-3.

제3장
석기의 종류와 특징

유병록 우리문화재연구원

Ⅰ. 머리말

한국 청동기시대는 비록 청동기의 사용이라는 금속시대에 속하지만, 실제 유적에서 출토되는 청동기는 소수이며 당시 생활용구의 대부분은 토제나 석제, 혹은 목제였다. 이 중에서도 견고성이나 내구성에 있어서 석제를 뛰어넘는 재질이 없었음은 분명하다. 특히 그 어떤 시대보다도 청동기시대의 석기류는 다양한 분야에 활용된다. 기본적으로 신석기시대 이후 사냥구로 추정되는 석촉이나 석창, 가공구인 석부 등은 동일하게 출토되지만, 석부류는 2차, 3차 가공석기로 더 세분되고 반월형석도를 비롯한 농경과 관련된 석기가 등장하는 등 사회적 발전의 영향을 반영한 다양한 석기가 제작된다. 무엇보다 신석기시대에 타제의 석기가 주종을 이루는 것에 비해 청동기시대에는 마제석기가 이를 대신한다.

Ⅱ. 종류와 특징

1. 석검

석검은 조형론에 있어 한반도에 집중 출토된다는 점에서 요령식동검 모방설이 우세하다. 특히 遼寧

사진 1 _ 고식 요령식동검과
한반도 이단병식석검
(1 : 小黑石溝, 2 : 평성리)

사진 2 _ 송국리
출토 유경식석검

省 寧城縣 小黑石溝 8501호 출토의 고식 요령식동검(사진 1-1)을 모방하였다는 견해가 주목된다(近藤喬一 2000). 유병식석검은 최초 등장 시기부터 혈구, 병부 홈, 검파두식 등이 갖추어진 복잡한 형태를 이루다가 이후 점차 단순화되어 가는데, 초기의 복잡한 형태를 모방의 증거로 보고 있다.

석검의 형식은 손잡이가 있는 유병식과 경부가 장착된 유경식으로 구분하고 있다. 유경식은 석창의 가능성도 있지만 부여 송국리유적 54지구 11호 주거지에서 나무자루가 장착된 유경식이 출토되어(사진 2), 경부의 길이가 짧은 경우 석검, 긴 경우는 석창으로 분류하기도 한다(孫晙鎬 2006, 30쪽). 유병식은 손잡이 중간부에 단이 지거나 홈이 있는 이단병식과 별다른 구분 흔적이 없는 일단병식으로 나뉜다. 유병식은 다시 단연결부의 형태에 따라 유단식, 유구식, 유절식으로 세분할 수 있다. 시기적으로는 이단병식에서 일단병식, 이단병식 중에서도 유단식에서 유절식으로 변화된다. 주목되는 점은 이단병식과 일단병식이 시기적으로 단절되지 않았음에도 두 형식의 공반이 밀양 가인리 10호 석곽묘 1례에 불과하다는 것이다. 이와 달리 유병식과 유경식은 동시 출토 사례가 다수 확인된다. 자루장식이 본격적으로 의기화되어 대형 석검이 제작되는 유절식은 중기 지석묘에서 집중 출토된다.

한편, 석검의 장식 요소로서 혈구와 병부에 집중된 작은 구멍과 파두가 있다(사진 1-2). 혈구는 대부분 이단병식의 유단식에서 많이 확인되지만 일부 유구식과 유절식에서도 관찰된다. 일반적으로 혈구의 유무가 편년상 의미가 없다고 보는 입장도 있지만(李榮文 1997), 시기적으로 이른 이단병식에 집중되는 반면 일단병식에서는 확인되지 않는다는 점에서 시기성이 전혀 없다고 하기 어렵다. 또한 금강을 중심으로 한 중부지역에 집중되는 지역적인 특성도 확인된다(朴宣暎 2004). 이와 비교되는 일명 '장식석검'이라 불리는 파두가 있거나 소혈이 있는 석검류는 역시 이단병식에서만 확인되고 지역적으로 영남지방에 집중되는 경향이 있다(黃昌漢 2008).

2. 석창

석창은 출토량이 석검과 석촉에 비해 현저히 적고, 유경식석검이나 대형 석촉과 비교할 때 구분 역시 쉽지 않다. 사실 유경식석검의 기원을 요동반도의 석창에서 구하는 관점에서 본다면(孫晙鎬 2008,

719쪽), 유경식석검을 석창으로 분류하는 편이 더 적절할 것이다. 이러한 문제 때문에 유경식석검과 석창에 대한 구분 기준이 필요하여 검신과 경부의 구분 가능 여부(全榮來 1982, 13쪽)나 심부의 돌출 유무(崔夢龍 1985, 75~76쪽)가 제기된 바 있으며, 경부의 길이가 전체 길이의 1/4을 넘지 못하면 유경식석검으로 분류하기도 한다(孫晙鎬 2006, 31쪽).

이밖에 경부 쪽에 미늘이 이단으로 만들어진 소위 '쌍미늘석창(李宗哲 2006, 32쪽)'은 확실히 석창으로 분류 가능한

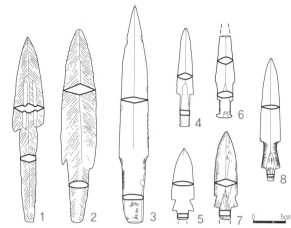

그림 1 _ 일반석창(1 · 2 : 표대, 3 : 매호동, 4 : 군덕리)과 쌍미늘석창(5 : 백석동, 6 : 송국리, 7 : 고암리, 8 : 천상리)

형식이다(그림 1). 시기적으로는 대부분 중기에 집중 출토되는데, 기능을 무기류로 본다면 중기 이후 사회의 위계화와 본격적인 전쟁의 시작 등에 기인한 현상이라고도 할 수 있다. 공격대상에 대한 치명상을 유도하기 위하여 날카로운 미늘을 의도적으로 제작한 쌍미늘석창의 집중적인 출현도 이와 같은 연장선상에서 이해될 수 있으나(李宗哲 2006, 54쪽), 보다 효과적인 어로활동의 결과로 보는 것도 가능하다.

3. 석촉

석촉은 마제석기 중 가장 많은 출토량을 보이면서 그 형태도 다양하다. 그럼에도 불구하고 석촉만을 대상으로 한 연구는 그리 많지 않은 편인데, 대개 다른 석기나 토기와의 비교 편년 자료로서 활용되는 경우가 많다. 석촉의 형식분류와 편년에 대해서는 최성락(1982)의 연구가 가장 대표적인데(그림 2), 특히 경부의 유무에 따라 무경식, 중간식, 유경식으로 구분한 틀은 이후 석촉 분류의 기준이 되었다. 이렇게 경부의 유무가 기준이 되는 이유는 촉과 화살대의 착장방식에 따라 기능이 달라지거나, 경부의 형태가 촉신보다 다양하다는 점 때문이다(安在晧 1990, 2~3쪽).

이와 달리 형식분류가 시 · 공간적인 의미를 대변해야 한다는 점에서 촉신의 단면 형태를 중시하여 편평형과 능형을 1차 분류의 기준으로 삼는 견해도 있다(손준호 2007, 93쪽). 그러나 손준호 역시 2차 분류는 경부의 형태에 따라 세분하고 있어, 분류의 일관성이라는 측면에서 볼 때 기존 최성락의 분류 기준이 보다 타당한 것 같다. 또한 유경식은 단면 능형, 무경식은 단면 편평형인 경우가 대다수를 차지하기 때문에, 경부를 기준으로 한 분류 역시 편년적인 의미를 어느 정도 가지고 있다고 하겠다.

형식분류에 따른 석촉의 편년은 일반적으로 무경식이 조 · 전기에, 그리고 유경식 중 이단경식은 전기, 일단경식은 중기나 후기에 집중되는 경향이 강하다. 북한지역의 경우에도 편평삼각만입촉이 가장

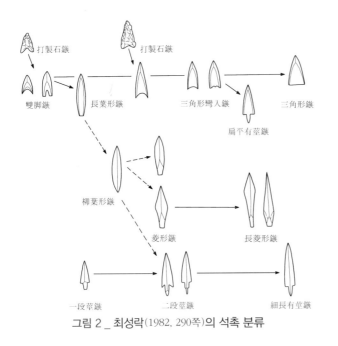

먼저 등장하는데, 단면 형태가 편평한 것이 오목한 것보다 먼저 나타난다. 그리고 단면 능형의 유경식은 일단경식이 편평삼각만입촉보다 조금 늦게 등장하며, 미송리형토기 단계부터 이단경식이 새롭게 출현한다(손준호 2007, 101쪽).

사실 형식분류상 무경식과 유경식으로 나누는 것은 단순히 형태상의 차이뿐만 아니라 석촉의 계통이나 조형과도 연결된 문제이지만, 이에 대한 논의는 많지 않은 편이다. 기원에 대해서는 일반적으로 무경식은 신석기시대 이래의 전통, 유경식은 청동기를 모방한 것(藤田亮策 1948, 124~130쪽)으로 이원화되어 있다. 특히 유경식의 경우 중국 西

그림 2 _ 최성락(1982, 290쪽)의 석촉 분류

周時代의 이단경식 동촉을 모방하였을 가능성이 제기된 바 있는데, 그 근거로 경부의 효율성과 상관없는 이단경식 석촉이 조·전기에 출현한다는 점을 들고 있다(黃昌漢 2004, 35쪽).

4. 반월형석도

일반적으로 반월형석도라 부르지만 실제 형태는 다양하다. 김원용(1972, 3~4쪽)이 최초로 형식발전서열에 따라 장방형, 즐형, 어형, 단주형, 장주형, 삼각형의 6가지로 구분한 이후, 손준호(2001, 8~16쪽)는 단주형과 장주형을 주형으로 통일하고 여기에 제형, 역제형, 편주형과 재가공품을 포함시켜 9가지로 나누기도 하였다. 이를 다시 인부의 형태에 따라 구분하면 장방형, 즐형, 제형, 역제형은

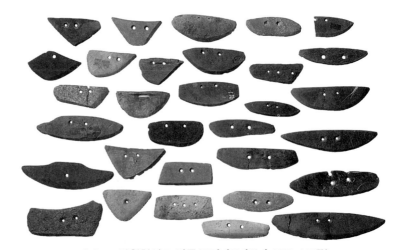

사진 3 _ 반월형석도 각종(국립대구박물관 2005, 197쪽)

직인, 어형과 주형은 호인으로 분류할 수 있다. 삼각형은 직인에 포함시키기도 하지만 엄밀하게 보면 약간 곡선을 이루는 경우도 다수 관찰된다. 여기에 덧붙여 석도 인부의 단면 형태에 따라 양인과 편인으로 구분하기도 한다.

시기적으로는 장방형이나 즐형, 어형이 조기나 전기에 집중되는 반면 기타 형태는 전기에서 중기까지 꾸준히 출토된다. 사실 여러 형식이 존재하지만 상호간에 영향을 주는 관계가 아니라 지역에 따라 특정한 형식이 집중되는 경향이 크다. 이것이 단순한 선호도의 차이인지, 아니면 재배작물의 차이를 반영한 것인지는 명확하지 않다. 반월형석도 중 시기적·지역적 특성을 모두 보여주는 형식은 한반도 고유 발생품으로 여겨지는 삼각형이 유일하다. 삼각형은 중기 송국리문화권, 그 중에서도 호서와 호남지역에서 집중 출토된다. 영남지방은 삼각형보다는 오히려 장방형이나 주형이 다수를 점한다.

5. 유경식석도

유경식석도는 기존 '동북형석도(裵眞晟 2003)', '이형석도', 'ㄱ자형석도', '주걱칼' 등으로 불리던 석기이다. 현재 '동북형석도'라는 용어가 가장 일반적으로 사용되고 있지만, 형식명의 일관성이라는 측면에서 다른 석기와 마찬가지로 형태적 속성과 용도에 대한 의미를 어느 정도 반영하는 명칭의 상정이 바람직하다. 따라서 여기서는 유경식석도라 부를

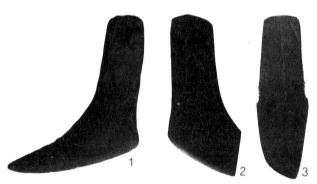

사진 4 _ 유경식석도 각종(1 : 황성동, 2 : 포월리, 3 : 포남동)

것을 제안하고자 한다. 인부 반대쪽에 두께가 얇고 폭이 좁아지는 부분이 경부로 추정되며, 사용흔분석 결과에 의하면 이 부분에 나무자루를 장착한 것으로 판단된다(高瀨克範 2011). 배진성(2003)의 주장대로 두만강 북쪽에서부터 동해안루트를 따라 주로 분포하지만, 이제는 자료가 증가하여 남해안의 남강유역뿐만 아니라 태백산맥을 넘어 금강유역의 충주지역까지 분포권이 넓어졌다. 시기적으로는 일직선에 가까운 동북지방의 초기 형태에서 점차 인부와 경부에 각이 지게 되며, 한반도 남부의 늦은 형태는 거의 직각에 가까워진다.

6. 석부류

1) 양인석부

양인석부는 신부의 단면 형태에 따라 방형계(방형·장방형)와 원형계(원형·타원형)로 나눌 수 있

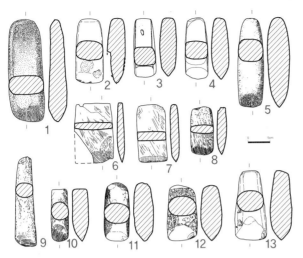

그림 3 _ 양인석부 각종(1 · 5 : 공귀리, 2 : 원북리, 3 : 백석동, 4 : 관산리, 6 : 심귀리, 7 : 송련리, 8 · 9 : 범의구석, 10 : 토성리, 11 : 율전동, 12 : 검단리, 13 : 휴암리)

다. 이러한 구분이 편년이나 지역성을 명확하게 나타내는 것은 아니지만, 방형계가 전기에 다수를 차지하는 반면 원형계는 전 시대에 고루 사용된다는 연구도 있다(孫晙鎬 2006, 80쪽). 시공간적 의미보다는 원형계 석부가 제작이나 사용에 있어서 상대적으로 효율적이기 때문에 이와 같은 현상이 나타난 것으로 추정된다.

양인석부 중 나무자루에 결합할 부분이 단을 이루며 신부의 두께보다 조금 얇아지는 특이한 형태가 있다. '일단석부(金京七 1997, 67쪽)' 혹은 '요동형벌채부(下條信行 2000, 32쪽)'라 불리는데, 남한에서 집중 출토되며 현재까지 유구 내 출토품이 거의 없다는 것이 특징이다. 下條信行 (2000)은 이러한 석부를 요동반도에서 발생하여 산동반도, 연해주, 그리고 한반도 남부에 전파된 것으로 보았으며, 김경칠(2003)은 이러한 견해를 따라 요동반도에서 해로를 통해 전해진 것으로 판단하였다. 시기에 대해서 손준호(2006, 22쪽)는 채집품이 다수라는 점에서 후기의 점토대토기와 관련되었을 가능성을 제기하였는데, 실제 점토대토기 유적으로 잘 알려진 대구 연암산유적에서 유사한 형태의 석부가 수습된 바 있다(尹容鎭 外 2011, 23쪽).

2) 편인석부

(1) 주상편인석부

배진성(2000)은 주상편인석부를 유단석부, 협의의 주상편인석부, 유구석부로 나누고 있는데, 이는 서로간의 상관성을 염두에 둔 분류라 할 수 있다. 각각의 차이는 유단석부가 배부와 복부 모두 혹은 두 부분 중 한쪽에 둔각으로 꺾이는 부분이 존재하는 반면, 주상편인석부는 대부분 복부에서만 꺾이고 유구석부는 배부에 구, 복부에 꺾임이 있다. 이러한 꺾임이나 구의 발생은 결국 착장방식의 차이에서 오는 것으로 볼 수 있는데, 자루와의 단단한 결합이 도구의 활용도를 높인다는 점에서 형태가 변화된 것으로 추정된다.

형식적으로는 요동지방 주상편인석부의 영향으로 서북지방에 유단석부가 등장하고, 이것이 다시 주변에 영향을 주어 남한 전기의 주상편인석부와 중기의 유구석부로 변화하게 된다(裵眞晟 2000). 주상편인석부는 유구석부보다 이른 시기의 유적에서 출토되며, 영남지방을 중심으로 남한 전체에 분포한다. 시기적인 변화를 가장 잘 보여주는 것은 배부에서의 꺾임 정도와 인부의 형태이다. 즉, 배부가 직선화된 상태에서 점차 곡선화를 거치다가 꺾임이 발생하게 된다. 그리고 석부의 크기도 점차 대형에서 소형으로 변화한다(裵眞晟 2000, 28~35쪽).

유구석부는 청동기시대 중기와 후기에 걸쳐 다수가 출토되고 있는데, 북한지역에서 출토되는 것은 소수이고 대부분은 남부지방에 집중된다. 주상편인석부와 마찬가지로 서북지방 유단석부의 영향관계를 배제할 수 없지만, 북한지역

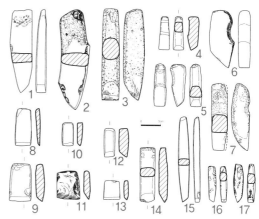

그림 4 _ 편인석부 각종(1 : 고연리, 2 : 장천리, 3 : 진라리, 4 · 5 : 송국리, 6 : 금야, 7 : 대청, 8 : 지리, 9 : 나복리, 10 : 관창리, 11 : 심귀리, 12 · 13 : 당정리, 14 : 구곡, 15 : 중도, 16 : 죽내리, 17 : 황토전)

의 유구석부 연대가 이르지 않기 때문에 남한지역에서 발생한 후 북한까지 파급되었을 가능성이 있다(裵眞晟 2000, 36~43쪽). 편년은 주로 배부 구의 형태(盧爀眞 1981)나 인부의 형태, 신부의 횡단면 형태(裵眞晟 2000; 元重皓 2000) 변화를 바탕으로 이루어졌다. 시기적으로 가장 뚜렷한 변화는 구 하부의 형태로 중기에 사선을 이루다가 점차 후기로 갈수록 수직으로 내려오게 된다. 이밖에 구의 형태는 중기의 사다리꼴(梯溝)에서 후기에는 호상 또는 약간 패인 형태(弧溝)로 변화한다.

(2) 편평편인석부와 석착

편평편인석부의 형태는 평면 방형과 장방형 혹은 세장방형으로 나누어질 수 있고, 인부는 호인과 직인으로 구분된다. 시기적으로 보면 조기와 전기에는 방형과 장방형, 세장방형 모두가 사용되다가 방형이 전기에 사라지며 나머지는 지속된다. 그리고 인부는 호인이 이른 형식이며, 효율성이라는 측면에서 날이 넓은 직인으로 변화해 간 것으로 보고 있다(全鎭賢 2013, 30~41쪽). 대체로 곡병에 착장되어 인부가 자루와 직각을 이루었을 것으로 추정되나(全鎭賢 2013, 44쪽), 목재를 마름질할 때 곡병보다 직병이 효율적이기 때문에 방형이나 장방형 중 길이가 짧은 것은 직병에 착장하여 사용하였을 가능성도 배제할 수 없다.

석착은 편평편인석부의 한 종류로 볼 수도 있는데, 폭이 좁아 세장한 평면 형태를 보이며 우리말로 '끌'이라고 한다. 국내에서는 전진현(2013)의 연구가 유일하며, 일본에서도 下條信行(2009)의 논고 이외에는 직접적인 연구를 찾아보기 어렵다. 소량이기는 하지만 전 시기에 걸쳐 뚜렷한 형식변화 없이 출토되는데, 이는 해당 석기의 용도가 홈을 파는 것과 같은 세밀한 가공에만 한정되어 작업 영역이 넓지 않았음을 반영하는 결과로 생각된다.

3) 이형석부

환상석부나 다두석부 혹은 성형석부 등으로 불리는 것으로, 출토예가 극히 드물다는 점과 성형석부와 같이 형태가 다소 과장된 것의 존재 등을 근거로 권력자의 상징구로 보는 견해가 일찍부터 제기되었다(盧爀眞 1984). 이들의 공통점은 원형상의 대칭된 형태에 가운데에는 구멍이 뚫려 자루를 끼울 수 있다는 점이다. 환상석부는 대개 가운데 부분이 가장 두껍고 가장자리로 갈수록 얇아지며(그림 5-1·2), 다두석부나 성형석부는 돌기부의 형태가 불가사리형(5), 풍차형(6), 톱니바퀴형(8), 성계형(9) 등으로 구분된다.

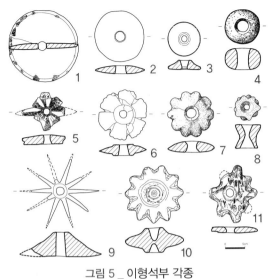

그림 5 _ 이형석부 각종

(1 : 송국리, 2·5·9 : 고연리, 3 : 초곡리, 4 : 범의구석,
6 : 주암리, 7·8 : 공귀리, 10 : 서변동, 11 : 신정동)

Ⅲ. 시공간적 전개

1. 기원지로서의 중국 대륙

한반도의 청동기문화가 요령지방 청동기문화의 계통을 이어받아 형성되고 발전하였다는 것이 현재 학계의 시각이다(한국고고학회 2007, 88쪽). 특히 한반도 청동기문화 성립과의 관련이 언급되는 곳은 요동지역인데, 그 중에서도 太子河流域의 馬城子文化와 요동반도 남단의 雙砣子文化의 관련성이 가장 두드러진다. 전자의 경우 분묘유적 중심으로 토기의 다양성에 비하여 석기는 소수에 불과하지만, 후자는 취락유적이 주로 조사되어 상대적으로 토기와 석기의 양상이 분명한 편이다.

쌍타자문화는 于家村 상층문화, 羊頭窪文化라고도 하는데, 쌍타자유적과 大嘴子遺蹟을 표지로 한다. 대취자유적의 탄화된 곡물(벼·수수), 쌍타자유적의 어골과 어로구 및 농구의 존재로 볼 때 쌍타자문화 주민들은 농경과 수렵, 어로 등 다양한 생업에 종사하였던 것으로 보인다. 쌍타자문화도 산동반도로부터 많은 영향을 받았는데, 특히 1기와 2기에 뚜렷하고 3기는 재지적 특징이 두드러진다. 즉, 잡곡농경에 근거하여 하천변에 대규모 마을을 이룬 3기부터 무문토기문화권으로 볼 수 있다. 중요한 것은 쌍타자 1·2기부터 한반도 석기의 조형이라 할 수 있는 석창, 석도, 편평편인석부, 석착, 환상석부 등이 출토된다는 점인데, 이는 토기와 달리 산동반도에서 석도 중심 농경문화의 영향을 일찍부터 받았음을 보여준다. 이 지역에서 석검이 출토되지 않는 점은 한반도의 석검이 요령식동검의 영향을 받았다는 측면에서 이해할 수 있다.

대표적인 석기를 살펴보면, 먼저 석촉의 경우 쌍타자 1·2기부터 편평삼각촉과 일단경식의 유경촉이 공반하며 3기까지 계속된다. 이곳의 영향을 받았다고 여겨지는 북한지역의 경우 거의 동일한 양상을 보이는데, 다만 유경촉의 경우 이단경식은 동북지방에서 볼 수 없는 것으로 한반도 고유의 형식으로 추정된다. 다음 석도는 어형, 장방

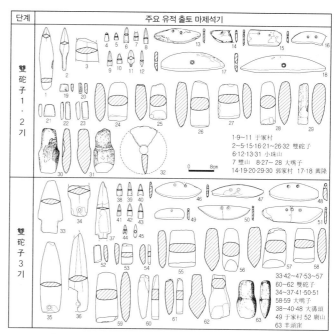

그림 6 _ 요동반도 단계별 석기 변화상(孫晙鎬 2006, 96쪽)

형, 주형이 1기부터 출토되며 2기에는 즐형이 새롭게 나타난다. 동북지방에서는 기원전 2천 년경 소주산 상층과 우가촌 하층문화에서 유공석도가 처음 등장하는데, 전자에서 양인의 장방형, 어형, 단주형이 출토되다가 후자에서 편인으로 변화하여 이후 편인이 요동반도 수확용 석도의 주류가 된다(安承模 1993, 72쪽). 한반도에서는 압록강 하류역에서 신석기 후기에 어형이 출토되고, 대동강유역의 팽이형토기문화에서는 장주형과 어형이 공반된다. 석부는 양인석부가 쌍타자 1·2기에 단면 장타원형 또는 장방형이 주를 이루다가 3기가 되면 장방형의 단면을 가진 석부가 대다수를 차지하게 된다. 이밖에 소형의 편평편인석부나 석착, 환상석부, 주상편인석부도 쌍타자 1기부터 등장하여 지속적으로 사용된다. 앞서 언급한 '요동형벌채부'도 전 시기에 걸쳐 출토된다.

2. 북한지역의 석기양상

북한지역은 주로 주요 하천을 중심으로 지역권이 형성되는데, 중국 요동지방 문화와의 융합 결과로 인식된다. 특히 한반도 청동기시대의 시작에 해당하는 압록강 하류의 신암리 I기는 쌍타자 1기문화 및 마성자문화가 재지토기문화와 결합된 결과로 본다(安在晧 2010, 18쪽; 천선행·장순자 2012, 7쪽). 그리고 압록강 중·상류지역은 마성자문화권의 이주민 집단에 의해, 두만강유역권은 중국 연변과 연해주일대의 영향을 받은 것으로 보고 있다. 한편, 두만강유역의 문화요소는 남쪽의 원산만일대를 거쳐 동해안을 따라 남부지방까지 영향을 미친다.

1) 압록강 하류역 · 청천강유역

압록강 하류와 청천강은 같은 서해안을 끼고 있으면서 근거리로 유사한 문화양상을 보여준다. 압록강 하류역은 한반도 청동기시대의 시작을 알리는 신암리유적과 미송리형토기가 출토된 미송리유적으로 대표된다. 신암리 I 문화층에서 신석기 토기가 공반됨으로써 청동기시대의 가장 이른 유적으로 인정되며 II 문화층부터는 미송리형토기가 확인된다. 청천강유역은 세죽리유적과 구룡강유적을 표지로 공귀리형토기, 미송리형토기, 묵방리형토기가 공반된다. 압록강 하류의 다음 단계부터 시작된다.

시기적으로는 미송리형토기를 기준으로 그 이전과 이후로 구분된다. 석기 중 석검은 신암리 2문화층부터 보이는데 유경식에 단면 렌즈형이다. 석촉은 신암리 I 문화층부터 무경식 위주로 출토되며, 미송리형토기 단계에 와서 유경식이 나타난다. 이른 시기에 무경식이 주종을 이룬다는 점에서 남한의 조기와 유사한 양상인데, 돌대문토기의 기원지로 압록강유역을 주목하는 것과 관련될 수 있다. 반월형석도는 신암리 I 문화층인 신석기 말기부터 어형이 사용되고 II 문화층부터 주형이 공반된다. 석도의 단면 형태는 주로 편인이다. 양인석부 중에서는 신암리 I 문화층에서 출토된 평면 장방형에 횡단면이 납작한 형태를 이 지역의 특징적인 형식으로 들 수 있다.

2) 압록강 중상류역

기본적으로 압록강 하류와 동일 문화권으로 묶이기도 하지만, 토기와 석기 모두 압록강 하류의 요소와 두만강유역의 요소가 같이 나타나는 특징이 있다. 대표적 유적으로는 공귀리유적과 심귀리유적이 있는데, 신암리 II 기와 병행기인 공귀리 · 심귀리 I 기는 돌대문토기와 공귀리형토기로 대표되며 II 기는 공귀리형토기와 공렬문, 압날문, 무문양의 토기에 꼭지형파수가 붙는 형식이 표지적이다.

석기 중 석촉은 신암리 I 기부터 무경식과 유경식이 동시에 관찰되며, 백두산 근처라는 지리적 위치로 인해 흑요석제 석기가 함께 사용된다. 반월형석도는 장방형과 즐형(신암리 II 기), 어형 등이 모두 보이는데, 장방형과 즐형이 동북계인 반면 어형은 서북계라고 할 수 있다. 또한 구멍이 1개만 뚫린 것이나 단면이 양인인 것이 다수를 차지하여 하류역과 구분된다. 공귀리유적에서는 두만강유역에서 다수 출토되는 부리형석기가 분포의 서쪽한계를 이루며 확인된다. 양인석부는 사릉부와 함께 횡단면이 납작한 형태가 주를 이루며, 단면이 원형인 것도 있다.

3) 두만강유역

이곳은 남한의 무문토기를 대표하는 돌류문과 공렬문토기의 기원지로 알려져 있다. 이와 함께 석기 양상은 주변 지역과 다른 독특한 특징을 보여준다. 유병식석검은 전혀 없고, 유구석부도 출토되지 않는다. 다만 석창이 확인되는데 늦은 형식으로 갈수록 신부 폭이 넓어진다. 석촉은 편평삼각만입촉이 이른 시기에만 확인되고 점차 단면이 능형으로 변화한다. 반월형석도는 이른 시기부터 장방형, 어형,

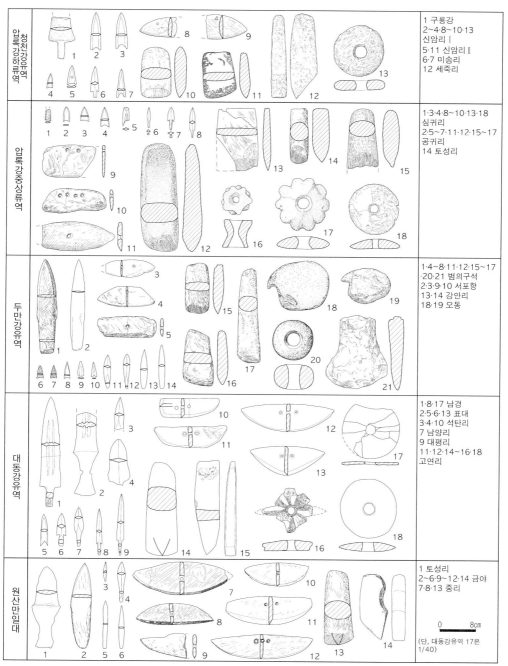

청천강유역 압록강하류역	1 구룡강 2~4·8~10·13 신암리 I 5·11 신암리 II 6·7 미송리 12 세죽리
압록강중상류역	1·3·4·8~10·13·18 심귀리 2·5·7·11·12·15~17 공귀리 14 토성리
두만강유역	1·4~8·11·12·15~17 ·20·21 범의구석 2·3·9·10 서포항 13·14 강안리 18·19 오동
대동강유역	1·8·17 남경 2·5·6·13 표대 3·4·10 석탄리 7 남양리 9 대평리 11·12·14~16·18 고연리
원산만일대	1 토성리 2~6·9~12·14 금야 7·8·13 중리 0 _____ 8cm (단, 대동강유역 17은 1/40)

그림 7 _ 북한의 지역별 석기양상

즐형이 모두 출토되며 양인인 것이 특징이다. 양인석부는 단면 장방형에서 점차 방형, 원형의 순으로 변화한다. 이밖에 이 지역만의 특징적 석기라고 할 수 있는 것들로 곰배괭이와 부리형석기, 유경식석도 등을 들 수 있다.

4) 대동강유역

이 지역은 팽이형토기문화의 중심지로서 북한지역 내에서 가장 지역색이 강하다. 대표적인 유적으로 남경유적, 표대유적, 남양리유적, 고연리유적 등이 있다. 토기의 지역상이 강한 만큼 석기도 마찬가지 양상을 보인다. 석검은 유경식과 이단병식이 모두 보이는데 신부 중간 부분이 잘록한 형태는 이 지역만의 특징 중 하나이다. 석촉은 이른 시기부터 유경식과 편평삼각만입촉이 공반되나 유경식이 대다수를 차지한다. 석도는 대다수가 주형이고 편주형과 역제형은 늦은 시기에 출현한다. 석부 중 양인은 단면 말각방형이 대부분이며, 편인 중에서는 유단석부가 늦은 시기에 등장하여 이전부터 사용되던 주상편인석부와 공반한다. 이밖에 이 지역만의 특징적 석기로 알려진 돌돈(石貨)이 있는데, 2~3cm의 두께에 직경이 보통 50~60cm에서 최고 80cm가 넘는 것도 존재한다.

5) 원산만일대

이 지역은 구체적인 문화상이 잘 알려지지 않은 곳에 해당한다. 대표적인 유적으로 금야유적, 중리유적, 토성리유적 등이 있다. 이 유적들에서 출토된 토기양상은 압록강·청천강유역과 유사하지만, 석기는 오히려 두만강유역 출토품과 가깝다. 석도 가운데 편인의 주형이 다수를 차지하는 것은 대동강유역의 영향일 가능성도 있다. 이밖에 일단병식석검이나 유구석부, 배부가 돌출된 구멍 하나의 석도, 단면이 편평한 유엽형석촉 등은 북한의 이 지역에서만 확인되는 특징적인 형식들이다.

이상과 같이 북한지역은 요동지방이나 연해주와 접하고 있어 이 문화들과의 관련성을 부정하기 어렵지만, 한편으로는 주변지역에서 기원을 찾을 수 없는 석기 형식도 일부 확인된다. 대표적인 것으로 유병식석검과 이단경식석촉을 들 수 있는데, 이들은 한반도 내에서 자체적으로 발생하였을 가능성이 높다.

3. 남한지역 시기별 변화양상

청동기시대 남한 석기문화의 대부분은 요령지방에서 기원하여 북한지역을 거치면서 재지화되어 남한까지 토기와 함께 전해진 것으로 보인다. 남한지역은 최근 발굴조사의 폭발적인 증가로 너무 많은 자료가 축적되어 있어, 북한지역처럼 지역별로 특징을 서술하기에는 어려움이 있다. 따라서 여기서는 크게 시기별로 나누어 살펴보고자 한다.

1) 조·전기

남한지역 청동기시대 조기 설정에 있어서 돌대문토기를 무문토기문화에 포함시킨 이유 중 하나로 반월형석도가 출토된 점을 들고 있다(安在晧 2000, 46쪽). 반월형석도는 조기 돌대문토기문화가 농경문화라는 관점을 성립케 하였다는 점에서 중요한 의미를 갖는다. 조기와 전기의 구분은 대체로 토기를 기준으로 이루어지는데, 이는 그만큼 석기의 특성이 시기를 나눌 정도로 뚜렷하게 구분되지 않는다는 것을 나타낸다. 물론 요령지역 비파형동검문화의 영향을 강하게 받은 이단병식석검과 이단경식석촉의 출현을 전기 전엽에 위치시킴으로써 양 시기를 구분하는 근거로 삼는 견해도 있다(이형원 2010, 59

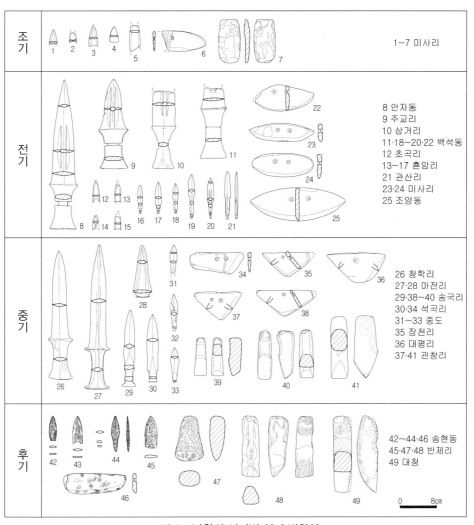

그림 8 _ 남한의 시기별 석기 변화상

쪽). 또, 같은 입장에서 조기에 석검이나 주상편인석부·석착 등의 가공부가 출토되지 않는 점 등을 부각시키기도 한다(배진성 2005).

그러나 현재까지는 구분 기준에 따라 다양한 견해가 공존하는 혼란스러운 상황이기 때문에, 석기의 양상을 뚜렷하게 구분하는 것보다는 두 시기를 묶어 석기의 종류에 따라 다소 그 출현시기가 다를 수 있다는 관점에서 접근하는 편이 바람직하다. 사실 삼각만입촉, 이단경식석촉, 반월형석도, 벌채석부, 편인석부 등 대부분의 석기들은 조·전기의 구분이 쉽지 않다. 한편, 이와 관련하여 청동기시대의 문화가 이전 신석기시대와 어느 정도의 연관성을 갖는지도 중요한 문제인데, 벌채석부를 비롯한 석부 일부나 석촉, 반월형석도 가운데 신석기시대 후기의 형식에서 기원한 것도 존재한다는 점을 간과해서는 안 된다.

2) 중기

이 시기는 송국리문화로 대표되는데, 이전 시기와 석기의 양상이 뚜렷하게 구분된다. 우선 석도의 경우 송국리문화권에서만 확인되는 교인의 삼각형석도와 목제 가공구로 유구석부가 출현함으로써 석제 공구류의 완성을 이룬다. 이 두 석기는 한반도의 재지적 발전에 의한 대표적 발명품이라고 할 수 있다. 이밖에 석검은 이단병식에서 일단병식으로 변화하며 병부의 형태에 지역색이 가미된다. 또한 송국리문화의 요소로 언급되는 유경식석검이 다수 확인되는데, 특히 호남지역의 보성강유역에서는 경부의 결입부가 깊게 파인 형식이 특징적이다. 석촉은 일단경식석촉이 주종을 이루며, 세부적으로는 송국리문화와의 관련성이 지적되는 첨근식이 대다수를 이룬다. 반월형석도 가운데 삼각형은 주로 송국리문화권인 호서, 호남, 영남 서부를 중심으로 집중 분포하고, 그 외 지역은 주형이나 장방형, 즐형 등이 전기 이후로 계속 사용된다.

3) 후기

토기상으로는 원형점토대토기가 사용되는 시기로 재지적 요소가 아닌 외래적 요소라는 특징이 있다. 이러한 영향으로 중기의 석기양상과는 양적으로나 질적으로 급격한 차이를 나타낸다. 일부 석기 종류만이 약간의 형태변화를 일으키며 유지되는 수준이다. 석검은 의기화 수준이 보다 뚜렷해지며, 석촉은 삼각형석촉이 출현하는데 외래품일 가능성이 높다. 석도는 거의 주형 일색이다. 유구석부는 원형점토대토기 단계까지만 확인되는데, 구의 형태가 호상이거나 흔적만 남은 경우가 많고 구 하부가 수직으로 내려오게 된다. 석부 중 양인석부나 석착은 이후 삼각형점토대토기 단계까지도 잔존한다.

4. 일본에서의 석기양상

잘 알려진 바와 같이 일본 규슈지역 야요이문화의 발생과 성립에 한반도 청동기시대 문화의 영향이 중요한 역할을 하였다. 특히 야요이 조기는 한반도 청동기시대 중기 송국리문화인들의 직접적인 이주의 결과로 이해되고 있는데, 실제 규슈 북부지역에는 수전으로 대표되는 농경문화, 송국리형주거지, 석개토광묘, 환호 등의 송국리문화 관련 유구들과 함께 일단병식석검, 결입유경식석검, 첨근일단경식석촉, 반월형석도, 유구석부 등의 일명 '대륙계마제석기'가 출토되는 유적이 다수 존재한다. 그러나 다양한 마제석기에 비해 토기는 거의 호류만 수용되고 그 숫자도 극소수에 불과한데, 이는 야요이인들의 선택적 문화수용의 일면으로 생각되고 있다.

한편, 마제석기에 있어서도 야요이인들의 외래문화에 대한 선택적 수용이나 수용 후 질적 변화 과정 등이 관찰된다. 야요이 조기에 유병식석검, 유경식석촉, 반월형석도, 석겸, 양인석부, 유구석부, 편평편인석부, 석착 등은 거의 그대로 한반도로부터 수용되는데, 이를 한반도 석기 수용의 1단계라고 할 수 있다. 물론 타제석촉이나 石匙 등과 같이 재지적 석기들이 그대로 유지되기도 한다. 그리고 한반도로부터 전해진 마제석기들도 점차 야요이문화의 상황에 맞추어 개량 및 개선되기 시작한다. 가령 석도의 경우 형태상 양인으로, 재질상 응회암과 점판암 위주로 변화하며 합인석부의 경우 신부가 두터워지는 형태로 발전한다. 이것이 2단계로서 전기말(板付 Ⅱ식)까지의 양상이다. 이후 3단계가 되면 일본화된 마제석기의 양상이 뚜렷해지는데, 시기적으로 전기 말~중기에 해당한다. 구체적인 변화상으로는 유구석부의 구 소멸, 유엽형석촉의 장신화 이후 소멸, 석도의 소형화 및 양인의 정착, 한반도 출토품보

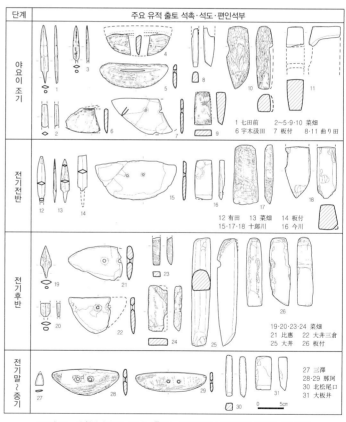

그림 9 _ 일본 북부 규슈 출토 석기양상(孫晙鎬 2006, 104쪽)

다 두터운 양인석부의 완성, 새로운 야요이시대 석기인 석과의 출현 등을 들 수 있다(下條信行 1977; 1991).

Ⅳ. 맺음말

　한반도의 청동기시대는 청동기, 토기, 석기의 3요소가 주축을 이루는 시대였다. 이 중 청동기가 청동기시대 전 기간 동안 외래적 요소를 탈피하지 못한 것에 비해, 토기와 석기는 재지화 이후 서로 떨어질 수 없는 보완관계를 이루며 발전하였다. 특히 다양성이나 기능성이라는 측면에서 석기는 중요한 의미를 갖기 때문에, 기존의 토기를 중심으로 한 단순한 편년연구를 벗어나 한반도 청동기시대의 연구범위를 크게 확장시킬 수 있는 대상으로서 앞으로의 지속적인 관심을 기대해 본다.

　사실 한반도 청동기시대 마제석기의 다양성과 발전에는 중국 대륙으로부터의 농경문화 유입과 정착이 배경으로 작용하였다. 중국 대륙에서는 기원전 6,000년경 황하 중하류역의 잡곡농경과 장강 중하류의 도작농경이 발생하여 동북지역으로 전해졌다. 전자는 요서와 요동을 거쳐 한반도의 신석기시대에 전역으로 확산되었으며, 이때 갈돌, 갈판, 괭이 등의 석기와 빗살무늬토기가 조합되어 전파되었다. 도작농경은 기원전 2,500~2,000년경 장강 중하류에서 산동반도로 확산되었다. 그리고 도작농경이 수확구인 반월형석도와 벌채구인 요동형석부, 편평편인석부, 주상편인석부 등과 조합되어 요동반도를 거쳐 한반도에 전파되어 무문토기문화가 시작된다. 청동기시대 조기의 설정에 반월형석도의 존재가 중요한 역할을 하였다는 점은 상기한 바와 같다. 이렇게 중국 대륙에서 한반도로의 도작문화 전파가 새로운 시대를 가져오게 하는 양상은 이후 한반도에서 일본 야요이문화의 발흥에 직접적인 영향을 주는 방식과 동일하게 이루어졌다. 특히 야요이문화에 토기보다 석기류가 그대로 전파되었다는 점은 도작을 중심으로 한 농경문화와 동반자적인 관계에 있었던 석기의 중요성을 대변한다 하겠다.

참고문헌

국립대구박물관, 2005, 『사람과 돌』 특별전도록.

金京七, 1997, 「全南地方 出土 磨製石斧에 대한 硏究」 『韓國上古史學報』 25.

金京七, 2003, 「韓半島 出土 一段石斧에 對한 小考」 『목포대학교박물관 20주년기념논총』.

金元龍, 1972, 「韓國 半月形石刀의 發生과 展開」 『史學誌』 6.

盧爀眞, 1981, 「有溝石斧에 대한 一考察」 『歷史學報』 89.

盧爀眞, 1984, 「江原地方의 磨製石斧」 『論文集』 2, 翰林大學.

朴宣暎, 2004, 『南韓 出土 有柄式石劍 硏究』, 慶北大學校大學院 碩士學位論文.

裵眞晟, 2000, 『韓半島 柱狀片刃石斧의 硏究』, 釜山大學校大學院 碩士學位論文.

裵眞晟, 2003, 「無文土器의 成立과 系統」 『嶺南考古學』 32.

배진성, 2005, 「無文土器時代 石器의 地域色과 組成變化」 『사람과 돌』, 국립대구박물관.

孫晙鎬, 2001, 『韓半島 出土 半月形石刀의 諸分析』, 高麗大學校大學院 碩士學位論文.

孫晙鎬, 2006, 『韓半島 靑銅器時代 磨製石器 硏究』, 高麗大學校大學院 博士學位論文.

손준호, 2007, 「마제석촉의 변천과 형식별 기능 검토」 『한국고고학보』 62.

孫晙鎬, 2008, 「朝鮮半島における磨製石劍の展開と起源について」 『地域・文化の考古學』 下條信行先生退官記念 論文集.

安承模, 1993, 「東아시아 初期收穫具의 種類와 分布」 『민족문화』 6.

安在晧, 1990, 『南韓 前期無文土器의 編年』, 慶北大學校大學院 碩士學位論文.

安在晧, 2000, 「韓國 農耕社會의 成立」 『韓國考古學報』 43.

安在晧, 2010, 「韓半島 靑銅器時代의 時期區分」 『考古學誌』 16.

元重皓, 2000, 『韓半島 有溝石斧 硏究』, 漢陽大學校大學院 碩士學位論文.

尹容鎭・洪淳光・柳志煥, 2011, 「大邱 燕岩山遺蹟 出土 石斧」 『慶北大學校考古人類學科30周年紀念 考古學論叢』.

李榮文, 1997, 「全南地方 出土 磨製石劍에 관한 硏究」 『韓國上古史學報』 24.

李宗哲, 2006, 「쌍미늘 石槍 小考」 『硏究論文集』 7, 호남문화재연구원.

이형원, 2010, 「청동기시대 조기 설정과 송국리유형 형성 논쟁에 대한 비판적 검토」 『고고학』 9-2.

全榮來, 1982, 「韓國 磨製石劍・石鏃 編年에 關한 硏究」 『馬韓百濟文化』 4・5.

全鎭賢, 2013, 「편평편인석부의 기능과 용도에 관한 연구」 『韓國靑銅器學報』 12.

천선행・장순자, 2012, 「마성자문화 동굴묘 출토 토기 변천과 전개」 『嶺南考古學』 63.

崔夢龍, 1985, 「月出山地區의 先史遺蹟」 『文化人類學』 7.

崔盛洛, 1982, 「韓國 磨製石鏃의 考察」 『韓國考古學報』 12.

한국고고학회, 2007, 『한국 고고학 강의』, 사회평론.

黃昌漢, 2004, 「無文土器時代 磨製石鏃의 製作技術 硏究」 『湖南考古學報』 20.

黃昌漢, 2008, 「靑銅器時代 裝飾石劍의 檢討」 『科技考古硏究』 14.

高瀨克範, 2011, 「大邱燕岩山・慶州煌城洞遺蹟出土石器の使用痕分析」 『慶北大學校考古人類學科30周年紀念 考古學論叢』.

近藤喬一, 2000, 「東アジアの銅劍文化と向津具の銅劍」 『山口縣史』 資料編 考古 1.

藤田亮策, 1948, 『朝鮮考古學研究』, 高桐書院.

下條信行, 1977, 「九州における大陸系磨製石器の生成と展開」『史淵』114.

下條信行, 1991, 「日本稲作受容期の大陸系磨製石器の展開」『日本における初期彌生文化の成立』横山浩一先生退官記念論叢 Ⅱ.

下條信行, 2000, 「遼東形伐採石斧の展開」『東夷世界の考古學』, 青木書店.

下條信行, 2009, 「鑿形石斧について」『一山典還暦記念論集 考古學と地域文化』.

제4장
석기의 제작

황창한 울산문화재연구원

Ⅰ. 머리말

마제석기가 본격적으로 제작되기 시작한 신석기시대부터 청동기시대의 석기 연구는 형식분류를 통한 편년 및 계통 연구를 중심으로 이루어져 왔다. 석기 연구는 토기, 주거지, 무덤 등 다른 고고학적 자료에 비해 상대적으로 부족한 부분이 있다. 이러한 원인 중 하나는 석기가 지닌 기본적인 속성이 청동기나 토기 등 다른 고고학 자료에 비하여 기능적 측면이 강해 급변하는 문화상을 제대로 반영하지 못한다고 인식되었기 때문이다. 그러나 기능적 속성이 실제적인 삶의 필요에 의해 고안된 것이기 때문에 오히려 당시 사람들의 생활방식이나 생계수단 연구에 효과적인 것으로 파악하기도 한다(孫晙鎬 2006, 1~2쪽). 따라서 최근에는 석기의 제작기법, 사용흔 분석, 산지추정 등 연구의 분야가 점차 확대 또는 세분화되고 있다.

이 가운데 마제석기의 제작에 관한 연구는 그동안 일부에서 단편적으로 진행되었는데, 주로 유적에서 출토된 미완성품을 나열하여 제작과정을 추정하는 정도이다(朴埈範 1998; 孫晙鎬 2003; 黃昌漢 2004). 석기의 제작기법에 관한 연구가 중요한 이유는 단순한 기술의 복원이 아니라 기술의 변화를 가능하게 했던 사회적 요구, 또는 사회적 변화를 가능하게 했던 내재적 요인에 대한 분석이 가능하기 때문이다. 이러한 일련의 성과를 위해서는 실험고고학적인 접근이 요구되는데, 일본의 사례로 보면 일찍부터 석기 제작에 관한 실험적 연구가 활발히 진행되고 있다(鈴木美保 2004, 6~21쪽). 그런데 제작기법에 관한 대부분의 연구는 주로 구석기시대의 유물을 중심으로 이루어지고 있다. 그 이유는 구석기시대의 유적에서 제작과정을 연구할 수 있는 각종 몸돌과 박편석기가 다양하고 풍부하게 출토되었기 때문이다.

구석기시대의 석기 제작기술은 주지하다시피 전·중기 몸돌과 격지를 얻기 위한 떼기방법에서 후기의 조합식 석기를 만들기 위한 좀돌날 제작기술로 변화한다. 이렇게 화려하게 꽃을 피운 구석기시대의 석기 제작기술은 신석기시대에 접어들면서 퇴화하는 것으로 알려져 있다(장용준 2002, 25~26쪽). 그렇다면 구석기시대가 끝나고 본격적인 마제석기의 제작이 시작되는 신석기시대로 접어들면서 타제기술은 어떻게 변화해 가는 것일까? 시대가 변할수록 사회적 요구에 따라 석기의 종류도 다양해지고 수요도 증가했을 것으로 추정되는 바, 제작기법 또한 마제석기를 효율적으로 제작할 수 있는 방향으로 변화했을 것이다.

마제기법은 특별한 기술이 없어도 충분한 시간과 노동력만 확보된다면 누구나 가능할 것으로 판단된다. 따라서 청동기시대에 비해 잉여시간이 충분했을 것으로 추정되는 신석기시대에는 다소 비효율적이지만 제작과정에서 파손의 위험이 적은 찰절기법이 성행했던 것으로 추정된다. 이러한 비효율적인 석기 제작 시스템은 청동기시대로 접어들면서 농경의 확산 등 사회적인 요구에 의해 보다 효율적으로 석기를 제작하는 방향을 모색하게 되었을 것이다.

마제석기를 효율적으로 제작하기 위해서는 각종 타격기법을 통해 마연 직전 단계까지 정형하여 가급적 마연시간을 단축하는 기술이 요구된다. 따라서 마제석기에는 형태를 정교하게 정형할 수 있는 타격기술이 내재되어 있을 가능성이 높으므로, 마제석기를 이해하려면 타격기법에 대한 연구가 진전되어야 할 것이다. 석기의 제작기법을 파악하기 위해서는 크게 두 가지 방법이 있다. 첫째는 유적에서 출토되는 미완성품의 관찰을 통해 각 단계별로 제작과정을 살피는 것이고, 두 번째는 이러한 정보를 토대로 직접 실험제작을 통해 기술적 복원을 시도하는 것이다.

Ⅱ. 연구약사

석기의 제작과 관련된 연구는 석촉, 석검, 석도 등 개별 유물 단위로 이루어지고 있다. 먼저 석촉의 제작기법은 필자에 의해 연구된 바 있다(黃昌漢 2004; 2009). 석촉은 무경식과 유경식으로 구분되는데 무경식과 이른 단계 유경식석촉의 제작은 판상으로 석재를 제작한 후 찰절로 재단하는 과정을 거치며, 후기의 유경식석촉은 船形으로 석재를 제작한 후 마연하여 완성시키는 것으로 복원하였다. 선형석기의 제작에는 양극기법이 사용되는데, 찰절에 의한 방법보다 시간을 단축할 수 있는 효율적인 방법임을 확인하였다. 이후 석촉의 제작과 관련한 논고로서 나건주·이찬희(2006), 庄田愼矢 등(2013)의 연구가 있으나, 선형석기의 출현시점에 관해 이견이 있을 뿐 전체적으로는 대동소이하다.

반월형석도의 제작공정에 대한 연구는 홍성우(2002)와 손준호(2003)의 논고가 있다. 먼저 홍성우는 진주 대평리유적 출토품을 대상으로 하였으며, 손준호는 유적에 관계없이 제작공정을 잘 보여주는 유물을 집성하여 분석하였다. 전체적인 제작공정의 경향은 타격→약마→천공 또는 타격→약마→정마→천공의 경우가 다수를 차지하지만, 약마 또는 정마 이전에 천공이 이루어지는 경우도 있어 반드시 일정한 순서가 정해진 것이 아님을 확인하였다. 유구석부의 제작공정은 윤용진(1969)에 의해 연암산유적 출토품을 근거로 언급된 바 있다. 유구석부의 제작에서 타격방향이나 제작공정의 선후가 뒤바뀌는 경우도 관찰되지만, 대체로 형태 다듬기→약마→정마의 순서를 거쳐 제작된 것으로 파악하였다. 상기한 유물 외에 석검, 석부류 등의 제작공정도 큰 틀에서 형태 다듬기→세부조정(고타)→약마→정마 순서로 이루어진 것으로 추정되고 있으나, 실험고고학을 통해 구체적으로 제작기법이 복원된 바는 없으므로 앞으로의 과제이다.

다음은 석기의 생산과 관련한 연구 성과로서 최근에 일련의 논고가 발표된 바 있다. 먼저 이인학(2010)은 호서지역과 영서지역의 유적 중에서 석기가 100점 이상 출토된 유적을 대상으로 취락 내 석기의 제작양상을 검토하였다. 그는 석기 제작과 관련한 가공구의 출토 유무와 유구 내 석기 제작 흔적의 잔존 여부 등을 근거로 취락 내 석기 제작양상이 시기별로 어떻게 변화하였는가를 살펴보았다. 석기 생산과 관련한 주거지에 대한 판별은 제작관련 흔적이 남아있는 경우, 석기 가공구와 미제품이 세트 관계를 이루어 출토되는 경우, 석기 가공구는 출토되지 않고 석기 부산물이나 미제품 등만 확인되는 경우로 설정하였다. 반면 지석은 마제석기를 완성하는 가장 중요한 도구이지만, 단독으로 출토된 경우에는 간단한 석기의 수리나 재가공의 가능성이 높을 것으로 판단하여 석기 생산 주거지의 기준으로 삼지 않았다. 석기의 제작양상은 구릉과 충적지가 각각 다르며, 다른 취락으로 공급할 정도의 석기 제작 취락이 확인된다고 하였다.

손준호(2010)는 석기 생산과 관련된 최근의 발굴 자료를 중심으로 원재료의 채취부터 취락 내 제작과정, 취락 간 제작양상의 차이를 살펴봄으로써, 청동기시대 석기 제작 체계의 종합적인 복원을 시도하였다. 분석대상 취락은 비교적 대단위 취락 가운데, 석기의 제작과 관련된 시설이 조사되거나 가공도구, 부산물, 미제품 등이 다수 확인된 것으로 한정하였다. 분석의 구체적인 방법은 이인학(2010)의 연구를 토대로 석기 제작 부산물인 박편을 주목하여 순수 박편이 5점 이상 출토되었을 경우와, 비교적 거친 입자의 지석이 확인되는 경우 등 기준을 확대하여 검토대상에 포함시켰다. 검토 결과로서 전기에는 취락 내 소비를 목적으로 생산이 이루어지며, 일부 다른 취락과의 교역을 위한 생산 유적의 존재를 상정하였다. 후기에는 소수의 자가소비 취락이 존재하지만, 대부분의 검토 대상 유적에서 취락 내 소비량을 넘어서는 생산, 즉 교역을 목적으로 하는 생산이 확인되며 이러한 유적들을 석기 제작 전문취락이라 설정하고 그 성격에 대해 어느 정도의 반전업적 전문 제작집단으로 상정하였다.

홍주희(2009)는 북한강유역 청동기시대 취락의 석기 제작 시스템 확립에 관한 검토를 실시하였다. 그는 청동기시대 전기 중·후엽 주거지의 내부구조 변화와 공방지의 출현이 석기의 제작과 밀접한 관련이 있다고 하였다. 산지로부터 석재를 입수하여 보관·선별·분할·분배는 공방지에서 공동으로 작업하고, 분배된 석재를 선택적으로 이용하는 석기의 세부 제작공정은 개별주거지에서 행해지는 석기 제작 시스템을 제시하였다. 즉, 석기 제작 시스템의 확립은 취락 내 독립적인 공방지의 출현과 관련이 깊으며, 이를 다양한 생계활동을 기반으로 삼는 전문 생산 체계로의 발전과정으로 이해하였다.

장용준·平郡達哉(2009)는 유절병식마제석검의 검토를 통해 매장의례의 공유를 상정하였는데, 석검의 형태적 유사성을 근거로 숙련된 제작자, 기술적인 표준이나 설계도의 존재를 추정하고 일부 유물의 경우는 실제 동일한 사람이 제작해서 유통시켰음을 확신하고 있다. 즉, 유절병식석검은 석기 자체를 거점지역에서 제작한 후 유통시키는 방향으로 변화하였으며, 석검의 제작활동이나 공인의 이동이 사회 내부의 통제 혹은 관리를 받고 있음을 지적하였다. 단, 석검의 제작지에 대해서는 제작을 직접적으로 보여줄 수 있는 유구의 부재로 구체적인 지역 설정을 유보하는 입장이다.

필자는 장용준·平郡達哉(2009)의 유절병식석검 연구를 토대로 석검 재질의 특수성에 착안하여 제작지를 구체화하였다(황창한 2011). 먼저 이단병식석검의 석재는 이암, 편암 등 각지에서 조달하여 집단 내에서 자체적으로 제작되지만, 유절병식석검은 재질이 혼펠스 일색으로 변화한다는 점에 주목하여 제작지가 석재의 산지와 밀접한 관련이 있을 것으로 파악하였다. 이러한 혼펠스는 경상분지 내에 폭넓게 분포하지만 그 중에서도 석검을 제작할 수 있는 혼펠스 석재는 고령의 의봉산에서 산출된 것으로 보았다. 또한 고령 의봉산 일대에서 확인된 봉평리 575-1유적, 대흥리유적 등을 대규모 석기 제작장으로 제시하였다. 결론적으로 유절병식석검의 제작은 고령과 대구를 중심으로 이루어져 유통되었을 것으로 보았다. 그리고 최근 대구지역의 석기 생산 시스템 연구를 통해 이를 보다 구체화하였다(황창한 2013).

조대연·박서현(2013)은 중부지역 취락 출토 자료를 중심으로 청동기시대 석기 생산에 대한 고찰을 시도하였다. 석기 생산 주거지 여부의 판단은 선행 연구보다 더 엄격한 기준을 적용하였다. 그들이 제시한 기준은 취락 내 석기 생산 주거지의 유물상을 일반주거지의 유물상과 비교·분석하는 방법으로, 특정 석기 기종의 집중적인 생산이 확인될 경우 이를 생산 전문화의 지표로 삼았다. 또한 홍주희(2009)가 제시한 이색점토구역이 있는 주거지의 경우도 이색점토구역과 작업공이 동시에 확인된 경우만 제작장으로 인정하였다. 분석 결과로는 석기 생산 주거지의 비율이 후기에 높아지지 않아 석기 생산 전문취락의 등장에 대한 기존의 견해를 재고할 필요가 있다고 하였다. 반면 이미 전기에 각 유적별로 전문 생산 기종이 등장하기 때문에, 석기 생산 전문화의 징후가 이른 시기부터 시작되었다고 하였다.

이외에 최근 손준호(2013)는 청동기시대 석기 생산과 관련된 최신 연구 동향을 일목요연하게 정리하여 기존 연구의 성과 및 문제점을 지적하고 앞으로 해결해 나아가야할 부분을 제시하였다.

Ⅲ. 제작기법

1. 석기의 박리역학

석기 제작에 어떠한 물리적인 법칙이 작용했는지에 대해 살펴보는 과정은 석기를 보다 깊게 이해하는 데 도움이 된다. 어떻게 박리가 이루어지는지에 대하여 물리학적인 지식이 사용되기 시작한 것은 Speth(1972)와 Faulkner(1972)의 연구부터이다. 이들은 타격을 통한 충격파에 의해 타점에서 점점 떨어지게 하는 파괴(박리)방법을 연구하였는데, 이 방법은 스폴링 파괴모델로 불린다. 한편, Crabtree(1968)는 석인박리의 실험적 고찰을 위해 고속촬영을 시도하기도 하였다.

박리역학으로 잘 알려져 있는 헤르츠의 원추(Hertzian cone)는 원석에 타격을 가했을 때 그 타격점의 바로 아래에 균열을 형성시키는 원추체를 말한다. 석핵에서 박편을 떼는 데에 바로 균열원추의 원리를 이용한다. 이 원리는 원석의 가장자리를 수직으로 가격하면, 내부 쪽으로 기울어지면서 균열이 확산되고 밖으로 타격 힘이 빠지면서 박편이 박리되는 것이다. 1896년 헤르츠의 연구 성과에 의해 헤르츠의 원추라 불린다(장용준 2007, 3쪽).

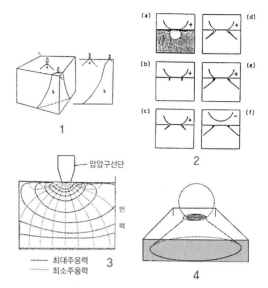

1. 헤르츠의 원추
2. 헤르츠형 원추파괴의 과정
3. 헤르츠의 원추에 있어 응력궤적
4. 접촉원과 동심원·균열의 관계

그림 1 _ 헤르츠 원추의 원리(장용준 2003)

2. 석기의 제작기법

석기의 제작과정은 원석의 채취 → 가공 → 완성의 단계로 구분되며, 가공에 필요한 제작기법은 찰절, 타격(박리), 고타, 마연, 천공 등이 있다.

1) 찰절기법

찰절기법은 찰절구를 사용하여 석재를 재단하는 방법이다. 일반적으로 석재의 양측에 찰절로 홈을 내어 적당한 두께가 되면 부러뜨린다. 동아시아에서 가장 이른 시기의 찰절석기는 중국의 요동지역과 황하유역에서 관찰된다. 찰절기법은 중국 요동지방에서 한반도 북부를 경유해 남부까지 확산된 것으로 보고 있다(下條信行 2011).

찰절기법이 주로 성행한 시기는 신석기시대로 결합식조침의 축부 및 석부 등에서 확인할 수 있다. 청동기시대에는 두께가 두꺼운 석기의 경우 확인된 바 없고, 마제석검과 석도의 신부에 피홈을 내거나 두께가 얇은 무경식석촉과 이른 단계의 유경식석촉 제작에서 확인된다(黃昌漢 2004, 43쪽). 또한 남강유역의 진주 대평 어은지구 등에서 옥기의 천공구 제작에서 찰절기법이 확인된 바 있다. 이를 볼 때 찰절기법을 사용하여 직접적으로 석재를 재단한 것은 청동기시대 전기까지이며 이후는 부분적으로 사용된 것으로 판단된다. 찰절기법의 장점은 석기의 제작과정에서 석재를 목적한 대로 정확히 재단하는 데에 있지만, 시간과 노동력에 비해 효율성이 떨어지는 것이 단점이다. 찰절구는 석도와 같은 형태이며, 인부의 단면은 찰절 시 피홈 사이에서 자연스럽게 양인으로 형성된다. 찰절구로 사용되는 석재는 일반적으로 장석과 석영이 포함되어 있는 퇴적암 계통이며, 퇴적암의 분포가 떨어지는 지역에서는 편암류를 사용한다.

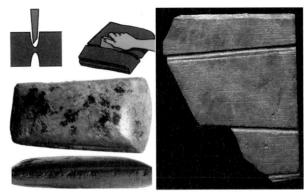

그림 2 _ 찰절기법 모식도와 찰절흔 석기(국립대구박물관 2005)

2) 양극기법

양극기법이란 대석에 석재를 세우고 망치돌로 가격하는 방법이다. 이러한 방법으로 가격하면 작용과 반작용에 의해 양측면에 박리가 발생하기 때문에 양극기법이란 용어로 불린다. 이 기법은 헤르츠 원추의 원리가 타격점에 작

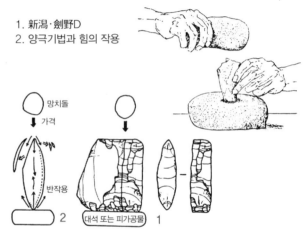

1. 新潟·劍野D
2. 양극기법과 힘의 작용

그림 3 _ 양극기법의 원리(加藤晋平·鶴丸俊明 1991)

용하여 효과적으로 석재의 박리를 유도하게 된다. 양극기법은 박리의 종류에 따라 크게 양극분할, 양극떼기, 양극고타 등 3가지로 구분할 수 있다. 먼저 양극분할은 자갈이나 큰 암석에서 석기를 제작하기에 적합한 크기로 석재를 분할하는 과정에 사용된다. 양극떼기는 본격적으로 석기의 정형에 사용되는 기법으로 박리를 유도해 박편을 생성한다. 마지막으로 양극고타는 정형 후 둔각이 형성된 부분을 두드려 각을 없애는 방법으로 박편보다는 면을 이지러뜨려 분말을 생성한다. 이 중에서 양극고타는 타제석부를 제작하는 데 유용한 기법이었음이 실험으로 증명된 바 있다(久保田正壽 2004, 147~172쪽).

양극기법의 장점은 대석에 놓고 박리를 유도하기 때문에, 제작자의 스트레스를 최소화하며 안정적인 박리를 유도하는 데 있다. 단점은 박리가 일어날 상황에 대한 예측이 어려워 비대칭의 박리가 형성된다는 점인데, 이러한 단점은 받침으로 목재를 사용하거나 후술할 수직타격기법을 활용해 극복할 수 있다.

3) 수직타격기법

수직타격기법(大工原豊 2004, 137~
146쪽)은 직접떼기에 속하는 방법으로,
대상물을 손으로 들고 망치돌을 수직
으로 내리치거나 혹은 대석에 직각으로
내리쳐 박리를 유도하는 방법이다(사진
1). 양극기법이 양쪽에 박리를 유도한다
면 수직타격기법은 한쪽에만 박리를 유
도한다. 따라서 양극기법이 1단계 정형
과정에서 효과적이라면, 수직타격기법
은 미세조정 단계에서 효과적이다. 이

사진 1 _ 수직타격기법

방법은 석촉과 같이 자체 중량이 작은 경우에는
들고 있는 손의 탄력 때문에 부적합하지만, 제작품
의 자체 중량이 반월형석도 정도(약 100g 이상)가
되면 인부를 정리하는 등 타격조정에 효과적으로
활용할 수 있다.

사진 2 _ 고타흔(국립대구박물관 2005)

4) 고타기법

고타는 넓은 의미에서 직접타격에 속한다. 대상물을 약하게 두드린다는 의미로, 타격과 구분되는
가장 큰 특징은 박편 생성의 유무이다. 즉, 타격은 박편을 생성하지만 고타는 타격면을 이지러뜨려 분
말을 생성해 낸다. 고타가 가장 많이 확인되는 유물은 석부류이다. 특히 석부의 신부에서 집중적으로
확인되는데, 전면을 고타로 조정했지만 인부는 마연으로 인해 흔적이 사라진 것으로 추정된다. 석부에
고타가 행해지는 것은 더 이상 타격조정으로 정형이 불가능한 둔각이 형성되었을 경우이다. 이 경우
바로 마연과정으로 이어진다면 마연면이 많아져 비효율적이므로 고타기법을 통해 정형하는 것이다.
석부의 신부에 고타흔을 남기는 이유는 착장 시 마찰력을 강화시켜 결구에 용이하게 하려는 의도로
추정된다. 고타로 사용되는 망치돌의 석재는 제작 대상물과 동일한 강도이거나 그 이상의 석재가 적합
한데, 대부분 퇴적암류는 사용되지 않고 화성암 계열이 많다.

5) 마연기법

마제석기의 가장 큰 특징은 마연기법에 있다. 마연은 타격기술에 비해 상대적으로 단순 기능적인
측면이 강하지만 두께가 얇은 석기의 경우는 마연과정에서도 적지 않게 파손이 발생하며, 능과 날을

사진 3 _ 마연방법

대칭으로 세우는 것도 쉽지 않은 일이다. 마연의 방법은 〈사진 3-1〉과 같이 지석에 대상물을 직접 마연하는 방법과 〈사진 3-2〉와 같이 대상물을 고정시키고 지석을 움직여 마연하는 방법이 있다. 전자의 경우 능과 인부를 맞추기 위해 수시로 제작면을 확인할 필요가 있지만, 후자의 경우는 대상물 전체가 균형 있게 마연되는지를 볼 수 있고 지석의 사용면적과 마연시간도 단축되는 효과가 있다. 특히 반월형석도, 합인석부 등과 같이 인부가 곡률일 때 가공물을 움직여 마연할 경우 인부에 각이 생기는 반면, 지석을 움직여 마연하면 곡선을 부드럽게 만들 수 있다. 각 유적에서 출토된 20cm 내외의 소형 지석이 이와 같은 용도로 사용되었을 가능성이 높다. 지석의 석재는 석영과 장석이 포함되어 마연재가 자연스럽게 형성되는 암석이 주로 사용된다. 대부분 퇴적암류인 사암, 이암이 사용되며, 고운 마연에는 유문암질 지석이 이용된다. 퇴적암이 없는 지역에서는 편암을 주로 사용한다. 지석은 석재의 입자에 따라 조립, 중립, 세립질로 구분되는데, 각 단계에 적절하게 사용된 것으로 판단된다.

6) 천공기법

천공은 석기에 구멍을 뚫는 기법으로 석도, 방추차, 성형석기, 환상석부, 옥 등에서 확인된다. 천공기법은 활비비를 이용한 방법과 직접 손으로 비비는 방법이 있다. 이 중 손으로 비비는 방법은 석도 등

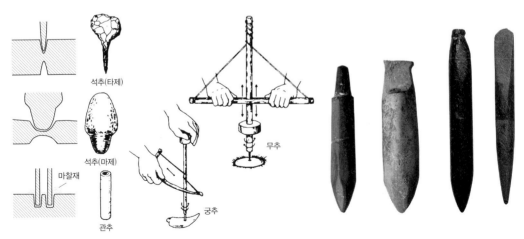
그림 4 _ 각종 천공기법(潮見浩 1990) 및 천공구

재질의 경도가 약한 종류의 석기류에 사용할 수 있고, 관옥, 성형석기 등 두께가 두껍거나 단단한 재질의 석재에는 활비비를 이용한 천공이 이루어졌을 것으로 추정된다. 유적에서 천공구로 추정되는 유물이 출토된 사례를 보면, 길이는 6cm 전후이며 신부단면은 원형, 선단부는 뾰족하다. 그리고 목병과 결합되는 부분은 납작하거나 석촉의 경부처럼 뾰족하게 제작되어 있다. 천공구의 석재는 지석과 마찬가지로 장석과 석영류가 포함된 퇴적암류가 주를 이루며, 옥기를 가공하는 것으로 추정되는 천공구는 경도가 높은 화성암 계열로 확인되었다.

Ⅳ. 유물별 제작공정

1. 석검

석검은 주로 무덤에서 출토되지만 주거지에서의 출토사례도 증가하고 있다. 석검의 출토가 대부분 무덤이라는 것에서도 알 수 있듯이 특수한 목적으로 제작되었다고 볼 수 있기 때문에 미완성품으로 출토되는 빈도가 적은 편이다. 최근 이러한 석검의 제작에 있어서 출현기 석검에 해당하는 이단병식의 경우는 각 집단에서 자체적으로 제작·사용하다가 유절병식 단계부터 특정 지역을 중심으로 제작·유통되었을 가능성에 대해 주장한 일련의 논고가 있다(張龍俊·平郡達哉 2009; 황창한 2011). 이러한 양상은 석검의 미완성품 출토양상에서도 관찰되는데, 이단병식석검의 경우는 취락 내에서 미완성품과 제작과정을 살필 수 있는 자료가 출토되지만 유절병식 단계부터는 거의 확인되지 않는다(황창한 2011, 38~39쪽).

석검의 제작과정은 타격조정 후 바로 마연이 시작된 경우와 신부에 고타가 이루어진 후 마연을 하는 경우로 구분된다. 미완성품은 길이가 23cm 정도이며 두께는 최대 2cm를 넘지 않는다. 이보다 더 두꺼우면 마연시간이 늘어나고, 얇게 제작하려면 파손의 위험이 높다. 인부의 양측이 지그재그 형태로 박리되어 날이 형성되어 있는 것이 미완성품의 특징이다. 전체적으로 양쪽 중앙부에 크게 형성된 패각상의 박리흔이 관찰되며 인부는 세밀하게 조정되어 있다. 석검 제작에 사용되는 암석은 지역마다 약간의 차이는 있으나, 이단병식 단계에는 이암, 편암류가 주로 사용되고 유절병식 단계부터는 혼펠스 일색으로 변화한다.

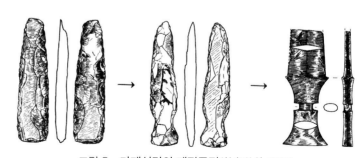

그림 5 _ 마제석검의 제작공정(朴光烈 外 2009)

2. 석촉

석촉 미완성품은 각 유적에서 다수 출토되고 있다. 석촉의 미완성품은 선형석기로 불리는데, 제작시기는 청동기시대 전기전반의 늦은 단계에 유경식석촉을 제작하기 위한 것으로 보았다(黃昌漢 2004; 黃昌漢·金賢植 2006). 청동기시대 전기에 해당하는 무경식석촉과 이단경식석촉, 유경식석촉의 일부는 판상으로 석재를 제작한 후 찰절로 잘라내어 마연하여 완성하지만, 전기후반의 유경식석촉은 선형석기로 제작한 후 완성한다. 이러한 제작기법의 변화에 대해서는 제작시간의 단축 등 효율성이 높아지는 것으로 설명하였다(黃

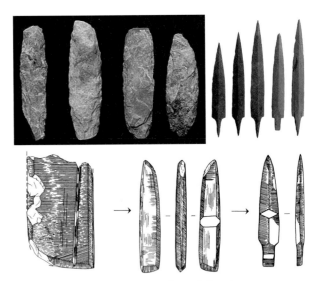

사진 4 _ 마제석촉의 제작공정
(위 : 국립대구박물관 2005, 아래 : 朴光烈 外 2009)

昌漢 2004; 黃昌漢·金賢植 2006). 또한 타제품인 선형석기가 주거지 내에서 다수 출토되는 반면 박편이 출토되지 않는 점으로 볼 때, 석재의 산지에서 형태를 제작하고 취락 내에서는 마연의 공정만 행해졌을 것으로 추정하였다. 석촉(석창) 미완성품의 출토예가 많은 것은 마제석검과 같이 특별한 용도로 제작하기보다는 수렵 등 일상생활에서 사용되는 소모품이기 때문이다. 석촉의 크기가 다양한 것처럼 미완성품도 다양한 규격으로 확인되는데, 석촉이나 석창을 제작하기 위해 만든 선형석기는 길이 4~17cm, 폭 4cm, 두께 1cm 이내의 크기이다. 길이가 15cm를 넘는 선형석기는 석촉, 석창 이외에 송국리형 소형석검을 제작하였을 가능성도 있다. 미완성품의 전체적인 형태는 선형이며 인부가 지그재그 형태로 세밀하게 박리조정되어 있다. 암질은 퇴적암인 이암이 다수이며, 변성암인 편암, 혼펠스 등이 일부 확인된다.

3. 석도·석겸

석도와 석겸의 제작공정은 천공을 제외하면 대동소이할 것으로 추정된다. 반월형석도의 제작공정에 관해서는 손준호(2003)에 의해 정리된 바 있다. 석도의 제작공정은 대략 4단계로 구분된다.

1단계 : 적당한 크기의 석재 주변부를 타격하여 석도

사진 5 _ 석겸의 제작공정
(국립대구박물관 2005)

의 형태를 만든다.

2단계 : 1단계에 조정된 석재의 앞면과 뒷면을 약하게 마연한다.

3단계 : 적당히 마연되어 외형이 갖추어진 석재에 구멍을 뚫는다. 천공은 고타로 홈을 낸 후 천공하는 경우와 고타과정을 생략하고 직접 천공한 경우가 있다.

4단계 : 구멍을 뚫는 작업을 마무리하고 인부를 세우는 동시에 배부에도 마연을 가하여 석도의 전체적 외형을 완성시킨다.

그런데 석도의 제작에 있어서는 상기한 단계와 일치하지 않는 경우도 있는데, 1단계 작업 후 약마를 가하지 않고 바로 구멍을 뚫기 위한 고타를 시도한 유물도 확인된다. 그러나 전체적인 작업과정은 이러한 공정에서 크게 벗어나지 않는 것으로 보인다. 석도와 석겸의 제작에 사용되는 암석은 퇴적암인 이암, 사암과 변성암인 편암이 주를 이루는데, 각각 층리와 편리가 발달해 판상 제작이 용이했기 때문으로 추정된다. 한

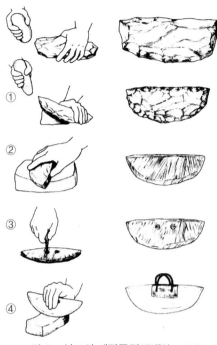

그림 6 _ 석도의 제작공정(潮見浩 1990)

편, 영남 동부지역인 경주와 울산지역에서는 대부분 유문암으로 제작된 점이 특징이다.

4. 석부류

석부의 미완성품도 주거지 등에서 다수 출토된다. 대부분 마연 직전 단계의 유물로 형태가 정형된 것이다. 미완성 석부의 양상으로 볼 때 석부의 제작공정은 크게 4단계로 구분된다. 1단계는 석재를 큰떼기로 대강의 형태로 정형한다. 2단계는 잔떼기로 미세조정한다. 3단계는 고타로 면을 고른다. 4단계는 마연하여 완성한다. 미완성품 석부의 정형상태로 볼 때 위에서 언급한 타격기법 중 합인석부와 편인석부에서 다른 점이 확인된다. 먼저 합인석부, 주상편인석부 등 두께가 두꺼운 석부의 경우 1단계와 2단계에 빗겨치기 또는 양극빗겨치기를 통해 크게 박리를

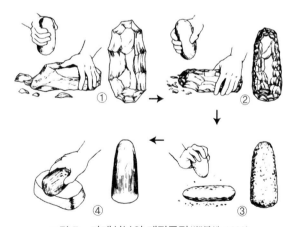

그림 7 _ 마제석부의 제작공정(潮見浩 1990)

유도하며, 편평편인과 같이 얇은 석부는 양극기법과 수직타격기법을 사용해 정형한다. 이는 후자의 두 기법이 두께가 얇은 석기를 제작하기에 효율적이며, 적당한 두께를 유지해야 하는 두꺼운 석부류에는 적합하지 않기 때문이다. 따라서 석부의 제작공정 중 신부가 두꺼운 합인석부, 주상편인석부 등은 크게 잔존한 능을 고르기 위해 3단계의 고타흔이 관찰되지만, 편인석부와 같이 신부가 얇은 것은 고타를 생략하고 바로 마연한 경우가 많다. 석부의 재질은 일반적으로 합인석부류의 경우 안산암류, 편마암류 등이며 편인석부류와 주상편인석부류는 혼펠스가 주를 이루는데, 석부의 기능에 따라 암질의 선택적 사용이 이루어진 것으로 추정된다.

Ⅴ. 제작실험

1. 실험대상 유물

청동기시대의 석기는 대부분 마제석기이므로 제작과정을 살필 수 있는 유물, 즉 미완성품을 대상으로 하였다. 따라서 미완성품 가운데에 완성품의 형태를 짐작할 수 없는 것은 대상에서 제외하였으며, 객관적으로 완성품의 형태를 짐작할 수 있는 유물을 대상으로 하였다. 현재까지 발간된 보고서를 참조하여 제작과정을 알 수 있는 미완성품이 확인된 유물로는 마제석검, 석촉, 석창, 석도, 석부 등이 있다. 이외에 원판형석기, 부리형석기 등이 있는데 이는 그 자체가 완성품으로 타격기법이 잘 남아있다. 본고의 실험대상 유물은 석검, 석촉, 석창, 석도와 원판형석기 등이다.

2. 석기의 제작실험

석기의 제작실험은 유적에서 출토된 미완성석기에 잔존하는 타격흔적을 관찰하여 어떠한 타격기술로 제작되었는지를 복원하는 데 목적이 있다. 따라서 최종 단계인 마연은 실험에서 제외하였다. 복원한 제품에 잔존하는 타격기법과 실제 미완성 유물에 잔존하는 기법의 비교는 필자 외에 청동기학회 석기분과 전공자들의 견해를 얻었다. 비교 결과 거의 동일한 형태의 박리흔이 형성되는 등 실제 유물과 유사하다는 결론을 내렸다. 실험고고학에 있어서 주의할 점은 한번 얻어진 결론에 대해 100% 신뢰할 수 없다는 것이며, 이를 위해서 반복실험과 민족지 자료의 검토가 동시에 이루어져야 할 것이다. 본고의 실험은 필자와 청동기학회 석기분과에서 그동안 축적된 내용을 토대로 한 것이며(황창한 2009), 보다 다양한 자료의 축적은 앞으로의 과제로 삼고자 한다.

1) 석재의 선택과 채취

석기의 제작에 있어서 적절한 석재의 선택은 무엇보다 중요하다. 석기의 기종별 내구성 정도에 따라 적절한 암석을 선택해야 효율적이기 때문이다. 예를 들면 석촉과 같이 소모가 많은 제품일 경우 다소 경도가 약한 연질의 암석인 퇴적암류 및 편암류가 적합하며, 석도와 같이 사용에 있어서 마찰을 요하는 도구는 그에 적합한 암석을 선택하는 것이 효과적이다(황창한 2007, 779~801쪽). 석재의 채취는 크게 천석을 이용하거나, 모암이 노출되어 있는 노두 또는 단애면 등에서 쐐기를 이용해 직접 채취하는 방법이 있다. 천석은 하천변에서 쉽게 구할 수 있지만, 목적한 석기의 크기로 재단하는 과정이 어렵다. 따라서 석재의 채취는 모암이 노출된 곳에서 채취하는 것이 효율적이라고 판단된다. 석재의 채취는 신석기시대에 주로 천석을 이용한 예가 많고 청동기시대에는 천석의 이용이 적다. 본고의 실험대상 암석은 영남지역에서 출토된 석제 유물 중에서 다수를 차지하고 있는 암질인 혼펠스와 이암을 대상으로 하였다.

사진 6 _ 각종 석기의 재료

2) 형태 만들기

석기 제작에 필요한 도구를 간단히 살펴보면 〈사진 7〉과 같다. 제작 도구는 특별한 것이 아니라 제작 소재와 동

사진 7 _ 석기 제작 도구(① 구형 망치돌, ② 단면 V자형 망치돌, ③ 대석)

일하거나 그와 유사한 강도의 석재라면 모두 가능하다. 신석기~청동기시대의 유적에서는 지석 이외에 특별한 석기 제작 도구가 확인되지 않는데, 이것은 대석과 망치돌로 사용할 수 있는 석재가 주변에 풍부했기 때문으로 추정되며 석재의 산지에서 대강의 형태로 가공해서 주거지로 반입했기 때문으로 볼 수 있다(黃昌漢 2004, 42쪽). 〈사진 7-① · ②〉는 망치돌인데 ①은 球形으로 혼펠스제이며 손에 쥐기 적합한 크기이다. ②는 안산암질응회암제로 단면이 V자형이며 미세조정과 홈을 제작하는 데 효과적이다. 〈사진 7-③〉은 대석으로 바닥에 안정되어 흔들리지 않을 정도의 크기이다. 이외에 보조적으로 목재 등이 필요하다.

(1) 석검

석검의 미완성품은 크기만 다를 뿐 석촉의 미완성품인 선형석기와 동일한 형태이다. 우선 석재는

크게떼기	미세조정	완성

사진 8 _ 마제석검의 형태 제작

판석상으로 노출되어 있는 하천의 단애면에서 확보하였다. 제작기법은 선형석기와 크게 다르지 않지만 길이가 길기 때문에 양극을 정확히 맞추면서 박리하는 것이 무엇보다 중요하다. 자칫 힘의 균형이 어긋나면 파손되기 때문이다. 박리에 이용되는 대석은 100~120° 정도의 각도로 능이 형성된 것이 효과적인데, 석재가 대석에 최소한의 면적만 밀착되도록 해야 파손율을 줄일 수 있다.

(2) 석촉

석촉의 중간 제품인 선형석기의 제작에는 〈사진 6-⑥〉의 석재를 사용하였다. 〈사진 9〉와 같이 대석 위에 석재를 놓고 망치돌을 직각으로 내리쳐 박리를 시작하는데, 처음에 양극떼기로 불필요한 부분을 과감하게 가격해 박리한다. 이때 중요한 것은 대석과 내리치는 망치돌 그리고 가공석재가 정확히 수직이 되어야 한다는 점이다. 만약 수직을 이루지 못할 경우 부러질 확률이 높아진다. 그런데 양극떼기로 정형하다보면 양극이 일정하게 박리되지 않기 때문에 비대칭을 이루는 경우가 많다. 이런 경우 계속 양극떼기를 진행하면 석재의 얇은 쪽은 박리되는 데 반해 누꺼운 쪽은 박리되지 않는 상황이 발생하게 된다. 따라서 계획적으로 양측의 두께를 적절히 맞추면서 형태를 잡아가는 것이 중요하다. 만약 형태가 완성되어가는 도중에 지나치게 비대칭이 되었다면, 대석 대용으로 목재를 받쳐 내리치는 상단부의 박리를 유도함으로써 대칭을 만들 수 있다.

(3) 석도

석도는 좌우가 대칭이지만 상하로는 비대칭인 유물이다. 우선 평평한 석재를 사용하여 양극기법으로 전체적인 형태를 조정하는 과정은 석검, 석촉과 동일하다. 그런데 직선인 등 부분과 곡선인 인부를 조정하는 것은 약간의 숙련도를 요한다. 호상으로 조정되는 인부 쪽의 두께가 얇은 경우는 대석을 사

사진 9 _ 선형석기 제작광경 및 완성품

크게떼기	미세조정	완성

사진 10 _ 석도의 형태 제작

용해도 무방하지만, 상하로 두께가 일정하거나 오히려 인부 쪽이 두껍다면 상기한 바와 같이 대석 대신 목재를 받치는 것이 좋다. 이 경우 목재에 받쳐지는 쪽은 박리가 작게 일어나고 가격하는 부분은 박리가 크게 일어나기 때문이다. 다른 방법으로는 방형 또는 어형 등 대칭으로 제작한 후 수직타격기법을 이용하거나 석도를 직접 손에 들고 대석에 수직으로 내리쳐 박리시키는 방법이 있다. 수직타격기법은 석촉과 같이 소형인 경우는 자체 중량이 가볍기 때문에 어렵지만 석도는 어느 정도 무게가 있으므로 효과적이다. 그러나 이 역시 내리치는 각도가 직각을 이루지 않을 경우 파손의 위험이 높으므로 신중을 기해야 한다.

(4) 기타

이외에 원판형석기, 부리형석기 등도 〈사진 11〉과 같이 제작할 수 있다. 원판형석기는 양극떼기로 박리하거나 손에 직접 들고 망치돌로 내리쳐서 박리하는 수직타격기법, 또는 대상물 자체를 들고 대석

| 수직타격기법 | 변형수직타격기법 | 홈내기 |

사진 11 _ 원판형석기의 제작 및 홈내기

에 직접 내리쳐서 박리를 유도하는 변형수직타격기법으로 제작 가능한데, 여기서 공통점은 대상물과 대석, 망치돌이 모두 수직을 이루어야 한다는 점이다. 이 방법을 사용할 경우에는 자체 중량이 어느 정도 있어야 하며 소형일수록 어렵다. 전술하였듯이 석도 이상의 크기이면 효과적으로 가능하다. 부리형석기와 같이 홈이 있는 경우는 단면 V자상의 망치돌을 사용하여 양극기법 또는 수직타격기법으로 홈을 내는 것이 가능하다.

3. 제작과정 및 기법의 검토

이상과 같이 청동기시대의 유적에서 출토된 석검, 석촉, 석도, 원판형석기 등의 미완성품을 제작해 보았다. 각 유물별로 제작에 소요된 시간은 대략 〈표 1〉과 같다. 석촉의 경우 판상으로 석재를 가공한 후 찰절하는 데 소요된 시간이 최소 30분 이상인 점을 감안하면, 전체적으로 볼 때 선형석기의 제작은

표 1 _ 기종별 제작 소요시간

기종	소요시간(분)
선형석기	5~10
석검	42
석도	17
원판형석기	23

약 3배 이상의 효율성이 있는 것으로 판단된다. 본 실험에서 마연은 제외하였는데 이를 감안하면 차이는 더욱 벌어질 것이다. 또한 타격을 통해 형태를 만드는 방법의 제작시간은 숙련도에 의해 크게 좌우되기 때문에 시간의 절감 가능성이 크지만, 찰절에 의한 방법은 숙련도보다 노동력과 속도에 따라 소

요 시간이 결정되므로 두 방법의 비교에서는 찰절기법이 비효율적이라고 할 수 있다.

또, 제작 결과물로 볼 때 청동기시대 유적에서 출토된 유물과 재질, 기법 등에서 거의 유사함을 알수 있었다. 양극기법으로 제작한 유물은 인부가 지그재그로 형성되며 평면에서는 패각상의 박리흔적이 석기 중심에서 인부 쪽으로 단상의 형태를 띠면서 균등하게 발달한다. 수직타격기법에서도 이와 같은 박리흔적이 형성되었기 때문에 흔적만으로는 양극기법과 수직타격기법을 구분하기 어렵다. 다만 경험상 혼펠스와 같이 견고한 암질의 경우 수직타격기법으로는 의도적인 박리가 어렵고 파손율이 높았기 때문에 양극기법의 가능성이 높다고 판단된다. 이에 대한 구체적인 실험 자료는 앞으로의 연구를 통해 보완하도록 하겠다.

이상과 같이 석검, 석촉, 석도, 원판형석기 등의 미완성품 제작은 양극기법과 수직타격기법의 활용만으로 가능하였다. 물론 모암에서 암석을 채취하거나 채취한 석재를 대강의 형태로 다듬을 경우에는 빗겨치기 등 직접타격법이 활용된다. 양극기법과 수직타격기법의 활용 차이는 제작하고자 하는 대상물의 자체 중량과 관련된다. 중량이 작은 석촉의 경우 손에 직접 들고 타격할 때 손의 탄력으로 인해 박리가 거의 발생하지 않고 부상의 위험도 크다. 따라서 양극기법과 같이 대상물을 고정하지 않고서는 소형의 타제품을 생산하기 어렵다는 결론이 내려졌다. 반면 석검과 석도, 원판형석기의 경우는 수직타격기법으로도 어느 정도 제작이 가능했지만, 양극기법에 비해 속도가 늦고 파손율이 높았다.

파손율은 암질의 특성과 제작자의 숙련도에 의해서도 크게 좌우될 것으로 생각된다. 실험에 의하면 대체로 연질의 암석인 퇴적암류(이암)보다 변성암(혼펠스)의 경우가 수직타격에서 파손율이 높았다. 또한 원판형석기처럼 중량이 나가는 경우는 양극기법에 비해 수직타격기법의 피로도가 높았다. 그러나 수직타격기법은 양극기법의 중간에 인부를 다듬거나 대칭을 맞추는 경우에 효율적으로 활용할 수 있었다. 원판형석기는 자체 중량이 무거워서 양극떼기로도 제작이 가능했지만, 수직타격기법 또는 직접 대석에 내리치는 방법으로 박리를 유도할 수 있었다.

양극기법의 가장 큰 문제점은 비대칭 박리에 있다. 원칙적으로 작용과 반작용에 의해 가공물의 상면과 저면에서 균등하게 박리가 발생해야하지만, 실제로는 힘의 방향 및 석재의 두께 차이에 의해 비대칭으로 박리가 발생한다. 이러한 성질은 석도와 같이 상하가 비대칭인 유물의 경우에는 제작에 있어서 오히려 유리한 측면으로 작용하기도 한다. 비대칭 박리의 문제를 해결하기 위해서는 대상물의 가격면을 반복적으로 교대해 주어야하며, 극단적으로 두께 차이가 생겼을 때는

사진 12 _ 양극기법에 의한 석기 제작 후 박편의 상황

대석 대용으로 목재를 사용하거나 수직타격기법으로 해결할 수도 있었다.

석기 제작 후 제작장의 현황은 〈사진 12〉와 같다. 사진은 석검을 제작한 후의 모습인데, 대석을 중심으로 약 60cm 범위 내에 박편의 70%가 분포하고 나머지 30%는 100cm 내외에서 확인되었다. 실험 고고학적 측면에서 자료화하려면 제작 전에 재료의 크기와 무게, 암질 등이 세밀하게 체크되어야 하며, 제작 후 박편의 현상에 대한 분석도 이루어져야 할 것이다. 사진에 제시한 석검뿐만 아니라 소형의 석촉을 제작하는 데에도 많은 박편과 돌가루가 발생하였다. 유적에서도 동일한 현상이 확인된다면 소규모의 그리드를 설정하여 정밀하게 박편의 분포상황을 체크하고, 물체질을 통해 입자의 크기별로 박편을 분리·수습할 필요가 있다.

4. 양극기법의 발생과 전개

양극기법의 발생에 대해서는 구체적이지는 않지만 구석기시대부터 사용되었을 것이라고 추정되고 있다. 그러나 아직까지 우리나라의 구석기시대에 양극기법을 사용하였다는 명확한 근거 자료는 없는 실정이며, 있다고 하더라도 석인을 제작하는 등 규칙적인 석기를 제작하는 데에는 널리 이용되지 않았을 것으로 추정하고 있다(장용준 2003, 141쪽). 그러나 자갈을 쪼개는 데 효과적인 방법으로 알려져 있어 구석기시대에도 원석을 분할하는 등 보조적인 역할을 하는 데 사용되었을 것으로 추정된다. 즉, 구석기시대에는 몸돌에서 직접 형태를 만들기보다 주로 석인을 제작하기에 유용한 눌러떼기를 중심으로 제작기술이 발달했던 것으로 볼 수 있다.

신석기시대가 되면 양극기법을 사용하여 제작한 유물이 다수 확인된다. 신석기시대에서 양극떼기를 확인할 수 있는 대표적인 유물은 보습, 굴지구, 석부 등이며, 소형의 석제 어망추도 대부분 이 기법으로 제작하였다(사진 13). 특히 신석기시대 후기로 갈수록 보습, 굴지구 등의 농경관련 도구와 벌목구인 석부에서 주로 양극기법이 확인되는 점

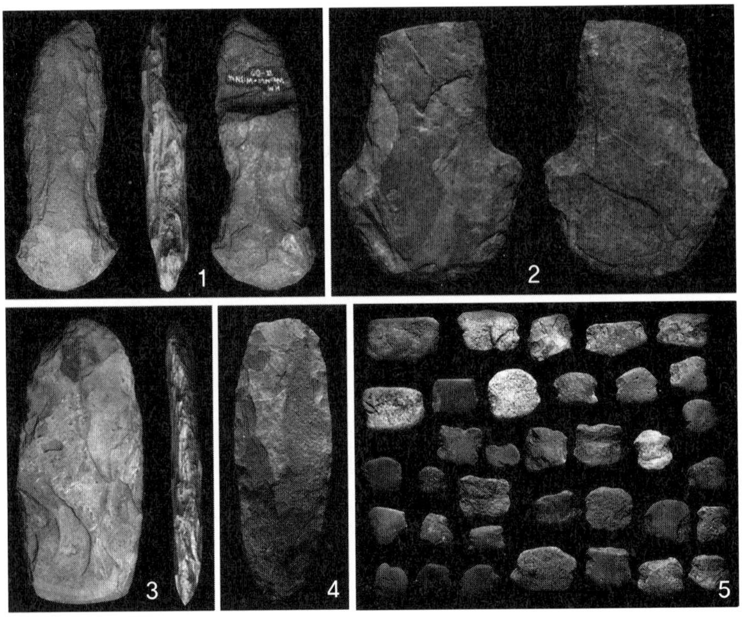

사진 13 _ 신석기시대의 양극기법(국립대구박물관 2005)
1·3 : 하동 목도, 2 : 김해 수가리, 4 : 부산 범방, 5 : 청도 오진리

은 주목할 만하다. 신석기시대의 양극기법은 조기에도 일부 확인되지만, 현재까지 발간된 보고서 자료를 참조할 때 대부분의 유물이 전기 이후에 증가되는 것으로 보인다. 개략적인 검토이므로 신석기시대의 양극기법에 대한 구체적인 연구는 앞으로의 과제이다.

청동기시대는 전 기간에 걸쳐 양극기법이 활용되는 것으로 보이는데, 후기로 갈수록 대부분의 석기로 확대되는 양상이다. 필자가 실견한 바에 따르면 청동기시대 전기 이후의 석제 유물 대부분에 양극기법이 직·간접적으로 활용된 것으로 보인다. 다만 본고에서 실험하지 못한 합인석부 및 주상편인석부류와 같이 신부가 두꺼운 유물에서는 주로 빗겨치기에 의한 박리와 고타흔이 관찰되기 때문에 앞으로의 실험복원에서 검토대상으로 하겠다. 한편, 수직타격기법은 한쪽에만 박리를 유도하는 기법으로, 양극타격기법에서 변형되었을 것으로 생각된다.

5. 양극기법의 의의

필자는 기존의 연구에서 청동기시대 마제석촉의 제작과정을 설명하면서 찰절에 의해 제작하는 방법과 선형석기로 제작한 후 만드는 과정의 변화에 대해 효율성과 능률성을 강조한 바 있다(黃昌漢 2004, 46~47쪽). 결국 찰절기법보다 양극기법이 마제석기를 제작하는 과정에서 효율적인 타격방법이었으며 이 기법은 석촉 이외의 마제석검, 석도, 원판형석기 등 다양한 기종에 적용되었을 가능성이 높다는 것을 실험을 통해 검증하였다. 또한 각 시대별로 양극기법의 활용도를 개략적으로 검토한 결과 구석기시대에서 청동기시대로 갈수록 증가하는 것도 확인되었다. 그렇다면 양극기법을 활용함으로써 효율적인 석기를 제작할 수 있었던 사회적인 동인은 무엇이었을까? 이러한 문제를 해결하기 위해서는 종합적으로 석기 연구가 이루어져야 하겠지만, 먼저 사회 변화에 따른 요구를 그 원인으로 생각해 볼 수 있다. 청동기시대의 사회는 농경의 확산으로 많은 노동력이 필요하였기 때문에, 도구의 제작에 많은 시간을 소비하는 것은 사회적인 생산성의 효율을 떨어뜨리는 결과를 가져오게 된다. 따라서 보다 많은 잉여시간의 확보를 위해 효율적인 석기의 생산기술을 모색하게 되었을 것이다.

Ⅵ. 맺음말

마제석기는 석기 제작의 최종 단계인 마연으로 인해 어떠한 제작과정을 거쳐 완성되었는가에 대한 접근이 어려울 수밖에 없다. 석기 제작기법은 Ⅲ장에서 살펴본 바와 같이 다양하지만 실험고고학을 통해 구체적인 복원이 이루어진 경우는 거의 전무한 실정이다. 본고에서는 이러한 상황에서 청동기시대의 유적 출토 미완성 석기를 관찰하고 제작실험을 통해 제작기술의 일부를 복원해 보았다. 그 결과 청동기시대 마제석기의 제작과정에 양극기법과 수직타격기법이 주요한 기법으로 사용되었음을 확인할 수 있었다. 이외의 기종별 제작기법에 대한 연구는 앞으로 진전되어야 할 부분이다. 마지막으로 석기 연구를 통해 청동기 사회를 조망하기 위해서 필요하다고 생각되는 몇 가지 사항을 정리하면서 글을 맺고자 한다.

① 석기의 석재분석 및 산지추정 : 석재분석은 석기 연구의 기초 자료로서 산지추정을 위해서도 반드시 필요하다. 최근 각 보고서에 암석동정 결과가 게재되어 있지만, 용어 및 감정의 신뢰도에 있어서 그대로 이용하기에 곤란한 부분이 있다.

② 지질학적 분석과 고고학적 상황의 괴리 : 지질학적으로 석기의 암석이 인근의 하천에서 확인되면 그 유물의 산지로 확정되는 경우가 많다. 그러나 유물의 제작에 천석을 이용하지 않거나 이와 관련한 석기 제작장 등의 유적이 확인되지 않을 경우는 다른 해석의 여지도 있다. 따라서 각 지역단위로 확보 가능한 석기 원석에 대한 지질정보의 축적이 필요하다.

③ 실험고고학 : 본고에서는 청동기시대의 양극기법 및 수직타격기법을 부각시켰지만 아직도 검토되지 않은 다수의 유물이 있다. 실험고고학적 접근을 통해 다양한 제작기법에 대한 연구 성과를 축적해야 할 것이다.

④ 생산 및 유통 체계 : 최근 석기의 생산과 관련한 논의가 활발히 이루어지고 있다. 옥기 또는 석검과 같이 특수한 성격의 유물은 전업집단 또는 장인에 의해 제작되었을 가능성에 대하여 공감대가 형성된 것으로 보인다. 그러나 이러한 논의에 비해 고고학적으로 전업집단을 상정할 만한 유적 및 유구의 근거는 부족한 실정이다. 앞으로 이와 관련한 성과가 진전되기를 기대해 본다.

참고문헌

국립대구박물관, 2005, 『사람과 돌』특별전도록.

羅建柱 · 李讚熙, 2006, 「唐津 自開里 1遺蹟 出土 磨製石鏃의 製作過程 및 形式學的 檢討」『錦江考古』3.

朴光烈 · 金熙哲 · 姜晉求, 2009, 『慶州 龍江洞 靑銅器時代 聚落遺蹟』, 聖林文化財研究院.

朴埈範, 1998, 『한강유역 출토 돌화살촉에 대한 연구』, 弘益大學校大學院 碩士學位論文.

孫晙鎬, 2003, 「半月形石刀의 製作 및 使用方法 研究」『湖西考古學』8.

孫晙鎬, 2006, 『韓半島 靑銅器時代 磨製石器 研究』, 高麗大學校大學院 博士學位論文.

손준호, 2010, 「청동기시대 석기생산 체계에 대한 초보적 검토」『湖南考古學報』36.

손준호, 2013, 「청동기시대 석기 연구의 최신 동향」『崇實史學』31.

尹容鎭, 1969, 「琴湖江流域의 先史遺蹟研究(Ⅰ)」『古文化』5 · 6.

이인학, 2010, 『청동기시대 취락 내 석기 제작 양상 검토』, 고려대학교대학원 석사학위논문.

장용준, 2002, 「韓半島 細石核의 編年」『韓國考古學報』48.

장용준, 2003, 「석기제작을 위한 역학원리와 박리방법의 연구」『기술의 발견』, 복천박물관.

장용준, 2007, 「先史時代 石器의 分別과 製作技法」『考古廣場』1.

張龍俊 · 平郡達哉, 2009, 「有節柄式 石劍으로 본 無文土器時代 埋葬儀禮의 共有」『한국고고학보』72.

趙大衍 · 朴書賢, 2013, 「청동기시대 석기생산에 대한 일 고찰」『湖西考古學』28.

洪性雨, 2002, 「玉房 1 · 9地區 出土 半月形石刀의 製作方法에 대해서」『晉州 大坪 玉房 1 · 9地區 無文時代 集落』, 慶南考古學研究所.

洪周希, 2009, 「북한강유역 청동기시대 취락의 전개와 석기제작시스템의 확립」『韓國靑銅器學報』5.

黃昌漢, 2004, 「無文土器時代 磨製石鏃의 製作技法 研究」『湖南考古學報』20.

황창한, 2007, 「岩石의 分析方法과 考古學的 適用」『東亞文化』2 · 3.

황창한, 2009, 「靑銅器時代 石器 製作의 兩極技法 研究」『韓國上古史學報』63.

황창한, 2011, 「청동기시대 혼펠스제 마제석검의 산지추정」『考古廣場』9.

황창한, 2013, 「대구지역 청동기시대 석기생산 시스템 연구」『청동기시대 생산과 소비적 관점에서 바라 본 경제 활동』제7회 한국청동기학회 학술대회.

黃昌漢 · 金賢植, 2006, 「船形石器에 대한 考察」『石軒鄭澄元敎授停年退任記念論叢』, 釜山考古學研究會.

加藤晉平 · 鶴丸俊明, 1991, 『石器入門事典』, 柏書房.

久保田正壽, 2004, 「實驗からみた敲打技法」『石器づくりの實驗考古學』, 學生社.

大工原豊, 2004, 「打製石斧의 製作技術について」『石器づくりの實驗考古學』, 學生社.

鈴木美保, 2004, 「研究史にみる石器製作實驗」『石器づくりの實驗考古學』, 學生社.

庄田愼矢 · 梅崎惠司 · 池珉周 · 長井謙治 · 柚原雅樹, 2013, 「청동기시대 마제석촉 제작공정의 복원」『韓國上古史學報』79.

潮見浩, 1990, 『圖解技術の考古學』, 有斐閣選書.

下條信行(황창한 역), 2011, 「동아시아의 찰절기법에 대하여」『동아시아마제석기론』, 서경문화사.

Crabtree, D. E., 1968, Mesoamerican polyhedral cores and prismatic blades, In *American Antiquity* 33-4.

Faulkner, A., 1972, *Mechanical Principles of Flint Working*, Ph. D. Dissertation, Dept. of Anthropology, Washington State University.

Speth, J. D., 1972, Mechanical basis of percussion flaking, In *American Antiquity* 37.

제2부
옥, 목기, 청동기

제1장
옥의 종류와 특징

庄田愼矢 나라문화재연구소

Ⅰ. 머리말

이 글에서는 돌대문토기 시기부터 원형점토대토기 시기까지의 옥에 대해서 그 개요를 살펴보고 자 한다. 주지하다시피 광물학적으로 옥이란 경옥(jadeite)과 연옥(nephrite)을 말하는데, 한국과 일 본의 고고학계에서는 전통적으로 장식품으로서의 구슬을 옥이라 불러왔다. 특히 이 글에서 다루는 천 하석이나 벽옥 등의 장신구는 옥이 아닌 재질로 제작되었기 때문에 엄밀하게는 석제 장신구(stone ornament)라고 부르는 것이 정확하겠지만, 여기서는 선례를 따라 옥이라 부르고자 한다.

옥은 유기질이 많지 않은 한국의 고고학 자료 가운데 장신과 관련된 대표적인 유물인데, 이에 대한 연구는 청동기시대의 다른 유물에 비해서 극히 미진한 분야라고 해도 과언이 아닐 것이다. 이는 토기 와 석기 등에 비해서 출토된 양이 적어 실제로 연구자들이 접할 수 있는 기회가 많지 않다는 점, 청동 기만큼 종류가 많지 않고 형태상에서도 다양성을 파악하기가 어렵다는 점 등과 무관하지 않다. 그러나 150개가 넘는 청동기시대의 유구에서 옥이 출토되었다는 사실을 감안하면, 이제 이 시대에서 중요한 연구대상의 하나로 인식되어야 할 시점이 된 것으로 보인다.

옥이 가지고 있는 고고학적 정보는 다른 유물에 비해 뒤떨어지지 않을 정도로 풍부한데, 다른 유물 들에 각각 자료상의 특징이 존재하는 것과 마찬가지로 옥이 가진 고유한 특성 또한 지적할 수 있다. 즉, 인간생활의 기본 세 가지 요소인 의식주 가운데 일반적인 고고학 유물인 토기와 석기를 통해서 접 근이 어려운 衣에 대한 자료라는 점, 옥 가공과 관련된 유물들도 주로 돌로 만들어졌기 때문에 출토유 물을 통한 제작기술의 자세한 복원이 가능하다는 점, 지금도 세계적으로 넓게 사용되고 있기 때문에 민족지 조사 등을 통해서 제작법과 사용법에 대한 유추가 가능하다는 점 등을 들 수 있을 것이다. 이러한 특성 때문에 앞으로 옥에 대한 연구가 청동기시대 연구에서 중요한 부분을 차지하게 될 것으로 기대된다.

따라서 이 글에서는 앞으로 본격적인 연구를 진행하기 위한 기초를 마련하는 목적으로 현재까지의 선행연구와 확보된 옥 자료의 개요를 정리해 놓고자 한다. 그 내용은 연구사 정리(Ⅱ장)부터 시작하며, 옥의 형태와 재질에 따른 분류(Ⅲ장), 옥의 제작과 관련된 자료와 연구사례(Ⅳ장), 옥의 사용과 관련된 자료와 연구사례(Ⅴ장)의 네 가지이다. 나아가 이들을 바탕으로 해서 앞으로의 청동기시대 옥 연구의 방향성과 여러 가능성에 대해서 필자 나름의 생각하는 바를 논해 보고자 한다.

Ⅱ. 연구약사

한반도 출토 옥에 대한 연구는 광복 이전에 일본인 학자들에 의하여 시작되었다. 경주 금관총 신라고분에서 출토된 경옥제 곡옥에 대하여 濱田耕作·梅原末治(1924, 107쪽)는 원래 발생지는 일본이며, 그것이 한반도 남부로 전해졌다고 하였다. 이에 대하여 도유호(1962, 55~56쪽)는 미송리동굴 출토 옥과 중국 및 연해주 관련자료를 제시하면서 구분구슬(곡옥)의 원류를 일본에서 구할 근거가 없다고 하였다. 선사시대 옥 자료 자체에 대한 언급은 미송리동굴 조사 이전인 30년대에도 이루어졌지만(八木奘三郎 1938), 이때까지 이러한 옥들과 신라고분 출토 옥에 대한 관련성은 상정되지 않고 있었다. 이후 한국 고분 출토 경옥제 곡옥이 일본산인지 한국산인지에 대해서 논쟁이 진행되게 된다.

한병삼(1976)은 선사시대 곡옥의 출토사례를 집성하면서 이들을 편년하였으며, 중국 遼寧省 鄭家窪子遺蹟 출토 옥에서 그 계보를 구하여 한반도 내 발전과정을 설명하였다. 西谷正(1982)은 이를 이어서 한반도 출토 곡옥에 대한 형식분류를 시도하였으며, 곡옥이 한반도에서 선사시대부터의 전통을 가지고 있음을 강조하였다. 최은주(1986)도 역시 곡옥의 형식분류와 편년을 통하여 한반도 내에서의 발전과정을 상정하였는데, 이와 더불어 숭전대학교 박물관 소장 경옥제 곡옥에 대한 성분분석을 행하여 이들이 일본산이 아닐 가능성을 제시하였다. 즉, 일본 및 미얀마산의 경옥은 거의 대부분이 스트론튬(Sr)과 지르코늄(Zr)이 조금씩 검출되지만, 대조적으로 한국의 경옥에서는 이들이 검출되지 않았기 때문에 한국에 있는 경옥제 곡옥 전부가 일본제품 혹은 수입되어진 일본 원석으로 제작되었다고는 말할 수 없다고 했던 것이다.

선사시대 옥에서 삼국시대 옥으로의 연속성을 상정하는 견해에 대하여 노희숙(1997, 116쪽)은 송국리유적 등에서 출토된 곡옥이 오히려 鄭家窪子遺蹟 사례보다 이른 시기에 속함을 지적하면서 위와 같은 편년을 부정하였다. 송국리가 鄭家窪子보다 선행한다는 편년적 위치관계는 필자 역시 타당한 것으로 본다. 또한, 田村晃一(1986)과 이인숙(1987)도 재질, 연대, 형태상의 차이를 근거로 삼국시대 곡옥의 기원을 한반도 선사 곡옥으로 상정하는 견해에 대해서 신중한 입장을 취하고 있다. 早乙女雅博과 早川泰弘(1997)에 의한 분석에서는 출토지가 명확한 한일 양국의 유물을 동일한 조건 아래에서 측정했지만 최은주의 분석에서는 검출되지 않았던 스트론튬과 지르코늄이 양쪽에서 확인되었으며, 결국 논의는 출발점으로 되돌아가게 되었다. 또한, 小寺智津子(2006a)는 원삼국시대 유리제 곡옥과 야요이시대 유리제 곡옥을 비교하여 전자가 후자에서 반입되었다고 하였다. 박천수(2007, 145쪽) 역시 한반도 내 산지의 부재와 한일 간에서 곡옥 형식 변화과정이 동일하다는 점을 근거로 삼국시대 경옥제 곡옥을 일본산이라고 판단하고 있다.

한편, 이들과 달리 大坪志子(2001)는 한반도 출토 옥을 집성하여 형식분류와 편년 및 전파 루트의 복원을 시도하였다. 특히 곡옥이 지석묘와 결합되면서 위세품으로 성격이 강화되었으며, 공백 기간을 두고 이러한 성격이 삼국시대로 계승되었다고 하였다. 또한, 청동기시대 옥의 재질과 종류, 색조, 착장 그리고 제작 등의 양상은 이상길(2002)에 의해 포괄적으로 정리되기도 하였다. 그는 한반도 곡옥의 기원을 일본으로 상정하는 주장에 반대하면서, 신석기시대 곡옥과 청동기시대 곡옥의 관련성에 대해서도 부정하였다. 이러한 측면에서 결국 한반도 옥에 대해서는 시대마다의 고유한 특징이 뚜렷하다는 점이 강조되기도 한다(庄田愼矢 2006b, 85쪽).

이상과 같이 한반도 선사시대의 옥은 항상 삼국시대 곡옥과의 관련 속에서 논의되어 왔다. 하지만 그 기원에 대한 논의는 아직 결론에 이르지 못하고 있다(庄田愼矢 2006b). 한편, 2000년 이후에는 특정 유적에서 출토된 옥 자료에 대한 집중적인 검토도 이루어지게 되었다. 이상길(2006; 2013)은 창원 덕천리유적에서 출토된 벽옥제 관옥 165점에 대한 세밀한 관찰을 통해서 일련의 제작공정을 복원하였다. 또한, 묵곡리유적 출토 천하석제 곡옥 및 구옥류에 대해서도 미완성품에 기초하여 자세한 제작공정을 복원하였다(慶南大學校博物館 2013).

한편, 필자(庄田愼矢 2005)는 진주 대평리유적에서 조사된 천하석 및 패각제 옥의 미완성품과 제작도구를 검토하여 취락 내 또는 취락 간에서 옥 제작 및 유통과 관련된 분업이 이루어졌음을 지적하였다. 또한, 논산 마전리 및 보령 관창리유적 출토 관옥을 관찰하여 천공방법을 중심으로 한 제작기법에 대해서 검토함과 동시에 관옥 크기의 규격에 지역마다 차이가 있음을 밝혔다(庄田愼矢 2006a).

일반적으로 청동기시대의 옥은 천하석제 곡옥·반월형옥·구옥과 벽옥제 관옥으로 구성되는데(李相吉 2002), 실제로 광물학적인 동정이 제대로 이루어진 사례는 드물다. 아산 시전리유적 출토 옥에 대한 분석(이찬희 외 2006)에서는 아마조나이트(amazonite: 천하석)로 동정되었지만, 진주 대평리 옥방 1지구 출토 옥 파편에 대한 분석(김영호 2002, 116쪽)에 의하면 해당 자료는 아마조나이트라기보다는 펄사이트(perthite)로 판단되었다. 화성 천천리유적 출토 구옥에 대해서는 비파괴분석이 이루어진 바 있는데(이형원 2006), 얻어진 결과는 장석의 한 종류라는 것뿐이었다. 옥 연구에서 재질의 동정이 가장 기본이며 상당히 중요함에도 불구하고 이러한 분석이 이루어진 자료는 전체의 1%도 안 된다. 따라서 확실한 근거 없이 판단되어온 옥 재질에 실제로는 다양한 광물이 포함되어 있을 가능성이 충분하다.

한편, 점토대토기 시기에 등장하는 유리제 옥은 재질 때문에 따로 연구되는 경향이 강하다. 부여 합송리, 당진 소소리, 공주 봉안리 출토 유리 관옥에 대해서는 岡內三眞(1993)이 선구적인 연구를 진행한 바 있다. 그는 이 유물들에 대한 세밀한 관찰을 기초로 제작기법의 특징을 정리하였으며, 중국 사례와 비교하여 계보관계를 검토하였다. 또한, 小寺智津子(2006a)는 원삼국시대 자료까지 포함하여 유리제 곡옥과 관옥의 변천과정을 정리하였으며, 이를 야요이시대 사례와 비교하였다.

Ⅲ. 분류와 특징

이미 노희숙(1997)에 의해 제시된 바이지만, 청동기시대의 옥은 크게 관옥(대롱옥), 곡옥(곱은옥), 구옥(구슬옥)으로 나눌 수 있다. 이상길(2002, 179쪽)과 같이 이에 반월형옥을 추가하는 입장도 있다. 또한, 극소수이지만 棗玉이나 環도 후기에는 존재한다. 이와 같이 분류된 옥은 크기와 세부 형태를 기준으로 각각 세분되는데, 어떻게 세분하느냐는 위에서 소개한 연구자마다 각인각색이다. 이 글에서는 과도한 세분을 피하고 대표적인 유물을 제시하면서 각 옥의 특징에 대해서 살펴보고자 한다. 한편, 이러한 옥들은 한 종류만 출토되기도 하고 조합으로 출토되기도 하는데, 이에 대해서는 뒤에서 다시 언급하고자 한다.

1. 관옥(그림 1)

관옥은 크게 석제와 유리제로 나눌 수 있는데, 유리제 관옥은 원형점토대토기 시기가 되어야 처음으로 등장한다. 물론 유명한 사례로 송국리유적 옹관에서 출토되었다고 신고된 유리 관옥이 있지만, 출토맥락을 알 수 없기 때문에 소속시기를 판단하기 어렵다. 석제 관옥이 대부분 벽옥으로 인식되고 있는 것은 전술한 바와 같다. 석제 관옥은 단순한 원통형을 띠며 형태적인 다양성이 적은 편이다. 크기를 비교하면 대략 길이 2~3cm, 지름 5mm 정도를 경계로 하여 크게 대형(그림 1-1 · 2 · 5~8)과 소형

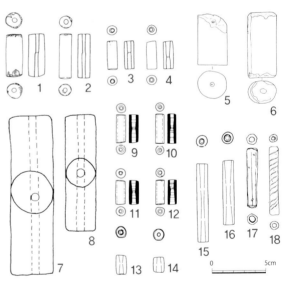

그림 1 _ 관옥 각종(1~4 : 서천 오석리, 5 : 신평 선암리, 6 : 백천 대아리, 7 · 8 : 진주 대평리, 9~12 : 논산 마전리, 13~16 : 전주 효자4동, 17 · 18 : 부여 합송리)

(그림 1-3 · 4 · 9~12)으로 나눌 수 있다. 이미 필자(庄田愼矢 2009, 184쪽)가 지적한 바이지만, 전기에는 비교적 대형의 관옥이 거의 1점씩 출토되는 경우가 많은 반면, 중기가 되면 길이 1cm 미만, 지름 4mm 미만의 소형 관옥이 대량으로 출토되는 특징을 보인다. 다만, 송국리 1호 석관묘 출토사례와 같이 중기에도 대형 관옥이 확인될 뿐만 아니라 그 크기 자체도 전기보다 큰 경향성을 보인다. 또한, 후기에는 지름이 소형과 유사하지만 길이가 긴 관옥(그림 1-15 · 16)이나 재질 불명의 적색 투명 옥(그림 1-13 · 14)도 등장한다.

유리제 관옥은 출토사례가 그렇게 많지는 않지만 부여 합송리, 당진 소소리, 공주 봉안리, 장수 남양리, 공주 수촌리 자료를 참고로 하면, 길이가 2~6cm 내외로 다양한 데 반하여 지름은 약 8~10mm로 공통된다. 이 시기 유리제 관옥은 모두 청색을 띤다.

2. 곡옥(그림 2)

관옥이나 환옥에 비해서 형태가 다양하기 때문에 옥 중에서 집중적으로 연구가 진행되었으며, 그 만큼 연구자마다의 다양한 형식분류가 존재한다. 청동기시대 전기(그림 2-4 · 5 · 14), 중기(그림 2-6~8 · 17), 후기(그림 2-16 · 18 · 19 · 24~26)의 각 시기마다 형태 차이가 있는 점이 주목된다. 곡옥의 분류에 대해서는 형태를 기준으로 獸形, 原始形, 半月形, 半環形, 不定形, 定

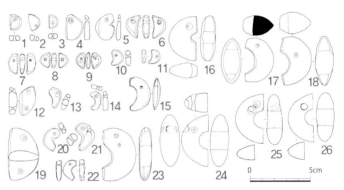

그림 2 _ 곡옥 각종(1~3 · 20 · 21 : 진주 귀곡동 대촌, 4 · 5 : 충주 조동리,
6~8 : 거제 아주동, 9 : 진주 대평리, 10 · 11 · 13 : 마산 신촌리,
12 : 아산 백암리, 14 : 하남 미사리, 15 : 영암 망산리, 16 : 대전 괴정동,
17 : 부여 송국리, 18 : 영덕 조포리, 19 : 개천 용흥리, 22 : 승주 우산리 내우,
23 : 무안 월암리, 24 : 아산 남성리, 25 · 26 : 함평 초포리)

形, 丁字頭로 세분하는 안(大坪志子 2001)이나 제작 모티브를 감안하여 반월형의 A류와 초생달형의 B류로 대분류하고 이들을 다시 세분하는 안(李相吉 2002) 등, 다양한 분류 안이 제시되어 왔다. 소속시기가 현재 청동기시대의 시기구분과 부합되며, 과하게 세분되지 않아 계통관계를 정리하는 데에 유용한 후자가 향후 연구 진행상의 기초가 되리라 생각한다.

3. 구옥(그림 3)

구옥은 단순한 구형에 가까운 형태를 띠는 옥을 말한다. 환옥이라고 부르기도 하지만 후기 단계에 등장하는 環과 음이 같아 혼동스럽다. 공을 말하는 丸과 고리를 뜻하는 環은 확실하게 구별해야 되기 때문에 여기서는 구옥으로 부르고자 한다. 물론 구옥이라는 용어에도 球玉과 臼玉(상하가 납작한 모양)이 동일한 음으로 표현되는 혼동스러운 면이 존재하는데, 여기서는 이미 이러한 용어를 사용한 선행연구(盧希淑 1997; 崔鍾圭 2000)에 따르고자 한다.

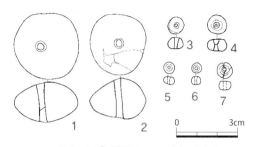

그림 3 _ 구옥 각종(1·2 : 여수 평여동, 3·4 : 진주 대평리, 5~7 : 거제 아주동)

구옥은 곡옥에 비해 형태적인 다양성이 떨어지지만, 최종규(2000)와 이상길(慶南大學校博物館 2013)에 의해서 세분이 시도된 바 있다. 전자는 구옥(그림 3-3~7)과 원판형옥(그림 3-1·2)으로, 후자는 원반옥, 구옥, 원판옥으로 세분하고 있다. 후자에 대해서는 분류대상이 미완성품인 점과 함께, 각 분류의 경계가 애매하며 중간적인 특징을 가지는 개체가 존재하는 점을 지적할 수 있다. 따라서 전자 분류의 구옥을 소형 구옥으로, 원판형옥을 대형 구옥으로 인식해 두고자 한다. 구옥의 재질은 대부분 천하석으로 생각되며, 묵곡리유적에서는 곡옥이나 반월형옥의 미완성품과 같이 출토되었기 때문에 이들과 동일한 맥락에서 제작된 것으로 판단된다.

한편, 후기에는 구옥의 출토사례가 많지 않지만 석제와 유리제가 모두 확인되는데, 전자의 사례로는 김천 문당동유적 목관묘, 후자의 사례로는 신풍 가-46호 유리제 구옥을 들 수 있다.

4. 기타(그림 4)

위에서 언급한 관옥, 곡옥, 구옥 이외에 극소수이지만 棗玉이나 環도 존재한다. 전주 효자4동유적(金鍾文 外 2007) 출토 조옥(그림 4-4)은 유리제로 보고되었지만, 실측도에 양면에서 천공한 것이 표시되어 있어 자수정(amethyst)일 가능성이 크다. 보라색 옥의 희소한 자료이기 때문에 재질을 확실하게 파악하기 위해 기포의 유무 등에 대한 육안관찰과 성분분석을 통한 검토가 필요하다고 생각된다. 또한, 환은 유리제(그림 4-1·2)와 석제(그림 4-3)가 모두 확인되는데, 크기와 형태에서 약간의 차이가 있다.

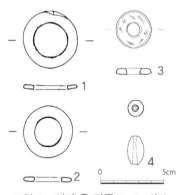

그림 4 _ 기타 옥 각종(1·2 : 완주 갈동, 3·4 : 전주 효자4동)

Ⅳ. 제작

　　다음으로 옥의 제작기법에 대해서 살펴보고자 한다. 제작기법은 원재료에 따라 규정되는 경향이 강하기 때문에 여기서는 1) 천하석 및 이와 유사한 돌로 제작된 곡옥과 구옥(이하 천하석제 옥), 2) 벽옥 및 이와 유사한 돌로 제작된 관옥과 구옥(이하 벽옥제 옥), 3) 유리제 관옥의 세 가지로 나누어 검토한다. 제작기술을 복원하기 위해서는 미완성품과 제작에 사용된 도구들이 1차적인 자료가 되는데, 실제 이러한 자료가 확보된 것은 천하석제 옥뿐이다. 이 이외의 경우에는 완성품에 대한 관찰과 주변지역 자료와의 비교, 그리고 실험을 통한 유추가 주된 방법이 된다.

1. 천하석제 옥

　　산청 묵곡리유적과 진주 대평리유적에서 천하석제 옥의 미완성품이 다량으로 출토되었으므로 이 유적들에서 옥 제작이 이루어졌음을 확실하게 알 수 있다. 후자에 대해서는 필자가 이미 자세히 논하였기 때문에(庄田愼矢 2005), 여기서는 최근에 새로 보고된 전자에 대해서 살펴보고자 한다.

　　묵곡리유적에서 출토된 옥 제작 관련유물에 대해서는 보고자에 의해 자세한 분류가 이루어졌다(慶南大學校博物館 2013). 이에 따르면 옥 가공관련 도구로는 1) 玉 穿孔具의 날, 2) 玉磨砥石, 3) 활비비추의 세 가지가 확인되었고, 옥 가공단계로는 1) 원석 채취, 2) 분할, 3) 성형, 4) 정형, 5) 천공, 6) 정면의 6단계가 상정된다고 한다. 그리고 이 유적에서는 원석 채취를 제외한 모든 단계의 미완성품이 확인된다고 하였다.

　　그런데 위와 같이 묵곡리유적 출토유물을 통해서 복원된 제작기술과 대평리유적 출토유물을 통해서 복원된 제작기술에는 다음과 같은 차이가 있다. 즉, 천공구의 원재료와 형태 및 활비비추의 사용 여부이다. 천공구(엄밀하게 말하자면 '천공구의 날'이지만 편의상 짧게 천공구라고 함)는 묵곡리유적에서 모두 재질 미상의 석제임에 반하여, 대평리유적에서는 석제가 확인되기도 하지만 대부분이 수정제이다. 수정제 천공구는 사천 본촌리유적 나3호 주거지에서도 다량 출토되었으며 투공구로 보고되었는데(趙榮濟 外 2011), 이 경우 관련된 유물이 공반되지 않아 옥 제작과의 연관성을 상정하기는 어렵다.

　　또한, 묵곡리유적 보고서와 같이 활비비추의 사용을 적극적으로 상정한 경우도 있지만, 아주 가는 석제 천공구가 이 가중을 견딜 수 있을 지에 대해서는 의문이 들기도 한다. 활비비추를 사용한 천공은 옥뿐만 아니라 반월형석도를 비롯한 다양한 장면에서 사용되었을 가능성이 높기 때문에 옥 가공에 사용되었는지는 단언할 수 없다. 앞으로의 실험연구가 요구된다.

2. 벽옥제 옥

위에서 언급한 바와 같이 벽옥제 관옥의 제작유적은 아직 조사되지 않았다. 그런데 이상길(2006; 2013)은 덕천리유적 출토 관옥에 대한 세밀한 관찰을 통해서 관옥 제작기술에 대해서 언급하였다. 즉, 제작과정을 1) 분할, 2) 박리조정에 의한 정형, 3) 재단, 4) 천공, 5) 마연의 총 5단계로 나누었으며, 천공에 대해서는 1) 재료의 고정, 2) 기초 홈 쪼으기, 3) 예비천공, 4) 본천공으로, 마연에 대해서는 粗磨(거친 마연)와 精磨(정밀한 마연)로 세분하였다. 이는 야요이시대 관옥 제작기법의 하나인 長瀬高濱技法(寺村光晴 2001)과 공통된 부분이 많아 주목된다. 또한 그는 천공방법을 검토하기 위해 레플리카법을 적용하여, 일반적으로 관찰이 어려운 완형 유물의 구멍 형태를 기록하였다.

필자(庄田愼矢 2006a)는 논산 마전리 및 보령 관창리유적 출토 관옥을 관찰하였으며, 역시 레플리카법을 적용함으로써 구멍 내벽에 회전에 의한 선상흔이 뚜렷하게 나타남을 확인하였다. 이러한 흔적은 석제 천공구를 사용하였을 때에 생기는 것으로 알려져 있기 때문에 이 관옥들이 석제 천공구에 의해 천공되었음이 밝혀졌다. 이 두 유적에서 출토된 관옥들은 모두 양면에서 천공하였다는 공통점이 있는데, 이는 철제 천공구 등장 이전의 야요이시대에도 관찰되는 공통점이기도 하다(大賀克彦 2001). 단, 천공 시에 두 단계로 나눠서 천공한다는 점은 현재로서 덕천리에서만 확인되었다. 향후 연구 진전을 위하여 직접적인 증거인 미완성품의 출토가 기대된다.

한편, 하나의 공방에서 제작되거나 기술적 교류가 밀접한 공인 간에는 관옥의 규격성이 유지되었을 가능성이 높다. 이 점에 주목하여 필자는 중기 무덤 출토 관옥을 대상으로 길이와 지름의 분포를 살펴보았다(庄田愼矢 2006a). 그 결과 유적마다의 규격 차이뿐만 아니라 지역에서 대략적인 공통성을 찾아낼 수 있었다. 이에 새로운 자료를 추가하여 대표적인 유적 출토 관옥의 크기와 규격을 정리한 것이 〈그림 5〉이다. 이를 보면 충청도지역에 분포하는 마전리, 봉선리, 관창리유적 출토 관옥의 크기에는 높은 균일성이 관찰되는 한편, 크기의 균일성은 떨어지지만 공통된 패턴을 나타내는 덕천리, 이금동, 영창리유적 등 경상도지역 관옥과 확연한 차이를 보이고 있다. 또한, 전라도지역 유적인 신풍과 평여동 사이와 평여동 2호와 3호 사이에는 관옥 크기의 차이가 뚜렷하며, 신풍과 같은 경우는 오히려 경상도 지역 자료와 유사한 편이다. 신풍유적이 평여동보다 훨씬 서쪽에 위치하는 것으로 보아 단순한 지역권의 문제라기보다는 교역을 위한 생산 등의 가능성을 제기하고 싶다.

3. 유리제 옥

유리제 관옥의 미완성품 자료가 유적에서 출토되는 것은 거의 기대할 수 없지만, 유리 내부의 기포와 표면 상태, 내벽에 남아있는 흔적 등을 관찰하면 제작기법과 관련된 많은 정보를 얻을 수 있다. 예를 들면 공주 수촌리유적 초기철기시대 적석목관묘에서 출토된 유리제 관옥의 구멍 내면(사진 1-1)을

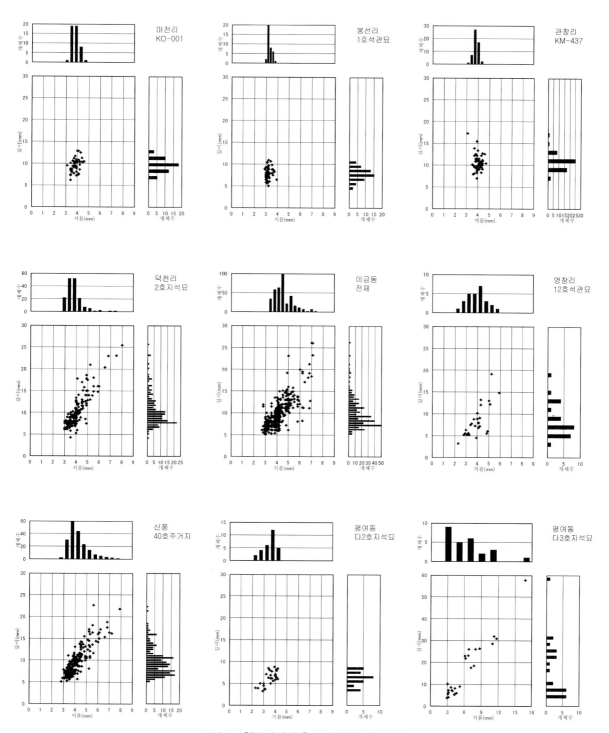

그림 5 _ 청동기시대 옥 크기의 유적별 규격

사진 1 _ 1: 수촌리유적 출토 관옥에서 관찰된 제작흔적,
2: 완주 신풍 출토 유리제 옥(국립전주박물관 2011)

관찰하면 나선상으로 돌아가는 흔적이 뚜렷하게 보이는데, 이를 통해서 봉상의 심에 유리를 감아서 제작한 것을 알 수 있다. 이는 이미 岡內三眞(1993, 48쪽)이 다른 유적 출토 자료들에 대해서 지적한 바와 같다. 현재까지 알려진 이 시기 유리 관옥은 모두 이 기법으로 제작된 것으로 생각된다.

한편, 신풍 가-46호 무덤에서 출토된 '환옥'은 대형 환과 구옥(사진 1-2)으로 나눠지는데, 특히 후자에 대해서는 원삼국시대 이후의 구옥 자료와 동일하게 다룰 수 없다. 현재 초기철기시대 이전에 해당하는 유리 용범자료가 확보되지 않았다는 점과 원삼국시대 이후 유리 소옥에 비해 구멍이 크고 고리 모양을 나타내는 등 차이가 많다는 점으로 보아 용범을 사용하지 않았을 가능성을 고려할 필요가 있다.

V. 사용

위에서 언급한 바와 같이 청동기시대 옥 제작에 대해서는 아직 불분명한 부분이 많은데, 옥의 사용에 대해서는 더욱 파악하지 못한 부분이 많다. 여기서는 주로 무덤에서의 출토상태를 근거로 옥의 사용방법에 대해서 살펴보고자 한다.

곡옥의 사용에 대해서는 함평 초포리유적 사례와 같이 두 개가 나란히 한 쌍을 이루는 경우 귀걸이로 판단되는데, 단독 출토된 경우는 아직 충분한 설명이 이루어지지 않았다. 곡옥은 다량의 관옥과 함께 출토되는 경우도 있는데, 이러한 사례는 목걸이의 중심적인 부품으로 인식되는 경우가 많다.

그런데 여기서 주의할 점은 박물관 전시 등에서 옥이 확실한 출토 상황의 뒷받침 없이 목걸이로 복원된 사례가 많다는 것이다. Frieman(2012)에 의하면 서유럽의 청동기시대에 보이는 흑옥(Jet) 혹은 흑옥과 유사한 석재로 제작된 구슬이 출토된 상황을 고려할 때, 목걸이가 아닌 다른 장식품으로 사용되었음에도 불구하고 과거 고고학자나 큐레이터에 의해 일률적으로 목걸이로 복원되어 있었다고 한다. 한국 사례를 검토할 때에도 참고가 될 만한 내용이라 하겠다.

일본 야요이시대의 사례에 대해서는 小寺智津子(2006b)에 의한 출토상태 분석이 있다. 그녀는 부장품에서 옥의 배치를 A) 관 내부와 B) 관 외부로 나누었으며, 전자를 다시 a) 착장, b) 집중, c) 산재, d) 添置(시체 옆에 집중된 상태), e) 가슴 배치, f) 기타, g) 불명으로, 후자를 a) 집중, b) 산란, c) 매립, d) 묘광 위, e) 기타, f) 불명으로 세분하여 시기마다의 변천과정을 살펴보았다. 이를 통해 야요이시대에 옥의 부장양상이 상당히 다양함을 알 수 있는데, 앞으로 한반도 자료와의 비교가 기대된다.

사천 이금동유적 B-6호 유구에서는 관옥이 6개 정도의 군을 이룬 상태로 확인되었으며, 각 군을 구성한 관옥의 크기에도 차이가 있다(庄田愼矢 2006a, 77쪽). 이는 관옥을 부품으로 한 여러 가지 장식품을 피장자가 착장하였음을 나타내는 사례이다. 또한, 매장 의례와 관련될 가능성이 있는 출토상태도 있다. 여수 평여동 2호 및 3호 지석묘에서는 관 외부에서 다수의 관옥이 확인되었는데, 마치 무덤 축조시에 관옥을 뿌린 것 같은 상태로 파악되었다. 한편, 창원 덕천리와 보령 관창리에서는 한 개체의 관옥을 두 개로 깬 사례가 하나씩 확인되었다.

이상과 같이 관옥은 주로 무덤에서 출토되는데, 취락유적에서 확인된 사례도 없지는 않다. 특히 관옥이 무덤으로 반입되기 전 단계를 나타내는 신풍 40호 주거지 출토 관옥 완성품 191점은 주목할 만하다. 이 주거지는 마을의 주연부에 위치하는데, 특별히 위상이 높다고 판단하기는 어려운 주거지이다. 사실 주거지에서 옥이 출토되는 사례가 드문 것은 아니지만, 거의 대부분 한 점 정도만이 확인될 뿐이다. 다만, 이러한 사례들은 대부분 장기간 계속된 대규모 취락이라는 점이 특징적이다(庄田愼矢 2009, 242쪽).

옥을 보유하고 분배하는 사람의 사회적 신분에 대해서는 위와 같이 아직 검토가 충분히 이루어지지 않았는데, 이러한 검토를 위해서 일본 북부 규슈의 사례를 참고로 할 수 있다. 후쿠오카현 吉武高木遺蹟에서는 다수의 청동기와 옥이 부장된 대형묘군이 발굴되었는데, 핵심적인 무덤군에서 공통된 양상은 청동기가 아닌 옥의 부장이었으며, 이를 통해서 이 유적에서는 청동무기보다 옥 장신구의 보다 높은 계층성을 인정할 수 있다고 한다(常松幹雄 2006, 63쪽).

한편, 옥과 같은 희소한 물품은 교역의 대상이었음이 상정되는데, 일본에서도 북부 규슈를 중심으로 한반도산으로 추정된 천하석제 옥의 출토사례가 몇 점 확인된 바 있다(內田正俊 1999, 62쪽). 현재로서는 한반도 내에서의 장거리 이동을 증명할 만한 산지 분석 자료가 확보되지 않았기 때문에 논의의 진전이 어려운 상태이지만, 한반도 내 교역망에 대해서도 앞으로의 연구가 필요하다.

VI. 향후 과제

이상과 같이 청동기시대 옥에 대해서 대략적으로 살펴보았다. 이 장에서는 위에서 다룬 내용별로 향후 과제를 정리해 보고자 한다.

우선 옥의 형식분류에 대해서는 대략적인 분류가 이루어졌다고 할 수 있지만, 세부편년이나 제작 및 사용 집단을 논하기 위해서는 아직까지 부족한 부분이 많다. 지역별, 시기별의 자료정리가 우선 이루어져야 한다. 원재료에 대한 연구는 상당히 미진한 분야인데, 옥을 분류할 때에 가장 중요한 요소의 하나이기 때문에 앞으로의 연구가 요구된다. 이는 형식분류뿐만 아니라 뒤에서 언급할 옥의 제작과 유통을 논증하기 위해서도 필요한 작업이다.

옥의 제작 기법에 대해서는 위에서도 언급하였다시피 무엇보다도 제작 유적 조사사례의 증가가 요망된다. 뒤에서 언급할 주변지역에서 확인된 양호한 관련자료와의 비교연구도 유용하리라 생각된다. 미세한 석제 천공구와 옥 제작공정에서 생성되는 부산물을 분석하기 위해서는 발굴현장에서 목적의식을 가진 토양 채취와 물체질의 도입이 필요하다. 한편, 유물에 나타난 여러 흔적을 이해하기 위해서는 실험연구도 유용하다. 필자들은 벽옥에 대한 천공실험을 통하여 석제 천공구의 선단부 형태와 구멍 형태의 관련성을 석재의 경도별로 검토하였으며, 석재 경도에 따라 천공구 선단부 형태가 달라진다는 점과 천공구 형태와 구멍 형태가 반드시 동일하지 않다는 점을 밝힌 바 있다(庄田愼矢 外 2013).

옥의 사용에 대해서는 현장에서 출토상태를 자세하게 기록하는 것이 제일 중요한 작업이라고 할 수 있다. 옥이 인체에 어느 부분을 어떻게 장식하고 있었는지, 어떤 부분을 장식한 옥이 다른 부분을 장식한 옥과 어떠한 차이를 나타내는지 등을 검토하기 위해서는 현장에서의 세밀한 관찰이 요구된다. 또한, 강조되어야 하는 것이 위에서도 언급한 석재 동정에 기초한 원산지 분석의 필요성이다. 이는 출토유물뿐만 아니라 원료산지의 후보가 되는 석재 산출지점에서 채취된 참고시료도 포함되어야 한다. 청동기시대 사람들의 행동 및 물류범위를 옥의 유통을 통해서 복원하고자 하는 것이다.

최근에 남태평양지역의 옥 연구에서 주목받고 있는 방법 중 완전비파괴분석(non-invasive analysis)이라는 분석법이 있다. 이는 표면 세척만으로 분석이 가능한데, 이 방법의 적용으로 필리핀과 보르네오 유적에서 출토된 연옥제 장신구의 원석이 대만산인 것을 알아낼 수 있었으며, 당시의 원거리 교역을 증명하는 증거가 되었다(Iizuka et al. 2007). 이와 같이 자료를 파괴하지 않아도 분석을 통해서 얻을 수 있는 정보는 확실히 존재한다.

일본의 사례로는 大坪志子(2011)가 그때까지 니가타현 絲井川流域 산 경옥이라고 보고되어 있었던 규슈에서 출토된 조몬시대 옥을 분석하여 대부분이 크롬백운모임을 밝힌 바 있다. 이에 의해 絲井川 산 옥이 교역을 통해서 몇 백 km 이동하였다는 종래의 학설에서 벗어나 보다 근거리에서 입수할 수 있었음이 주장되었다. 한반도에서 천하석이라 불리고 있는 돌 중에는 녹색 계통, 백색 계통, 청색 계통의 여러 가지가 포함되어 있다. 앞으로 분석이 더욱 진행된다면 산지 추정 등의 연구도 가능해질 것으로 기대된다.

옥의 사회적 맥락, 사상적 배경에 대해서도 검토가 이루어져야 한다. 이를 위해서는 앞뒤 시기와의 비교연구를 통한 통시적 관점과 지리적 범위를 넓혀 주변지역과 비교하는 관점이 필요하리라 생각된다. 중국 한나라에서는 무덤에 다량의 옥이 부장되는데, 이 사상적 배경에 대해서는 林巳奈夫(1999)를 비롯한 여러 연구자들의 연구사례가 축적되어 있다.

사실 한반도 주변에서 한반도 출토 옥과 여러 측면에서 직접 비교할 수 있는 자료가 속속 확보되어 있는 실정이다. 예컨대 연해주 아누치노 지구 셰클랴예보(Щекляево)-21유적(국립문화재연구소 2007, 93~103쪽)에서는 다량의 옥 가공관련 유물이 출토되었으며, 또한 암구(Амгу) 해안 유적(小嶋芳孝 外 2012)에서도 옥 미완성품이 확인된 바 있다. 중국 吉林省 橫道河子墓(劉昇雁·黃一義 1988)

에서는 한반도의 세장한 유리관옥과 유사한 사례를 찾을 수 있다.

연구사에서는 瀋陽 鄭家窪子 6501호 묘 출토 옥과 한반도 자료의 비교가 이루어졌는데, 한반도 청동기시대 옥의 기원을 논하기 위해서는 중국 동북지역에서의 존재 여부를 떠나 보다 이른 시기 자료와의 비교가 먼저 이루어질 필요가 있다. 그러한 면에서 최근에 보고서가 간행된 內蒙古 小黑石溝(內蒙古自治區文物考古研究所 外 2009)와 吉林 后太平遺蹟(吉林省文物考古研究所 外 2011)은 무덤에서 크고 작은 다양한 옥이 부장되어 있어 좋은 자료를 제공하고 있다. 물론 한반도에서의 기술 도입이 상정되어 있는 일본 야요이시대 관옥 제작기법과의 비교도 필수적이다.

Ⅶ. 맺음말

모두에서도 언급하였지만 옥을 중심으로 한 청동기시대 장식품에 대한 연구는 미진한 부분이 많아 앞으로 활발하게 연구될 만한 주제라고 할 수 있다. 신석기시대 장신구에 대한 연구(池榮培 2013)와 삼국시대를 중심으로 한 장신구 연구(李漢祥 2011) 등의 종합적인 연구가 최근에 이루어진 것을 보아도, 이제 청동기시대 장신구에 대한 연구를 좀더 활발하게 진행시킬 때가 되었다고 생각한다.

특히 최근 10여 년 간 관련자료가 전국적으로 급증되고 있는 상황이 연구에 커다란 도움을 줄 것이다. 또한, 옥 연구는 세계 여러 나라에서 고고학적·민속학적 연구가 활발하게 진행되었기 때문에 다양한 연구방법을 참조할 수 있다는 장점이 있다. 나아가 위에서 언급한 것처럼 자료를 파괴하지 않아도 많은 정보를 얻을 수 있는 분석법도 등장하였다. 어떻게 보면 지금이 연구를 본격적으로 시작하기에는 제일 좋은 시점이라고도 생각된다. 앞으로 많은 젊은 연구자들이 청동기시대 옥 연구에 관심을 가지게 될 것을 기대하면서 이 글을 맺고자 한다.

慶南大學校博物館, 2013,『山淸 默谷里遺蹟』.

국립문화재연구소, 2007,『연해주의 문화유적』Ⅰ.

국립전주박물관, 2011,『금강의 새로운 힘 2100년 전 완주 사람들』.

김영호, 2002,「광물로서의 대평 옥」『청동기시대의 大坪·大坪人』, 국립진주박물관.

金鍾文·金奎正·金大聖, 2007,『全州 孝子4遺蹟』, 전북문화재연구원.

盧希淑, 1997,『韓國 先史 玉에 대한 硏究』, 漢陽大學校大學院 碩士學位論文.

도유호, 1962,「신천 명사리에서 드러난 고조선 독널에 관하여」『문화유산』3.

朴天秀, 2007,『伽倻と倭-韓半島と日本列島の考古學』, 講談社.

李相吉, 2002,「裝身具를 통해 본 細形銅劍文化期의 特徵」『세형동검문화기의 제문제』, 영남고고학회·구주고고
　　　학회.

李相吉, 2006,「朝鮮半島の玉作」『季刊考古學』94.

이상길, 2013,「관옥의 제작 공정에 관한 검토」『德川里』, 慶南大學校博物館.

李仁淑, 1987,「韓國 先史 曲玉에 관한 小考」『三佛金元龍敎授停年退任紀念論叢』, 一志社.

이찬희·김재철·나건주·김명진, 2006,「아산 시전리유적 출토 옥기(천하석)의 재료과학적 특성과 산지해석」
　　　『문화재』39.

李漢祥, 2011,『東아시아 古代 金屬製 裝身具文化』, 考古.

이형원, 2006,「천천리 출토 옥에 대하여」『華城 泉川里 靑銅器時代 聚落』, 한신대학교박물관.

趙榮濟·宋永鎭·鄭智善, 2011,『泗川 本村里遺蹟』, 慶尙大學校博物館.

池槑培, 2013,『한반도 신석기시대 장신구 및 이형유물에 대한 연구』, 부산대학교대학원 석사학위논문.

崔恩珠, 1986,「韓國 曲玉의 硏究」『崇實史學』4.

崔鍾圭, 2000,「두호리 출토 天河石製 球玉에서」『固城 頭湖里遺蹟』, 慶南考古學硏究所.

韓炳三, 1976,「曲玉의 起源」『考古美術』129·130.

岡內三眞, 1993,「朝鮮無紋土器時代のガラス管玉」『早稻田大學大學院文學硏究科紀要 哲學·史學編』39.

吉林省文物考古研究所·四平市文物管理委員會辨公室·雙遼市文物管理所·雙遼市鄭家屯博物館, 2011,『后太平』,
　　　文物出版社.

內蒙古自治區文物考古研究所·寧城縣遼中京博物館, 2009,『小黑石溝』, 科學出版社.

內田正俊, 1999,「コラム① 衣服と裝身具」『渡來人登場』, 大阪府立彌生文化博物館.

大坪志子, 2001,「朝鮮半島の石製裝身具」『文學部論叢』73, 熊本大學文學會.

大坪志子, 2011,「九州における繩文時代後晚期の石製裝身具の樣相」『第9回日本玉文化硏究會北部九州大會 資料
　　　集』.

大賀克彦, 2001,「彌生時代における管玉の流通」『考古學雜誌』86-4.

濱田耕作·梅原末治, 1924,『慶州金冠塚と其遺物-本文ト冊』, 朝鮮總督府.

寺村光晴, 2001,「玉作とその流通」『ものづくりの考古學』, 大田區立鄕土博物館.

常松幹雄, 2006,『最古の王墓-吉武高木遺跡』, 新泉社.

西谷正, 1982,「朝鮮先史時代の勾玉」『森貞次郎博士古稀記念 古文化論集』.

小嶋芳孝 · 中澤寛將 · Nikitin, Y., 2012, 「ロシア沿海地方における渤海遺蹟調査(2011年)」『第13回 北アジア調査研究報告會』.

小寺智津子, 2006a, 「彌生時代倂行期における朝鮮半島のガラス製品」『古代學研究』174.

小寺智津子, 2006b, 「彌生時代の副葬に見られる玉類の呪的使用とその背景」『死生學研究』秋.

劉昇雁 · 黃一義, 1988, 「樺甸縣橫道河子墓」『中國の博物館』3, 講談社.

林巳奈夫, 1999, 『中國古玉器總說』, 吉川弘文館.

庄田愼矢, 2005, 「玉 關聯 遺物을 통해 본 晉州 大坪 聚落의 分業體制」『嶺南考古學』36.

庄田愼矢, 2006a, 「管玉의 製作과 規格에 대한 小考」『湖西考古學』14.

庄田愼矢, 2006b, 「朝鮮半島の玉文化」『季刊考古學』94.

庄田愼矢, 2009, 『청동기시대의 생산활동과 사회』, 학연문화사.

庄田愼矢 · 木內智康 · 小寺智津子 · 增田洋基, 2013, 「石針の先端」『彌生研究の群像』, 大和彌生文化の會.

田村晃一, 1986, 「生産と流通」『岩波講座 日本考古學』3, 岩波書店.

早乙女雅博 · 早川泰弘, 1997, 「日韓硬玉製勾玉の自然科學的分析」『朝鮮學報』162.

八木奬三郞, 1938, 『朝鮮咸鏡北道石器考』人類學叢刊乙, 東京人類學會.

Frieman, C., 2012, Going to pieces at the funeral: Completeness and complexity in early Bronze Age jet 'necklace' assemblages, In *Journal of Social Archaeology* 12-3.

Iizuka, Y., Hong, H. C. & Bellwood, P., 2007, A Noninvasive Mineralogical Study of Nephrite Artifacts from the Philippines and Surroundings: The Distribution of Taiwan Nephrite and Implications for Island Southeast Asian Archaeology, In *Scientific Research on the Sculptural Arts of Asia*, Archetype Publications.

제2장
목기의 종류와 특징

조현종 국립광주박물관

I. 머리말

우리나라의 목기에 대한 고고학적 관심은 창원 다호리유적과 광주 신창동유적의 조사에서 시작된다. 1989년과 1992년 조사되기 시작한 다양한 목제품은 기원 전후의 매장과 생활문화 전반에 걸친 목기의 양상을 환기하였기 때문이다. 그 뒤 활발해진 대규모 개발과 관련된 충적지대의 발굴결과 목기의 출토량이 급증하게 되었으며 그에 따라 목기관련 연구도 진행되고 있다(趙現鐘 1994; 1997; 2012a · b; 李健茂 2006; 김권구 2008; 鄭修鈺 2010; 金度憲 2011).

그러나 이러한 유효한 성과에도 불구하고 여전히 우리나라 선사시대 목기는 그 수와 양에서 현저한 한계가 있다. 그것은 기본적으로 구석기시대 이후 청동기시대에 이르기까지 소택지나 舊河道 등에 조성된 저습지유적의 조사현황과 직접적인 연관이 있다. 더구나 비교적 활발해진 최근의 충적저지 조사에서도 선사시대에 속하는 유적은 매우 적은 편이어서 다양한 목기의 출토는 크게 기대할 수 없는 상황이다. 구석기시대의 목기는 여전히 공백상태이며, 신석기시대의 목기는 창녕 비봉리유적의 통나무배가 대표적이다(任鶴鐘 外 2008). 청동기시대가 되면 수전 및 구하도와 같은 저습지 조사의 진전으로 출토 목기의 자료가 증가되고 있는 상황이지만, 대부분 農耕具에 한정되고 있어 아직 당시의 목기문화를 논의할 만한 수준에는 이르지 못하고 있다.

그렇지만 우리나라의 목기문화는 청동기시대, 특히 중기 이후에 본격화된 것으로 보아 무리가 없다고 판단된다. 그것은 이 시기의 문화적 특징인 마제석기의 성용, 도작농업의 발달, 그리고 금속기의 등장과 밀접하게 연관된 것으로 보여지기 때문이다. 특히 벌채용의 대형 합인석부류가 중심인 청동기시대 전기와 달리 중기가 되면 유구석부·대팻날·돌끌 등과 같은 목공용 가공구 세트가 폭넓게 사용되는 점에 유의해야 할 것이다. 후기가 되면 여기에 銅鑿·銅鉇·銅斧 등 청동제 공구가 등장한다. 이어 주조철부와 철착 등 공구 세트가 철제 일색으로 교체되는데, 이러한 도구의 변천상과 목공기술의 발달과정은 함수관계에 놓여 있는 것으로 판단된다. 각 시대별 목기문화는 석기와 청동기, 철기와 같은 당대의 도구상이 기술적으로 반영된 결과이기 때문이다.

그러나 실제 목기는 형태적으로나 용도적으로 명확한 구분이 사실상 어렵다. 유물 연구가 기능론에 근거한 정확한 관찰과 분류, 그리고 내재된 문화적 의미 파악에 있다면, 이 점은 오히려 매우 신중하게 다뤄져야 할 부분이다(김도헌 2013). 이미 선사시대부터 민속례에 이르기까지 기능과 형식의 속성이 면면히 이어지고 있음에도 불구하고 기능에만 천착하여 새로운 명칭을 부여한 경우와 반대로 형태적인 유사성을 강조하여 장기간의 양식변화를 고려하지 않은 채 단정하는 것도 재고되어야 한다. 또한 수침목재의 특성상 부식에 의한 목재의 형상은 반드시 구분해내야 한다. 모든 목제품은 인공적으로 가미된 도구흔이 존재하며 구별이 모호한 부분도 당시의 도구체계와 제작기술에 근거한 관찰을 통하여 해결할 수 있기 때문이다.

이 글은 우선 목기가 알려진 청동기시대 유적의 현상을 검토하고, 출토된 목기의 관찰을 통하여 그 종류와 기능을 구체적으로 분류한 뒤, 농경구를 중심으로 제작기술의 특징과 전개과정을 파악해보고자 한다. 이를 통하여 목기 연구가 동시기의 토기와 석기, 그리고 금속과 더불어 당대의 생활 속에서 정교하게 조합된 문화의 복원에 활용되기를 기대한다. 단, 그동안 발굴 보고된 목기라 하더라도 관찰 과정에서 인공적인 가공흔(도구흔)이 발견되지 않는 경우는 논외로 하였다.

Ⅱ. 목기 출토 유적의 검토

목재는 유적의 토양조건에 의해 유기물의 質性을 상실하여 腐朽되기도 하고 역으로 오랜 기간 그 형태를 유지하기도 한다. 일반적으로 목제 유물의 존재 가능성이 높은 유적의 토양조건은 습지를 포함한 저습지, 툰드라와 같은 凍土나 결빙지역, 사막과 같은 건조지역 등이다. 영구 결빙지역이나 사막이 없는 우리나라에서 목기는 대부분 저습지 출토품이며, 기타 반건조 상태의 주거지나 석관묘·지석묘와 같은 분묘유적에서 발견되기도 한다. 후자의 목기는 토양특성상 탄화된 상태로 발견되기 때문에, 대부분 형태를 알 수 없는 단편적인 목재가 일반적이다(趙現鐘 1994, 119~123쪽). 우리나라의 저습지 유적은 수전, 구하도, 배후습지, 소택지 등에 걸쳐 나타나고 있으며, 삼국시대에는 인공적인 조경을 위해 조성된 연못에서도 목기가 출토된다.

표 1 _ 청동기시대 목제품 출토 유적

번호	유적명	유적 입지	유구	출토목기	공반유물	토양조건	비고	참고문헌
1	회령 오동	충적 대지	4호 주거지 (장방형)	목판재 (선반받침? 벽막이용?)		반건조지	전기	고고학 및 민속학연구 소 1984
2	황주 신흥동		7호 주거지 (장방형)	도끼자루 1	각형토기, 합인석부 등	반건조지	전기 · 중기	서국태 1964
3	춘천 천전리	충적 대지	47호 주거지 (방형) 544×430×52cm	화살대 10	공렬문토기, 호형토기 외 석기류 등	반건조지	전기	김권중 외 2008
4	김천 송죽리	충적 대지	25호 주거지 (장방형) 438×325×15cm	괭이 (탄화) 1	무문토기저부	반건조지 (암갈색 사질층)	전기	金權九 外 2007
5	울산 교동리	구릉 지대	8호 주거지 (세장방형) 1,020×428× 44cm	괭이 1	공렬문토기, 단사선문토기, 적색마연토기 외 석기, 토제품 등	반건조지	전기 (벼, 콩과, 기 장, 조 출토)	李秀鴻 2009
6	나주 동곡리 횡산	구릉 지대	주거지(장방형) 874×572×51cm	삽 1	구순각목토기, 공렬문토기 외 석기류 등	반건조지 (적갈색 점질토)	전기	국립나주문 화재연구소 2009
7	경주 조양동	구릉 지대	19호 주거지 (장방형) 700×500cm	도끼자루 1	호형토기, 컵형토기, 반월형석도 등	반건조지	전기후반? (탄화 도토리 출토)	崔鍾圭 1995
8	부여 송국리	구릉 지대	54-11호 주거지 (장방형) 494×416× 5~30cm	검손잡이 1	적색마연토기 외 석기류 등	반건조지	중기	안승모 외 1987
9	창원 덕천리	구릉 지대	1 · 2호 지석묘	칠편, 목제품	대롱옥, 비파형동검	반건조지 (누수로 묘광이 물에 채워진 상태)	후기	慶南大學 校博物館 2013a
10	화순 대곡리	구릉 지대	적석목관묘	관재	팔주령, 쌍두령, 동경, 동검 등	반건조지	후기	趙由典 1984; 趙現 鐘 · 殷和秀 2013
11	평원 용상리		저습지(추정)	도끼자루 1	합인석부 등	저습지?	?	조선유적 유물도감 편찬위원회 1990
12	안동 저전리	충적지	1 · 2호 저수시설	절구공이 2, 목제괭이 1, 도끼자루 1 등	공렬문토기, 단사 선문토기, 이중구 연토기, 적색마연 토기 외 석기류 등	저습지(수로 에서 암회청 색 니질점토 확인)	전기 (다량의 볍씨 껍질 출토)	東洋大學 校博物館 2010
13	대구 서변동	충적 대지	하도	도끼자루 1, 괭이 1	이중구연단사선문 토기 등	저습지	전기(하도 주 변 장방형 · 원 형계 주거지)	유병록 · 김병섭 2000

번호	유적명	유적 입지	유구	출토목기	공반유물	토양조건	비고	참고문헌
14	대구 매천동	충적 대지	하도(S자형) 218×3.6~21× 0.5~1.2m	절구공이 2, 고무래 2, 도 끼자루 5 등	공렬문토기, 구순 각목단사선문토기, 적색마연토기, 반월형석도 등	저습지(하도 C·D구역)	전기? (저목장)	李濟東 外 2010
15	광주 동림동	구릉 사면	저습지(Ⅲ구역)	고무래 1, 흙 받이 1, 자귀 자루 1 등	이중구연단 사선문토기, 구순각목토기 등	저습지(흑회 색·흑갈색 점토층)	전기	李映澈· 朴琇鉉 2007
16	논산 마전리	구릉 사면	저수장 및 저목장 (원형)	도끼자루 1, 고무래미성품 2 등	송국리형토기, 적 색마연토기, 주상 편인석부 등	저습지 (수로 내부 목기 출토)	중기(수로, 송 국리형주거지, 석관묘)	李弘鍾 外 2004
17	광주 노대동	산사 면부	1호 구상유구 634×170~510cm	고무래 1	무문토기, 갈판, 갈돌	하도(유구 남 쪽 끝부분 뻘 층 상부에서 목기 출토)	중기	鄭一· 韓美珍 2011
18	고창 황산	충적 대지	구하도 90×4×1m(잔존)	흙받이 1		저습지(흑색 니질점토층)	후기?	대한문화유 산연구센터 2012

〈표 1〉은 청동기시대 목기가 출토된 유적을 토양조건에 근거하여 반건조지 및 저습지유적으로 구분하고 그 내용을 요약한 것이다. 반건조지유적은 주거유적 8개소와 분묘유적 2개소이며 유구의 성격에 따라 출토상에서도 차이점이 발견된다. 주거지에서는 탄화된 상태의 도끼자루·화살·석검 손잡이·괭이를 비롯한 농기구·판재 등이 확인되고 있다. 당시의 주거가 목재결구를 기본으로 한 건축물이기 때문에 주거유적 자체가 목재 사용의 구체적인 증거이기도 하지만, 출토된 목기 자료 역시 청동기시대에 건축과 수렵, 농경을 비롯한 생활영역 전체에 걸쳐 목기가 폭넓게 사용되었음을 보여준다.

한편, 분묘에서는 관재와 함께 칠편도 확인되고 있다. 칠편은 부장된 검초를 비롯한 칠기의 파편으로 판단된다. 우리나라에서 조사된 지석묘의 대부분은 주거지와 같이 반건조지적 토양특성을 보인다. 하지만 창원 덕천리유적은 묘광이 지표하 4.5m로 깊숙이 위치하고 있어 상부로부터 유입된 물이 고이거나 습기가 함유되어 실질적인 토양조건은 저습지적 특성과 유사하다.

다음, 목기가 출토된 청동기시대의 대표적인 저습지유적은 8개소이다. 저습지유적은 목재의 부식이 어렵고 상대적으로 양호하게 보존되기 때문에 비교적 목제품이 빈번하게 발견된다. 이러한 저습지 지형은 하천의 퇴적작용과 관련된 충적평지에 위치한다. 충적평지는 홍수로 인한 하천의 범람에 의해 형성된 지형으로 작은 지류가 만든 선상지성 곡저평지와 하천의 양안에 형성된 비교적 지면이 높고 좁은 자연제방, 그리고 자연제방 뒤의 상대적으로 고도가 낮은 배후습지로 구분된다(權赫在 1974, 118~119쪽; 曺華龍 1987, 39~74쪽). 그리고 배후습지는 비교적 넓은 면적의 배후저지와 습지, 소택지 등으로 구성되기도 한다. 대체로 충적대지의 토지이용 양상을 살펴보면, 자연제방에는 주거유적과 밭,

그리고 배후저지에는 구하도를 통한 관개가 용이하기 때문에 경작지(논)가 위치한다. 저습지 출토 목기는 구체적인 유적의 내용을 알 수 없는 용상리유적과 곡간수를 중심수원으로 하는 안동 저전리유적을 제외하면 대부분 취락의 주변에서 출토된다는 공통점이 있다. 저습지에서 발견되는 목기의 출토상에 따른 위치는 ① 단순 구하도 : 광주 노대동유적, ② 비교적 수심이 깊고 넓은 면적의 저목장 : 대구 서변동유적과 매천동유적, ③ 저수지의 수로와 출수구 : 안동 저전리유적, ④ 수전지의 방죽 : 논산 마전리유적, ⑤ 구하도변 습지 : 광주 동림동유적, 고창 황산유적 등으로 구분된다. 예컨대 하도 중에서도 이른바 저목장으로 판단되는 곳에서 완형의 목기를 비롯하여 미완성 목제품, 원목재에 이르기까지 출토량이 많은 편이다. 이것은 당시에 원목의 유입과 저장, 그리고 목재가공이 일정 지역에서 선택적으로 이루어졌음을 의미한다.

한편, 안동 저전리유적에서는 저수지 내에서 절구공이와 함께 볍씨, 탄화미 등 도작 자료가 공반됨으로써 도작농경과 목제 농구의 결합상을 구체적으로 보여줄 뿐 아니라 수변제사의 자료도 보고된 바 있다(이한상 2007, 53쪽). 수변제사 자료는 고창 황산유적에서도 취락주변을 감아 도는 하도의 호안부에서 확인되었다. 이는 산청 묵곡리유적(慶南大學校博物館 2013b)과 광주 신창동유적(趙現鐘 2012a), 보성 조성리유적(李暎澈 外 2011)에서 구체적으로 확인된 바와 같이 의례수행, 즉 파의식 또는 투기 및 폐납 등과 관련하여 구하도를 비롯한 저습지의 수변이 의례의 수행장소로 이용되었음을 시사한다.

Ⅲ. 출토 목기의 종류

지금까지 살펴본 청동기시대유적에서 출토된 목제품은 〈표 2〉와 같으며, 용도별로 분류하면 농공구, 武具, 생활용구 및 기타 자료로 구분할 수 있다(분류의 기준 가운데 특히 손잡이는 사람이 손으로 잡는 형태가 직선이면 直柄, 'ㄱ'자형으로 굽은 것은 曲柄으로 칭한다).

1. 농공구

농공구는 생산에 사용되는 기본적인 도구이다. 경지 확보를 위한 삼림의 벌채, 개간과 수로의 굴착, 작물경작과 수확, 수확한 곡물의 운반 · 가공 · 조리 · 저장 등을 위한 도구, 그리고 이러한 도구의 제작에 사용되는 공구가 있다. 이 가운데 유적에서 출토된 청동기시대 목기 자료는 석부의 목병, 괭이, 고무래, 흙받이(泥除), 곡병, 삽, 따비, 절구공이 등이 있다.

1) 석부의 목병 (그림 2-①~⑨)

석부의 목병은 자루의 형태에 따라 '一'자형의 직병과 'ㄱ'자형의 곡병으로 구분되며, 기능적으로 차이가 있다. 직병은 대체로 원통형 또는 타원형의 단면을 갖는 합인석부가 장착되고 기능적으로는 타격 위주의 벌채나 절단용의 도끼자루로 사용된다. 반건조지적 토양성격의 주거지에서 탄화된 상태로 출토되어 정확한 자루형태를 알 수 없는 황주 신흥동유적, 경주 조양동유적 출토품과 평원 용상리유적 및 안동 저전리유적의 자료가 이에 속하며 현재의 민속례에도 등장하는 오랜 전통을 갖는 도끼형식이다. 이와 달리 직병의 손잡이 중앙부에 2열의 돌대가 위치한 돌대부 직병이 있다. 이 형식은 대체로 손잡이 하단부를 인부방향으로 돌출시켜 마무리한 점이 특징적이다. 대구 매천동유적(4점), 대구 서변동유적(1점), 논산 마전리유적(1점) 등 6점이 있다. 완형은 최대 길이 54cm(서변동), 58cm(매천동), 38.4cm(마전리) 정도이고 돌대하부가 손잡이이며 기능적으로는 분할된 판재나 작은 나무를 절단하거나 다듬는 용도로 판단된다. 청동기시대 전기에서부터 중기까지 확인된다.

곡병의 자귀자루는 광주 동림동유적에서 출토된 1례가 있다(그림 2-⑩). 청동기시대의 유구석부나 대팻날, 돌끌 등 자귀날을 갖는 편인석부의 자루이다. 이러한 곡병은 초기철기시대 이후가 되면 신창동유적을 비롯한 많은 출토예가 보고되고 있다.

2) 괭이 (그림 1-①~⑤, 3-⑥)

목제 괭이는 단단한 땅을 파거나 일구는 데 쓰이는 연장으로 평면 장방형이다. 목재는 종방향의 나이테가 특징적이며 중앙부에 자루를 장착하기 위한 柄孔이 위치한다. 안동 저전리, 김천 송죽리, 대구 서변동, 울산 교동리 등 전체 4점의 유물이 있다. 길이는 21~31cm, 너비는 9.4~13.3cm 정도이며, 너비 15cm를 중심으로 Ⅰ식(狹鍬)과 Ⅱ식(廣鍬)으로 분류하면 출토된 청동기시대 괭이는 Ⅰ식에 속한다. 착병 각도는 직각에 가깝거나 직각에 가까운 예각으로 대체로 70~90°를 나타낸다. 나이테의 방향이 상하로 평행하며 전면은 평면이지만, 병공의 후면부는 도톰하게 도드라져 있다(저전리, 서변동). 송죽리유적과 울산 교동리유적 출토품은 탄화된 상태여서 형태를 알 수 없다. 뒷면의 병공 주위가 도드라지거나 융기부가 있는 것은 결합력을 높이고 사용 시 충격에 따른 파손을 막기 위한 기능이다. 형식적으로는 일본의 直柄平鍬(奈良國立文化財硏究所 1993, 39쪽)에 대응한다. 이러한 괭이는 신창동 단계가 되면 제작기술의 발달에 따라 병공이 타원형(a)에서 장방형(b)으로 바뀌고 병공 주위가 돌출된 융기부도 생략되며 판재상으로 변한다. 따라서 우리나라 청동기시대 괭이의 속성을 형식화하면 Ⅰa형식이며 시기적으로는 전기에 해당된다. 출토된 유물은 모두 직병과 결합되는 것이지만, 대구 매천동유적에서 출토된 곡병 자료 1점이 있다(그림 1-⑤·3-⑥). 이것은 이미 청동기시대 전기에 곡병에 장착된 괭이의 존재를 암시한다.

표 2 _ 청동기시대 유적 출토 목기 자료

토양 상태	유적 번호	유적명	유구	유물	규격cm/(잔존) L=길이, W=너비, T=두께, H=높이, D=직경	수종(속)
반 건 조 지	1	회령 오동	4호 주거지	목판재		
	2	황주 신흥동	7호 주거지	도끼자루	L:21.5, W:5.5, T:4.3	
	3	춘천 천전리	47호 주거지	화살대	L:37.1, W:0.5~0.8	싸리나무
	4	김천 송죽리	25호 주거지	괭이	L:(31.0), W:(12.5)	
	5	울산 교동리	8호 주거지	괭이	L:22.4, W:9.4, T:2.1	참나무
	6	나주 동곡리 횡산고분	주거지	삽	L:(36.6), W:8.0	참나무
	7	경주 조양동	19호 주거지	도끼자루		
	8	부여 송국리	54-11호 주거지	검손잡이	L:8.2, W(위끝):5.1, 장착부 깊이:1.2	속소리나무
	9	창원 덕천리	1, 2호 지석묘	관재, 칠편		
	10	화순 대곡리	적석목관묘	관재	L:(85.0)	굴피나무
저 습 지	1	평원 용상리	저습지?	도끼자루		
	2	안동 저전리	2호 수로	절구공이	L:(146.0), W:(9.0), T:(9.5)	참나무
			1호 수로	절구공이	L:(83.2), W:(8.7), T:(6.3)	참나무
				괭이	L:(24.8), W:(10.0), T:(2.6)	
				도끼자루	L:(32.6), W:(3.8), T:(4.0)	참나무
	3	대구 서변동	하도	괭이	L:21.0, W:13.3	
				도끼자루	L:54.0, T:3.8~4.8	
	4	대구 매천동	하도 (C · D구간)	절구공이	L:170.0, W:8.0	
				절구공이	L:128.0, W:8.0	
				고무래	L:32.2, W:7.4, T:3.3	
				고무래	L:30.0, W:9.0	
				괭이자루	L:(92.0), D:4.5	
				도끼자루	L:56.0, W:6.0	
				도끼자루	L:(35.2), W:6.1, T:1.5	
				도끼자루	L:54.0, W:6.0	
				도끼자루	L:58.0, W:5.5	
	5	광주 동림동	저습지 (Ⅲ구역)	고무래	L:12.1, W:27.9, T:0.4~2.0	참나무속
				자귀자루	L:29.3	참나무속
				활	L:125.8, T:1.0~1.5	뽕나무속
				눈금 새긴 목제품	L:60.0, T:1.5	버드나무속
				흙받이	L:(2.9), W:10.2, T:0.8	참나무속

토양 상태	유적 번호	유적명	유구	유물	규격cm/(잔존) L=길이, W=너비, T=두께, H=높이, D=직경	수종(속)
저 습 지	6	논산 마전리	저수장 및 저목장	고무래 미성품	L:25.3, W:16.4, T:3.5	
				고무래 미성품	L:32.8, W:14.2, T:5.4	
				도끼자루	L:38.4, W:4.1, T:4.9	
	7	광주 노대동	저습지	고무래	L:14.8, W:18.6, T:1.8	굴참나무
	8	고창 황산	수로	흙받이	L:(20.9), W:29.6, T:0.5~2.0	

3) 고무래(그림 1-⑥~⑪, 3-⑦)

논이나 밭의 흙을 고르고 씨를 뿌린 뒤 흙을 덮는 데 쓰이는 연장으로(박호석·안승모 2001, 98쪽), 장방형의 평면이 기본이다. 괭이와 같이 직병을 장착하여 사용하며 그동안 괭이 또는 가래 등으로 명칭의 혼동이 많았던 유물이다. 날과 자루가 일직선인 가래와는 형태 및 기능적으로 차이가 있다. 나이테의 방향이 좌우로 평행이다. 비교적 두께가 얇은 판재상이나 중앙부 상단에 치우쳐 병공이 위치한다. 병공의 형태는 원형이다. 전면은 편평하고 후면 중앙부의 병공 주위가 약간 두꺼운 것과 독립된 융기부를 만든 것이 있다. 융기부의 형태는 원형과 장타원형의 2종류이다. 소위 直柄橫鍬에 대응한다. 이 고무래의 속성을 관찰하면 판재에 직병이 결합된 것(Ⅰ식)과 여기에 소위 泥除(奈良國立文化財硏究所 1993)라고 하는 흙받이를 부착한 형태의 것(Ⅱ식), 즉 泥除附橫鍬가 있다. Ⅱ식은 병공 상단부에 좌우로 2개의 작은 구멍을 뚫은 것(a)과 상단부 직하에 좌우로 홈이 파여 있는 것(b), 그리고 구멍과 홈이 함께 배치된 것(c)으로 구분된다. 이러한 구멍과 홈은 자루에 끼워진 흙받이를 고무래에 장착하고 끈으로 묶어 고정하기 위한 고안이다. Ⅰ식은 파손품으로 정확하지 않지만 대구 매천동유적 출토품 2점과 형태적으로 유사하다. Ⅱ식은 광주 동림동유적 출토품(a), 그리고 광주 노대동유적 출토품(c) 등 2점이 있다. 시기적으로 고무래 Ⅰ식 및 Ⅱa식은 청동기시대 전기~전기 후반, Ⅱc식은 중기 이후로 판단된다.

4) 흙받이(그림 1-⑫·⑬, 3-⑦)

괭이나 고무래에 장착되는 것으로 논토양을 고를 때 일어나는 진흙탕을 제거하여 작업을 수월하게 하기 위한 수전 전용 농구이다. 괭이나 고무래에 장착시키는 흙받이는 대체로 두께가 얇고, 상부 중심부에 자루가 관통하는 병공이 위치하며 상단부가 수평으로 홈에 끼워지거나 병공의 좌우 상단부에 각각 작은 구멍을 만들어 결합시키는 것이 일반적이다. 청동기시대의 자료는 광주 동림동유적과 고창 황산유적 출토품 등 2점이 있다. 동림동 자료는 파편으로 일부만 남아 있지만, 상단면이 직선상이며 하부의 모서리 부분에 작은 구멍이 위치하고 두께 0.8cm 정도로 비교적 얇으며 면이 고르게 마무리된

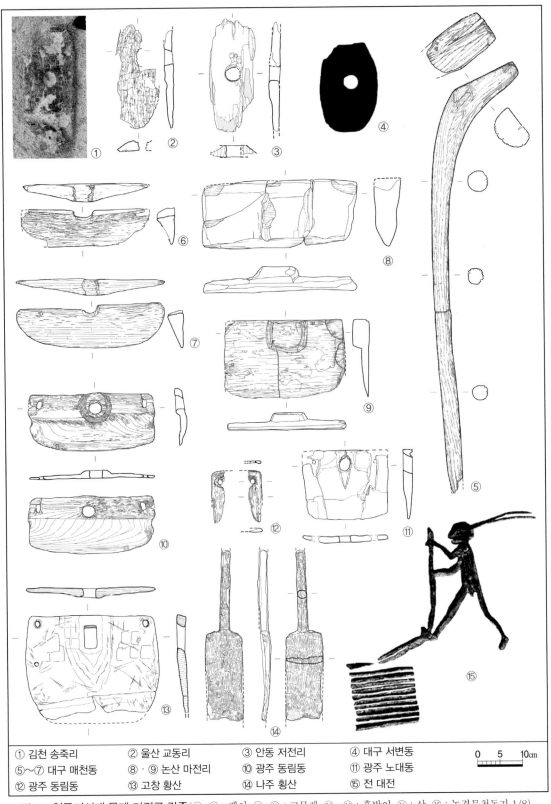

그림 1 _ 청동기시대 목제 기경구 각종(①~⑤ : 괭이, ⑥~⑪ : 고무래, ⑫ · ⑬ : 흙받이, ⑭ : 삽, ⑮ : 농경문청동기 1/8)

① 김천 송죽리	② 울산 교동리	③ 안동 저전리	④ 대구 서변동	
⑤~⑦ 대구 매천동	⑧ · ⑨ 논산 마전리	⑩ 광주 동림동	⑪ 광주 노대동	0 5 10cm
⑫ 광주 동림동	⑬ 고창 황산	⑭ 나주 횡산	⑮ 전 대전	

것으로 보아 흙받이로 판단된다.

한편, 고창 황산 출토품은 좌우 길이 29.6cm, 상면의 최대 두께는 2cm 정도로 상단부가 직선이며 하단이 둥글게 좁혀진다. 상단부에 길이 5.1×2.7cm 정도의 장방형 병공이 위치하고 좌우 상단부에도 작은 구멍이 나 있다. 장방형 병공은 자루의 결합부 형태를 나타내며 상단부 구멍은 고무래에 결합하기 위한 장치이다. 유물의 표면처리가 매끄럽고 예리한 도구흔이 감지되며 목병과 장착되는 장방형의 병공 등으로 보아 청동기시대 후기 이후의 금속기에 의한 제작품으로 판단된다.

5) 삽(그림 1-⑭)

삽은 괭이와 같이 땅을 파서 뒤엎거나 옮기는 데 쓰이는 농구이다. 삽은 날과 자루가 일체인 '一木造'와 인부와 자루 및 손잡이를 결합하는 '조합식'으로 구분된다. 우리나라에서는 나주 황산고분 아래 주거지 출토품이 유일하다. 유물은 탄화된 것이나 전체의 형상 파악은 가능하다. 남은 전체 길이는 36.6cm이다. 삽날은 길이 19.3cm, 너비 8cm로 세장한 장방형이며, 자루는 남은 길이 17.3cm, 직경 2cm 내외이다. 인부는 단면에서 후면이 약간 둥글고 앞면은 좌우가 중앙부에 비해 도드라져 약간 오목하게 파여져 있음이 관찰되며, 손잡이 좌우에 배치된 인부의 어깨가 수평인 점도 그러한 추정을 가능케 한다. 단지 자루의 상단부가 파손되어 파수의 형태는 알 수 없지만 일체형일 가능성이 많다. 소위 一木平鍬에 대응한다(奈良國立文化財硏究所 1993).

6) 따비(그림 1-⑮)

따비는 농경문청동기에 처음 등장한 것으로 땅 위에 대고 발로 밟거나 밀어 넣어 땅을 가는 농구이다. 밭농사용으로 사용되며 발로 밟고 손으로 밀어내어 사용하기 때문에 끝이 뾰족하고 날카롭다. 날의 개수에 따라 쌍날따비와 외날따비로 구분된다. 구조적으로는 따비의 날과 자루, 그리고 양자를 결합시키는 보조장치 등으로 구성된 조합식 목기이다. 전 대전 출토 농경문청동기는 농경과 관련된 문양이 새겨져 있다(韓炳三 1971). 길이 12.8cm, 너비 7.3cm, 두께 1.5mm 정도이며 전면의 좌측에 둥근 고리가 끼워진 반원형 꼭지(鈕)는 우측에도 달려있었을 것이나 하단부와 함께 결실되었다. 전후 양면에는 둘레와 중앙부를 세선문 또는 거치문과 격자문 등을 돌려 구획하고 그 안에 음각된 문양을 배치하였다. 전면의 좌우에는 각각 Y자형 나뭇가지 위에 2마리의 새가 마주앉아 있는데, 마치 농촌마을 어귀에 서있는 솟대의 풍경과 흡사하다. 후면의 좌측에는 항아리가 놓여있고 그 위에는 사람이 손을 내밀어 뭔가를 항아리에 담는 듯한 장면이, 그리고 우측에는 괭이나 따비를 쥐고 땅을 일구는 모습을 남겼는데 따비는 두 갈래의 날이 달린 이른바 쌍날따비이며 비교적 손잡이가 길다. 이러한 따비는 광주 신창동유적 및 논산 오강리유적(중앙문화재연구원 2012, 156쪽), 그리고 일본 土生遺蹟(三日月町敎育委員會 2005)에서도 확인되었을 뿐 아니라 근래의 민속품에 이르기까지 계보가 이어지는 전통적인 농구이다.

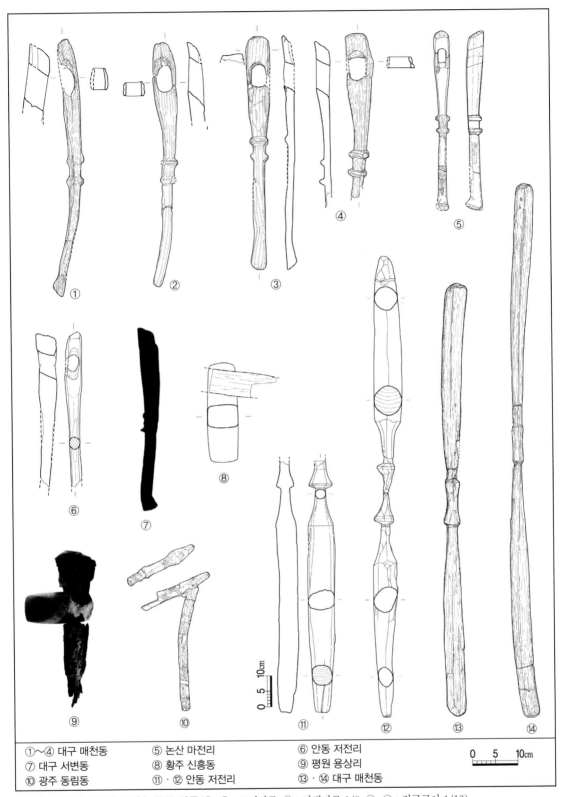

그림 2 _ 청동기시대 목제 농공구 각종(①~⑨ : 도끼자루, ⑩ : 자귀자루 1/8, ⑪~⑭ : 절구공이 1/12)

①~④ 대구 매천동	⑤ 논산 마전리	⑥ 안동 저전리
⑦ 대구 서변동	⑧ 황주 신흥동	⑨ 평원 용상리
⑩ 광주 동림동	⑪ · ⑫ 안동 저전리	⑬ · ⑭ 대구 매천동

7) 절구공이(그림 2-⑪~⑭)

손으로 곡식의 껍질을 벗기거나 빻는 도구로 절구와 세트관계를 이룬다. 형태적으로는 둥근 원목의 양단을 절단하여 만든 'ㅣ'자형(Ⅰ식)과 가지가 달린 나무의 줄기를 잘라 만든 'ㄱ'자형(Ⅱ식)으로 구분된다. Ⅰ식은 중앙부에 손잡이가 위치하고 상하 양단부가 사용면이며, Ⅱ식은 가지를 손잡이로 하여 줄기의 한쪽을 사용하는 방식이다. 따라서 빻는 면을 기준으로 하여 '쌍공이'와 '단공이'로 구분하기도 한다(金度憲 2011, 46~51쪽). 안동 저전리와 대구 매천동유적에서 출토된 청동기시대 절구공이는 4점이다. 형식적으로는 모두 Ⅰ식에 해당되는데 초기철기시대의 신창동유적과 삼국시대의 무안 양장리유적에서도 출토된 바 있으며 형태적으로 동일하다. 손잡이에 위치한 節帶의 유무와 개수에 의해서 세분되기도 하는데 출토된 청동기시대 절구공이는 모두 손잡이에 2개소의 절대가 있어 형식적으로 동일하다. 신창동 출토품은 한쪽이 절단된 파손품으로 돌대가 없는 Ⅰ식으로 추정된다.

2. 武具

무구는 살상용 도구를 의미한다. 목재와 관련된 유물에는 춘천 천전리유적 출토 화살, 그리고 송국리유적 출토 석검의 목병이 있다. 이밖에 광주 동림동유적에서 보고된 활이 있다.

화살은 천전리유적의 47호 주거지 내부에서 유경식 석촉과 살대가 결합된 형식으로 10개체분이 출토되었다(그림 3-④). 살대는 탄화되어 여러 마디로 절단되고 휘어진 형태이나 원래는 한 묶음으로 판단된다. 살대는 최대 길이 37cm 정도이고, 직경 0.5~0.8cm로 매끄럽게 다듬었다. 나무의 한쪽 끝을 쪼갠 뒤 석촉의 슴베를 끼우고 끈으로 동여매 만들었으며 반대쪽에는 깃을 단 흔적도 발견된다. 수종은 싸리나무이다.

다음, 석검의 목병은 송국리유적의 출토품으로 방패형이며 단면은 렌즈형에 가깝다(그림 3-③). 유경석검의 경부에 삽입되어 1단 병식 형태로 확인되었다. 이 목병의 출현으로 그동안 석창으로 알려진 석검 형식이 목병이 부착된 석검임을 알 수 있게 되었다.

활은 동림동유적 출토품이 보고되었다(그림 3-①). 길이 125.8cm, 직경 1.0~1.5cm 정도이다. 수렵도구로서 탄생한 활은 기능적으로 몸체의 탄성과 현의 복원력을 이용하여 화살을 발사하는 도구이다. 동림동 출토품의 수종은 뽕나무로 속성상 탄성의 유지가 어려운 재질이며 길이에 비해 가는 편이다. 양단부에 가공흔은 있으나 현을 고정하기 위한 고정부가 없다. 실제 신창동과 다호리에서 출토된 활은 목제 직궁으로 長弓으로 분류되지만, 직경 2.1cm 이상으로 굵다. 이 유물은 둥그렇게 돌려 묶은 소쿠리와 같은 도구의 테두리일 가능성이 엿보인다.

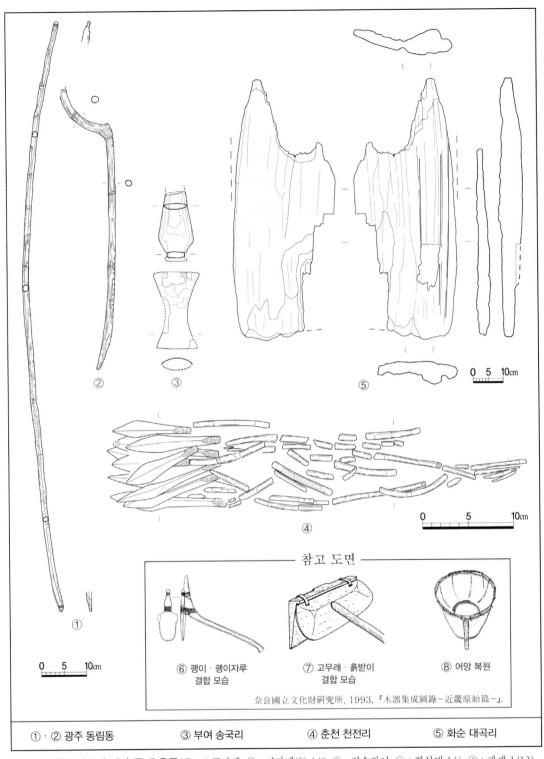

그림 3 _ 청동기시대 기타 목제 유물(① : 소쿠리테, ② : 어망테(?) 1/8, ③ : 검손잡이, ④ : 화살대 1/4, ⑤ : 관재 1/12)

3. 생활용구

출토된 목제품 가운데에는 광주 동림동 출토의 용도미상 목기로 보고된 눈금이 새겨진 유물이 있다(그림 3-②). 직경 1.5cm, 길이 60cm 정도의 가늘고 긴 나무줄기에서 뻗은 가지의 한쪽 끝이 둥글게 돌려진 것이다. 나무의 끝은 뾰족하게 깎였으며 겉면을 다듬어 13개의 눈금을 새겼다. 눈금의 의미는 알 수 없지만, 형태상으로 보면 줄기를 손잡이로 하고 둥글게 돌려진 가지에 어망을 고정한 뜰채와 같은 용도로 사용되었을 가능성이 있다(그림 3-⑧). 이러한 어망은 대칭적으로 난 나뭇가지를 이용하여 둥글게 돌리고 양끝을 묶어 만든 형태가 일반적이지만, 2개의 나무를 조합하여 결합하는 경우도 있다. 둥근 테에 매달린 이 어망은 주로 작은 하천이나 수전의 관개수로 등에서 물고기잡이 용구로 사용된다.

한편, 이와 함께 동림동유적에서 출토된 다양한 목제품 가운데 용기로 추정되는 것도 발견된다(李暎澈·朴琇鉉 2007, 도면 25-19). 길이 99.5cm, 최대 두께 4.2cm 정도로 비교적 큰 타원상이며 상부에 樞이 달린 구유형 용기이다. 기벽은 비교적 두껍고 조잡한 형태이며 바닥의 일부에 불탄 흔적이 남아 있다. 크기에 비해 작은 파편으로 원래 형태의 복원은 어렵다. 용기의 바닥에서 발견되는 불탄 흔적은 제작과정에서 불사용 과다로 인해 폐기되었을 가능성을 암시한다.

4. 기타

기타유물에는 화순 대곡리유적 출토 목관과 지석묘 출토 목편, 칠편 등이 있다. 대곡리 목관은 적석목관묘의 묘광에 놓인 것으로 길이 85cm, 너비 32cm, 두께 3.6cm 정도이며 통나무로 된 관재이다(그림 3-⑤). 관재는 원목의 내부를 둥글게 파내 심재는 제거되었으며, 수피도 남아 있지 않다. 그러나 수피 안쪽의 변재는 비교적 양호한 상태로 남아 있다. 관재는 원래 목재 외면이 弧狀으로 둥근 편이다. 관재 장변의 내부에는 계단상으로 1단의 턱을 만들어 다른 부재와 맞물리도록 하였으며 단변에는 이러한 턱이 없다. 이 관재는 통나무 목관의 뚜껑재로 판단되며 목관은 발견되지 않았지만, 다호리유적에서 보이는 구유형 통나무관과 달리 원목의 내부를 통째로 파낸 뒤 양단부를 별재의 칸막이로 막아 만든 割竹形 통나무관으로 추정된다(趙現鐘·殷和秀 2013, 101쪽).

기타 분묘유적에서 확인된 목기나 목재, 칠 등은 잔편이 대부분이다. 특히 칠은 목질에 비해 부식에 강하기 때문에 내부의 목심은 없지만 칠피막으로 존재하는 예가 빈번하다. 이러한 유적은 창원 다호리유적이 대표적이며, 청동기시대의 황해도 서흥 천곡리유적, 여수 적량동유적, 아산 남성리유적, 함평 초포리유적 등에서도 목편 또는 칠편 등이 출토된 바 있다(趙現鐘 1997, 131쪽). 칠은 신석기시대의 광물질을 안료로 한 주칠토기에서 그 기원을 찾을 수 있다(任鶴鐘 1997). 그 이후 청동시기대의 적색마연토기와 같이 광물질이 도포된 토기를 제외한 木心漆器는 아직 발견되지 않았다. 칠나무에서 얻은

옻칠 관련 자료는 적량동유적 출토 요령식동검의 검초에서 분석된 칠이 시기적으로 가장 빠르다. 그러나 칠기와 함께 칠액의 채취와 정제, 그리고 관련 도구에 이르는 일련의 유물이 출토된 다호리유적과 신창동유적은 당시 상당한 수준의 칠공기술 단계에 놓여 있었음을 반증한다. 따라서 이전 시기에도 칠기제작기술의 전통이 존재하였을 가능성이 많다. 청동기시대의 분묘유적에서 잔편으로 확인되는 칠편 등은 그 증거인 셈이다.

IV. 청동기시대 농경구의 전개와 지역성

1. 농경구의 전개

여기에서는 수량이 적고 종류 또한 다양하지 않지만, 곡물재배와 관련된 도구로서 농경구를 중심으로 그 출현과 형식, 그리고 전개양상을 살펴보고자 한다.

지금까지 알려진 우리나라 청동기시대 유적 출토 농경구는 괭이와 고무래, 삽, 따비 등의 기경구와 곡물 가공구인 절구공이가 대표적이다. 출토된 농경구 가운데 괭이와 고무래, 삽은 청동기시대 전기에 등장한 우리나라에서 가장 오래된 목제 농구 세트이다. 이러한 농구 세트는 논이나 밭에서 이루어지는 농작업에 현재에도 사용되고 있는 전통적인 농구와 계보적으로 연결되고 있으며 이를 정리하면 〈표 3〉과 같다.

우리나라 목제 농경구는 조기에 해당되는 유물은 없으며 전기에 처음으로 출현한다. 대체로 병공이 원형이며 괭이의 중심부 또는 가까운 위치에 뚫려 있는 점과 인부의 너비가 15cm 미만으로 형식적으로 상통한다. 병공의 후면부가 두껍게 도드라진 형식의 I식 괭이 및 고무래 I식, 그리고 돌기된 융기부가 위치한 고무래 IIa식이 출현한다. 김천 송죽리유적과 울산 교동리유적의 괭이는 주거지에서 탄화된 상태로 출토되어 병공 뒷면의 융기부를 파악할 수 없지만, 구하도 출토품인 안동 저전리유적과 대구 서변동유적의 괭이는 전면은 평면이고 뒷면은 점차 병공부 쪽으로 두꺼워지는 형태이다. I식의 병공부에 비해 II식의 융기부는 기능적인 결합력이 강화된 것으로 판단된다. 매천동의 융기부가 없는 고무래 I식, 그리고 융기부가 돌기된 고무래 IIa식은 광주 동림동유적에서 흙받이와 함께 이 시기에 등장한다. 삽은 단 1점이지만, 역시 목제 농경구의 연구에 획기적인 자료이다. 일본에서는 목기 초기 단계인 조몬 만기에 이미 괭이와 함께 삽이 출토되고 있지만 그동안 우리나라에서는 확인되지 않았다. 횡산고분 아래 전기 주거지에서 출토된 목제 삽은 일체형의 세장한 형식으로 손잡이가 시작되는 삽의 어깨부가 뚜렷하며 인부의 형태도 정확하게 삽날을 표현하고 있다. 이 삽의 출현으로 우리나라는 청동기시대 전기 단계에 이미 목제 농경구 세트가 완성되었음을 알 수 있다. 이와 더불어 중앙부 2개소에 절대가 위치한 절구공이도 발견되고 있다.

표 3 _ 청동기시대 목기의 전개 양상

	괭이	고무래 · 흙받이	따비	절구공이	도끼 · 자귀	기타
조기						
전기	울산 교동 안동 저전 대구 서변 대구 매천	광주 동림 대구 매천 대구 매천		대구 매천 안동 저전	대구 서변 광주 동림 안동 저전 대구 매천 경주 조양	춘천 천전 부여 송국
중기		논산 마전 논산 마전 광주 노대			논산 마전	
후기		고창 황산	전 대전 농경문청동기			
초기철기	광주 신창 평북 용연 광주 신창		광주 신창 日本 土生	광주 신창	광주 신창	

중기에는 자료가 빈약하여 불명인 점이 많다. 전기와 연결되는 자료는 광주 동림동유적의 Ⅱa식과 형식적으로 유사한 것으로 추정되는 고무래 미성품이 논산 마전리유적에서 출토되었고, 새로이 광주 노대동 출토의 고무래 Ⅱc식이 출현한다. 고무래의 융기부가 원형에서 상하로 긴 타원형으로 변화되고 있다. 중기 후반 또는 후기 초엽이 되면 농경문청동기에서 보이는 따비가 등장한다.

후기의 목제 농경구 역시 자료가 불명확하다. 단지 고창 황산유적 출토품인 흙받이는 고무래 Ⅱa식에 부착되는 형식이나 병공이 장방형으로 시기적으로 후행한다. 후기 이후가 되면 용연동 철제 괭이(표 3 참조)와 신창동에서 출토된 목제 괭이 양식에서 알 수 있듯이 철기의 유입에 따라 병공이 장방형으로 바뀌면서 위치도 상변으로 이동된다. 이러한 장방형 병공은 장착되는 병공의 각도가 도구의 각도를 결정한다. 이와 함께 괭이와 같은 굴지구인 쇠스랑이 출현하며 따비도 확인된다. 따비는 초기 철기시대의 신창동유적과 논산 오강리유적(중앙문화재연구원 2012), 일본 土生遺蹟과 삼국시대의 창원 신방동유적(신용민 외 2009)에 이르기까지 시기를 달리하여 지속된다. 이것은 따비가 대전 이남의 한반도 남부에 고유한 농구형식으로 존재하며 일본으로도 전파되었음을 보여준다.

이러한 따비의 날과 관련하여 농경문청동기뿐 아니라 그동안 출토된 따비의 실자료에서는 금속제 刀部의 착장흔적이나, 또는 그 가능성을 찾아 볼 수 없다. 금속제 단조품이 장착된 민속례의 자료나 正倉院 자료는 적어도 통일신라 이후의 자료이다. 타격에 의한 파손 가능성이 큰 주조철부가 아닌 철제의 단조품을 사용한다면 소급도 가능할 수 있겠다. 이른바 세죽리 연화보유형의 주조철부나 철착의 장착론이 제기되기도 하지만(李東冠 2011, 32~34쪽), 가능성을 논의하려면 실제 유물의 형태적 속성 외에 구조적인 기능에도 주목할 필요가 있다.

한편, 청동기시대 후기 이후, 한반도에서 고도로 발달한 농경구의 제작기술은 벼농사 재배기술과 함께 야요이 중기에 일본의 규슈지역으로 전파되어 소위 北九州式으로 정착된 뒤 일본 전역으로 확산된다. 따라서 그 기원은 광주 신창동유적의 출토품에서 찾을 수 있으며 제작기술의 요체는 바로 신창동식 장착법이다(趙現鐘 2012b, 229쪽)(그림 4-⑧).

이상에서 우리나라 목제 농경구는 청동기시대 전기에 괭이와 삽, 고무래의 세트화가 완성되고 있음을 알 수 있다. 이것은 도작농경 개시기 농경구의 조합으로 판단되며 시기적으로도 일맥상통한다. 그리고 전기 후반 또는 중기에 이르면 흙받이와 결합되는 고무래가 나타나는데, 이러한 고무래는 최소한 철기 유입기에도 존재한다. 특히 괭이에서 인지되는 도드라진 후면부 형식은 이른 시기의 고무래인 광주 동림동 출토품(Ⅱa식)은 원형계 융기부를 보이나, 후행하는 노대동 출토품(Ⅱc식)에서는 상하로 길게 늘여진 타원형으로 변모한다. 농경구 자료가 중기 단계에서는 고무래, 그리고 후기에는 따비의 등장에 불과할 정도로 빈약하지만, 철기 유입기 이후가 되면 신창동유적의 농경구에서 알 수 있듯이 융기부의 해체뿐 아니라 형태, 결합방식, 착병각도 등이 크게 변한다. 이것은 철제 도구의 사용에 크게 기인한 것으로 판단된다. 하지만 이 시기에 이르러 단순한 농경구의 개량이 아닌 새로운 농경방식의 변화에 수반되어 나타난 현상일 가능성도 배제할 수 없다.

그리고 청동기시대 전기에서 초기철기시대에 이르는 우리나라의 목제 농경구의 사례가 축적되고

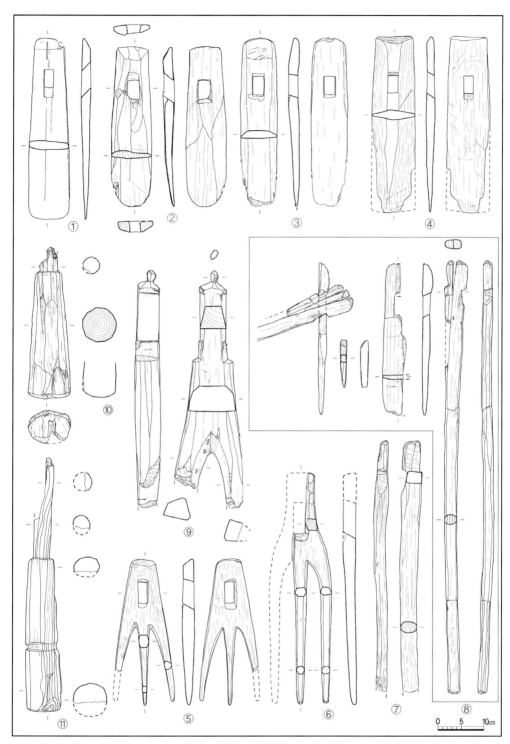

그림 4 _ 신창동유적 출토 목제 유물 각종
(①~④ : 평괭이, ⑤ · ⑥ : 쇠스랑형괭이, ⑦ : 괭이자루, ⑧ : 신창동식 장착법, ⑨ : 따비, ⑩ · ⑪ : 절구공이 1/8)

있는 지금의 상황에서 보면, 우리나라의 농경구 양식이 도작농경과 더불어 단계적으로 일본열도에 전파되었으며 그 결과 일본 목제 농경구의 조성에 많은 영향을 주었음을 알 수 있다. 예컨대 신창동식 목기의 일본형인 北九州式 直柄鍬에 앞서서, 그동안 주목되지 않은 조몬 만기부터 시작되는 괭이(平鍬)나 고무래(橫鍬), 흙받이(泥除), 절구공이(木杵) 등도 한반도 고유양식의 전파와 관련된 것으로 생각된다(大阪府立彌生博物館 2012; 樋上昇 2010, 36~49쪽).

2. 지역성의 검토

우리나라 청동기시대의 농경구는 앞서 살펴 본 바와 같이 출토량이 절대적으로 부족하고 또 출토 유적과 시기가 한정되어 있어 본격적인 지역성을 거론할 만한 단계는 물론 아니다. 그러나 지역에 따라 기후와 토질이 다르고 삼림 생태계의 차이가 있기 때문에 농경방식을 비롯한 생활양식의 차이점이 발생한다. 이것은 결국 道具相에 반영되어 지역의 특징적인 성격을 갖는 농경구가 출현하는 배경이 된다. 지역성의 연구가 필요한 이유가 바로 이 점에 있다.

따라서 위에서 살펴 본 바와 같이 괭이와 고무래, 그리고 절구공이 등을 중심으로 조심스럽게 지역성과 관련된 단초를 찾아보고자 한다.

1) 영남지역

Ⅰ식 괭이, 즉 병공의 형태, 결합방식 등의 속성이 동일한 형식이 안동 저전리유적과 대구 서변동유적, 김천 송죽리유적, 울산 교동리유적에서 출토되고 있다. 절구공이도 Ⅰ식으로 저전리유적과 대구 매천동유적 출토품이 형식적으로 같다. 이것은 일정한 양식의 괭이와 절구공이가 청동기시대 전기 단계에 영남지역을 중심으로 출현하고 제작 사용되었음을 보여준다.

2) 호서 · 호남지역

수전 전용 농구인 고무래 Ⅱ식, 즉 흙받이와 결합된 고무래는 광주 동림동과 노대동에서 출토되고 있고, 융기부 형태에서 보면 동림동 출토품과 유사한 형식의 미성품이 논산 마전리유적에서 출토된 바 있다. 또 고무래에 결합되는 흙받이도 동림동과 고창 황산유적에서 확인되고 있다. 특히 고무래의 최대 특징인 병공 주변의 융기부가 시기에 따라 형태 변화를 가져오며, 장착에 사용되는 구멍의 위치를 비롯한 고정방식은 미세한 제작기술이 반영된 것으로 지역적으로 특징적인 농구일 가능성이 있다. 이와 함께 따비도 청동기시대 후기에 전 대전 출토 농경문청동기에 보이며, 실물로는 논산 오상리유적과 광주 신창동유적, 규슈 土生遺蹟 등에서 발견된다. 즉, 대전 이남의 호서와 호남지역에서는 청동기시대 전기에 고무래가 출현하고 이후 중기를 거쳐 후기가 되면 따비가 부가되며, 초기철기시대에는 신창동식 농경구 일색으로 변화가 진전되는 것으로 파악된다(그림 4).

이와는 달리, 손잡이 중앙부에 돌대가 명확하게 돌려지고 일부 자루 끝이 인부방향으로 돌출된 도끼자루는 영남과 호남지역에서 공통적으로 확인되는 유물이다. 이 형식에 한정한다면 이러한 공구는 아직까지 공통적인 양식으로 존재한다고 보는 것이 타당하다. 자료의 증가가 필요한 시점이다.

Ⅴ. 출토 목기의 수종

유적에서 출토되는 목재는 크게 가공목재와 자연목재로 구분된다. 그리고 목재는 수종분석이라는 자연과학적인 과정을 거쳐 당시의 문화적 의미를 전달한다. 특히 가공목재는 어느 지역에서, 어떤 목적으로, 어떤 나무를 선택하여 어떤 가공방식과 제작기술이 구사된 것인가에 대한 당시의 문화적 태도를 파악할 수 있다. 자연목재의 분석을 통해서는 유적 주변의 식물 생태계에 대한 복원 근거를 얻을 수 있다. 이것은 당시 종합적인 환경생태계의 일부로서 인간이 자연환경을 어떻게 이용하고 적응하게 되었는가를 파악할 수 있는 기초가 된다(松井章 1995, 286~287쪽). 나아가 기후의 변화에 따라 식생도 변화되며 이용되는 목재의 수종 역시 변화되기 마련인 바, 이러한 과정도 수종분석을 통해 밝혀지게 된다.

청동기시대 출토 목기 자료(표 2)를 보면 전기의 천전리유적에서 후기의 황산유적에 이르기까지 분석된 목기의 수종은 싸리나무속(싸리나무), 참나무속(참나무, 상수리나무, 굴참나무), 뽕나무속(뽕나무), 가래나무과(굴피나무), 버드나무속(버드나무) 등이다. 이 가운데 가장 많이 이용된 나무는 참나무속의 참나무 · 상수리나무 · 굴참나무로 삽과 고무래 등의 농경구에 전 시기에 걸쳐 폭넓게 이용되었다. 경질재인 이 수종은 인장강도나 휘어지는 질성이 탁월하며 내구성이 강하다는 특징이 있다. 이러한 목기와 수종별 상관관계는 신창동유적의 시기에도 그대로 반영되고 있다. 170점의 목기 가운데 40% 가량이 참나무속을 이용하여 제작하였으며 대부분의 농경구를 비롯한 강력하고 인장력이 요구되는 제품에 사용되고 있다(趙現鐘 2012b, 239쪽). 천전리유적 화살대의 수종은 잘 알려진 대로 싸리나무이다. 굵기가 일정하고 직선으로 곧은 길이가 긴 재질이다. 버드나무와 뽕나무는 연질재로 부드러운 재질의 휘어짐을 이용하여 소쿠리나 어망의 테두리로 사용하였으며, 관재로는 굴피나무를 사용하였다.

한편, 최근엔 대부분의 유적에서 퇴적층을 대상으로 한 화분분석 등을 통하여 유적 형성기 삼림의 생태계와 식생을 복원하는 연구가 이루어진다. 그 중 광주 동림동유적의 4,000~2,000년 전에 형성된 퇴적층을 대상으로 한 화분분석 결과 오리나무속, 낙엽성 참나무속, 상록 참나무속, 중국 굴피나무속, 밤나무속, 구실잣밤나무속, 서어나무속, 느릅나무속, 느티나무속, 구상나무속이 확인되는데, 중심적인 삼림은 온대 낙엽활엽수림의 식생을 보여준다. 이러한 삼림 특성은 오늘날 한반도 남부의 광역식생과 매우 유사하다. 이것은 유적 형성기의 기후조건이 식생유형을 변화시킬 만큼 크게 차이가 없음을 나타내주고 있다(李暎澈·朴琇鉉 2007, 63~66쪽). 이러한 화분분석에 의한 식생 자료는 동 유적에서 출토된 목기의 수종구성과도 부합되고 있다(경담문화재보존연구소 2007, 319~323쪽). 반면, 경기도 일산의 5,000~4,000년 전에 형성된 것으로 추정되는 니탄층에서 출토된 자연목재는 분석결과 60% 이상이 자작나무과인 오리나무, 두메오리나무 등이고 물푸레나무가 18.9%로 다음이었다(朴相珍·姜愛慶 1992). 그러나 이러한 나무는 비옥도가 비교적 높은 저습지에서 생육하는 수종이며, 소나무류 등 2차목이 발견되지 않아 벌채와 개간 등의 인위적인 자연파괴가 진행되지 않았음을 암시한다. 이 경우에는 대체로 인공유물의 출토는 없다. 만약 잔존하고 있다면 다른 지역으로부터 이동 가능성을 고려해야 한다. 이때 유적에서 출토된 자연목은 그것이 인간행위와 관련된 목재로서가 아니라 단순 매몰목(유목을 포함)일 가능성이 많다.

수종분석이나 화분분석을 통한 유적 출토 목재에 대한 연구는 인간생활의 기반인 환경의 복원에만 한정되는 것은 아니다. 플랜트 오팔(plant-opal)에 의한 벼농사 재배 연구와 같이 수종분석은 자원으로서 목재를 어떻게 이용했는가의 방식을 파악하는 데도 유용한 작업이다. 예컨대 삼림에서 어떤 수종이 선택되었는가와 존재하는 수종의 이동은 당시 사회의 여러 문제-교역을 포함한 네트워크-를 시사하는 자료이다. 그것은 분석결과에 근거하여 목재 또는 목제품의 이동추이 및 가공기술, 나아가 도구의 변화에 따른 대상 수종이 어떻게 바뀌는가를 알 수 있기 때문이다. 따라서 유적 출토 목재에 대한 수종 연구는 고식생의 복원은 물론, 문화복원과 직접적으로 관련된 작업이라 하겠다.

Ⅵ. 맺음말

이상, 목제품과 관련된 우리나라 청동기시대 유적을 살펴보고 유적에서 출토된 목기 자료 36례에 대해서 살펴보았다. 목기가 출토되는 우리나라 유적의 토양 특성은 반건조지와 저습지로 나누어진다. 전자에서는 대부분 탄화된 상태로 출토되는 목편이나 칠편 등으로 원래의 형태 파악이 어렵다. 반면, 저습지는 비교적 양호한 상태의 목기뿐 아니라 미성품과 원목에 이르는 풍부한 자료가 출토되어 당시 목기의 종류별 구성 및 제작기술을 파악하는 데 유용하다. 출토 목기의 수종, 특히 농경구는 단단하고 탄성이 강하여 견고한 참나무속이 지속적으로 선택되었다고 보여진다.

우리나라에서 가장 이른 목제 유물은 신석기시대인 창녕 비봉리에서 출토된 통나무배이다. 따라서 목기의 역사는 신석기시대 전기까지 소급되지만, 그 이후의 자료가 공백이다. 다행히 청동기시대 전기에 해당되는 유적에서 괭이와 고무래, 삽과 같은 농경구 세트가 확립되고 여기에 절구공이와 도끼자루 등이 부가되면서 청동기시대 농공구로 대표되는 목기문화의 일단을 파악할 수 있게 되었다. 중기 자료는 빈약하지만, 고무래 양식에서 약간의 변화가 나타나며 후기 이후가 되면 금속기의 등장으로 따비 및 신창동식 농경구를 비롯한 다양한 생활도구가 제작된다. 소수의 자료에 한정하여 무리함이 있지만 어떻든 시기에 따라 목기구성이 변화되는 현상은 분명하게 존재한다. 그러한 가장 큰 이유는 목재가공과 제작기술의 변화이다. 그것은 전기에서 후기에 이르는, 그리고 철기의 수용으로 촉발된 도구체계의 변화에 기인한다. 괭이나 고무래의 병공이 원형에서 장방형으로 변하는 것이나, 후면의 융기부가 해체되고 판상으로 변화되는 등의 변화와 더불어 착장부의 결합력은 오히려 강화되어 농구의 효율 향상을 수반하게 되는 것이다. 예컨대 목기의 형태변화는 도구의 재질변화가 가져오는 제작기술의 결과인 셈이다.

한편, 목제 농경구의 출현과 전개과정은 기본적으로 도작농경과 밀접한 관련이 있다는 사실은 이미 지적되어 온 바이다. 목제 농경구는 청동기시대의 전기 단계에 괭이와 고무래, 그리고 삽으로 대표되는 3종의 세트화가 확립된다. 이 시기는 도작농경의 개시기로 농경구 세트의 등장과 더불어 울산 교동리유적과 안동 저전리유적에서의 벼를 비롯한 곡물 자료의 공반사실은 정합관계를 이룬다. 그럼에도 불구하고 목제 농경구의 출현만으로 농경의 집약화를 논하기에는 아직 자료가 절대 부족하다. 도작농경 집약화의 시기는 송국리문화의 확산 단계와 상응하는 시기이다. 그러나 실제 중기 이후의 목제 농경구는 아직 수전 전용의 Ⅱ식 고무래 1점과 미성품 2점이 유일한 자료이다. 물론 이 시기에 목기의 제작과 생산이 활발히 전개되었을 것으로 추정되지만, 출토 목기에 한정하면 도작의 집약화를 보증할 만한 근거는 전무한 실정이다.

마지막으로 목기 연구가 갖는 중요성은 목재라는 재질에서가 아니라 출토 목기에 반영된 사회·문화적인 내용의 파악에 있다는 점을 주목하고자 한다.

참고문헌

慶南大學校博物館, 2013a, 『德川里』.

慶南大學校博物館, 2013b, 『山淸 默谷里遺蹟』.

경담문화재보존연구소, 2007, 「저습지 1, 2차 의뢰 목재유물의 수종」『光州 東林洞遺蹟』Ⅰ, 湖南文化財研究院.

고고학 및 민속학연구소, 1984, 『회령 오동 원시유적 발굴보고』, 과학 · 백과사전출판사.

국립나주문화재연구소, 2009, 『羅州 東谷里 橫山古墳』.

權赫在, 1974, 『地形學』, 法文社.

김권구, 2008, 「한반도 청동기시대의 목기에 대한 고찰」『韓國考古學報』67.

金權九 · 裵成爀 · 金才喆, 2007, 『金泉 松竹里遺蹟』Ⅱ, 啓明大學校行素博物館.

김권중 · 홍주희 · 남귀희 · 김민지, 2008, 『泉田里』, 江原文化財研究所.

金度憲, 2011, 「원시 · 고대의 목제 절굿공이 검토」『湖南考古學報』38.

김도헌, 2013, 「고대 따비형 철기의 용도 재검토」『韓國上古史學報』79.

대한문화유산연구센터, 2012, 『고창 일반산업단지 조성부지내 문화유적 발굴조사 약보고서』.

東洋大學校博物館, 2010, 『安東 苧田里遺蹟』.

朴相珍 · 姜愛慶, 1992, 「일산 신도시 土炭層 출토목재의 수종」『보존과학회지』1-1.

박호석 · 안승모, 2001, 『한국의 농기구』, 語文閣.

서국태, 1964, 「신흥동 팽이그릇 집자리」『고고민속』64-3.

신용민 · 권귀향 · 이재호 · 김보숙 · 노양필, 2009, 『昌原 新方里 低濕遺蹟』, 東亞細亞文化財研究院.

안승모 · 조현종 · 윤광진, 1987, 『松菊里』Ⅲ, 국립중앙박물관.

유병록 · 김병섭, 2000, 「대구 西邊洞유적 발굴조사의 개요와 성과」『嶺南文化財研究』13.

李健茂, 2006, 「韓國茶戶里遺跡の漆製品」『月刊考古學』95.

李東冠, 2011, 「고대 따비에 대한 고찰」『韓國考古學報』78.

李秀鴻, 2009, 『蔚山 校洞里 192-37 遺蹟』, 蔚山文化財研究院.

李暎澈 · 朴琇鉉, 2007, 『光州 東林洞遺蹟』Ⅰ, 湖南文化財研究院.

李暎澈 · 朴泰洪 · 文智淵 · 林智娜 · 高卿珍, 2011, 『寶城 鳥城里 低濕地遺蹟』, 대한문화유산연구센터.

李濟東 · 河眞鎬 · 許正和 · 申順澈 · 金志泳, 2010, 『大邱 梅川洞遺蹟』, 嶺南文化財研究院.

이한상, 2007, 「청동기시대의 관개시설과 안동 저전리유적」『한 · 중 · 일의 고대 수리시설 비교연구』, 계명대학교 박물관.

李弘鍾 · 朴性姬 · 李僖珍, 2004, 『麻田里遺蹟-C地區』, 高麗大學校埋藏文化財研究所.

任鶴鐘, 1997, 「新石器時代 朱漆土器 三例」『考古學誌』10.

任鶴鐘 · 李政根 · 金良美, 2008, 『飛鳳里』, 國立金海博物館.

鄭修鈺, 2010, 「古代木製食器の組成と特徴に關する檢討」『日韓文化財論集』Ⅱ, 奈良國立文化財研究所 · 大韓民國國立文化財研究院.

鄭一 · 韓美珍, 2011, 『광주 노대동 · 행암동유적』, 全南文化財研究院.

조선유적유물도감편찬위원회, 1990, 『조선유적유물도감』1, 동광출판사.

趙由典, 1984, 「全南 和順 靑銅遺物一括 出土遺蹟」『尹武炳博士回甲紀念論叢』, 通川文化社.

趙現鐘, 1994,「韓國先史時代の木工文化」『月刊考古學』47.

趙現鐘, 1997,「木器研究集成(Ⅰ)」『務安 良將里遺蹟 綜合研究』, 木浦大學校博物館.

趙現鐘, 2012a,「稻作과 民族文化의 形成」『2,000년 전의 타임캡슐』, 국립광주박물관.

趙現鐘, 2012b,「신창동유적의 木器와 漆器」『2,000년 전의 타임캡슐』, 국립광주박물관.

趙現鐘·殷和秀, 2013,『和順 大谷里遺蹟』, 國立光州博物館.

曹華龍, 1987,『한국의 충적평야』, 教學研究社.

중앙문화재연구원, 2012,『湖南高速鐵道 建設區間(論山)內 遺蹟』.

崔鍾圭, 1995,「朝陽洞 3次調査 槪報」『三韓考古學研究』, 書景文化社.

韓炳三, 1971,「先史時代 農耕文靑銅器에 대하여」『考古美術』112.

奈良國立文化財研究所, 1993,『木器集成圖錄-近畿原始篇(解說)』.

大阪府立彌生博物館, 2012,『穗落と神の足跡』.

三日月町教育委員會, 2005,『赤司 土生 戊 深川南 赤司東』.

松井章, 1995,「生業と環境」『展望考古學』, 考古學研究會.

樋上昇, 2010,『木製品から考える地域社會』, 雄山閣.

제3장
청동기의 계통

박양진 충남대학교

Ⅰ. 머리말

한반도에서 도구, 무기, 장신구, 의례구 등의 청동기가 사용되기 시작한 것은 이르면 기원전 2천년기까지 올라갈 것으로 추정된다. 한반도에서 청동기 제작과 사용이 최초로 출현하여 변화·발전하게된 것은 하나의 고립적인 문화현상의 결과가 아니고 동아시아 지역 나아가 유라시아 대륙에서 청동야금술의 등장 및 발전 과정과 밀접한 관계를 가지고 있다. 따라서 한반도 청동기의 계통을 논의할 때는 한반도뿐만 아니라 한반도를 둘러싼 주변 지역의 청동기시대 문화를 종합적으로 이해하는 것이 필요하며, 각 지역 문화 간의 공통점과 차이점을 인식하고 시기적 변화 및 발전과정을 체계적으로 파악하는 것이 중요하다.

이 글에서는 먼저 한반도 청동기의 계통에 관한 기왕의 논의를 간략하게 검토하기 전에 기원, 출자, 계통 등에 관한 일반적 인식의 차이와 변이를 논의하고 계통발생론에 대하여 살펴보도록 하겠다. 그리고 한반도 청동기 계통 및 기원에 관한 논의가 포함하고 있는 한계와 의미에 대해 논의하도록 하겠다. 이후 한반도에서 청동야금술이 출현하고 발전하게 된 과정을 검토하고 이를 토대로 구체적으로 한반도 청동기의 특징, 기원 및 계통을 논의하도록 하겠다. 마지막으로 한반도 청동기의 출현과 밀접한 관련을 가지고 있는 중국 동북지방과의 문화적 비교를 통해 지석묘와 같은 묘제 및 미송리형토기와 점토대토기의 분포를 분석하여 한반도와 가장 밀접한 관련을 보여주는 중국 동북지방의 지역을 구체적으로 지적하도록 하겠다. 이를 통하여 한반도 청동기의 특징, 기원 및 계통을 보다 명확하게 규정할 수 있을 것으로 기대된다.

Ⅱ. 계통에 관한 논의

한반도 청동기의 계통에 관하여 논의하기 전에 일반적으로 기원 또는 계통을 인식하는 몇 가지 방법론에 대하여 검토해 보자. 예를 들어 자신의 혈통을 파악할 수 있는 가장 보편적인 방법 중에 하나는 가계도에서 자신의 조상을 확인해 보는 것이다. 우리나라에서 가계도를 고찰할 수 있는 가장 일반적인 방법은 족보 등을 이용하여 〈그림 1〉과 같은 가계도를 그리는 것이다. 이러한 가계도는 자신의 직계 조상을 분명하게 알려주며 나와 친척들과의 친소관계를 명확히 보여주는 장점이 있다. 하지만 이 가계도는 부계(또는 모계) 혈통만을 포함한다는 점에서 명백한 한계를 지니고 있다.

부계(또는 모계) 혈통 가계도의 단점을 극복할 수 있는 것으로 〈그림 2〉와 같이 자신의 부모 양쪽의 혈통을 역으로 추적하는 부·모계 역가계도를 들 수 있다. 이러한 가계도는 자신의 부계 및 모계 조상을 모두 보여주어 혈통의 복합성을 잘 드러내 준다는 장점이 있다. 하지만 윗대로 올라갈수록 조상

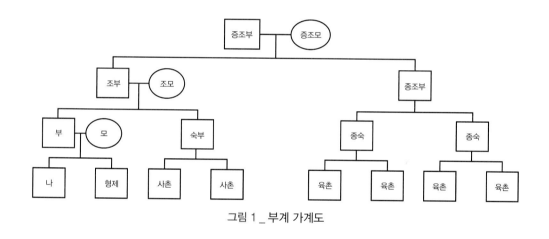

그림 1 _ 부계 가계도

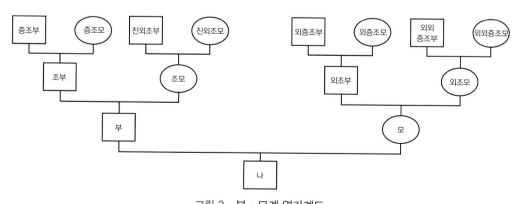

그림 2 _ 부·모계 역가계도

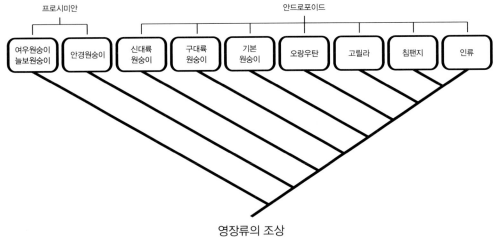

프로시미안   안드로포이드

영장류의 조상

그림 3 _ 영장류와 인류의 계통수

의 숫자가 계속 기하급수적으로 늘어나면서 계통적 특징을 한눈에 파악하기 어렵고 자신과 친척 사이
의 친소관계도 분명히 알려주지 못한다. 어쨌든 이 두 가지의 대조적인 가계도는 자신의 혈통 또는 계
통을 파악하는 방법이 단순하거나 유일하지 않다는 것을 잘 보여준다.

청동기와 같은 고고학 유물 또는 문화의 계통을 연구하기 위해서는 위와 같은 가계도보다 생물학의
계통발생학(phylogenetics)에서 자주 사용하는 系統樹(cladogram)를 보다 유용하게 참고할 수 있
다. 〈그림 3〉의 영장류와 인류의 계통수에서 관찰되는 것처럼 생명체의 진화적 변화와 계통발생적 관
계를 요약하여 보여주는 계통수는 분석 대상 자료 간의 공통점과 차이점의 정도 및 상호간의 계통발
생 및 상대적 친소관계를 그림으로 잘 나타낸다. 이와 같은 계통수를 염두에 두고 한반도 청동기의 계
통을 구체적으로 논의할 수 있다.

한반도의 청동기시대는 일제강점기 동안에는 그 존재 자체가 부정되었으나, 1950년대 말과 1960
년대가 되면서 북한과 남한의 학계에서 각각 그 고고학적 증거를 확보하면서 청동기시대를 독립적으
로 설정하게 되었다. 한반도의 청동기문화를 본격적으로 이해하게 되면서 주변 지역과의 관계도 주목
하게 되었는데, 한반도 청동기의 계통에 관한 기왕의 논의에서 주로 고려되고 있는 기원지의 후보로
는 시베리아, 오르도스, 遼寧 등 3개 지역을 들 수 있다. 이 가운데 한반도 청동기와 이 지역 청동기문
화와의 관련성을 잘 요약한 대표적 주장은 故 김원용 교수의 한국고고학 개설서에서 찾을 수 있다. 김
원용(1977, 87쪽)은 일찍이 "우리의 靑銅器文化는 오르도스(중국 綏遠地方)-遼寧地方의 靑銅文化와
連結되고 그것은 다시 시베리아의 미누신스크-스키타이 靑銅文化와 聯關을 가지고 있다"고 지적하였
고, 이후 "우리나라 청동기문화는 遼寧지방 청동기를 통해서 華北綏遠(Ordos), 그리고 다시 시베리아
의 미누신스크(Minussinsk), 스키트(Scyth) 청동문화의 요소를 받아들이고 있다"고 수정하였다(金元

龍 1986, 63쪽).

하지만 1980년대부터 중국 동북지방의 고고학 연구 성과가 본격적으로 알려지기 시작하면서 한반도 청동기의 계통에 관한 연구는 더 이상 시베리아 또는 오르도스 지역에 주목하지 않고 중국 동북지방 가운데 특히 요령지역에 관심을 집중하고 있다. 이건무(1992, 130쪽)는 "韓國의 初期靑銅器文化는 기본적으로 現 中國 遼寧地方의 遼寧式銅劍文化에 그 기원을 두고 있으며, 크게는 遼寧式銅劍文化圈의 한 부분을 차지한다고 할 수 있다"고 주장하였다. 그는 한국의 요령식동검문화는 遼西, 遼東, 吉林 長春地域과 함께 4대 요령식동검문화권의 하나로서 요서지역 다음의 위치를 차지하고 있다고 강조하였다. 최근에 출간된 다른 종합적 연구에서도 한반도의 청동기는 중국 동북지방의 비파형동검문화가 한반도에서 독자적으로 발전한 것으로 보고 있다(宮里修 2010, 31쪽).

한반도 청동기의 계통에 관한 논의는 이처럼 그 기원을 한반도 외부에서 찾으려 한다는 공통점이 있다. 또한 구체적 논의에 있어서는 여러 지역을 함께 고려하기보다는 공간적으로 제한된 특정 지역으로 한정하려고 노력한다는 특징도 있다. 현재의 논의는 대부분 중국 동북지방의 요령지역에 관심을 집중하고 있다. 한반도 청동기의 계통에 관한 논의에서 관찰되는 또 다른 특징은 한반도 청동기의 출현 또는 형성을 오랜 기간에 걸친 과정(process)으로 보지 않고 비교적 단시간에 이루어진 하나의 사건 (event)으로 취급한다는 점이다. 이러한 경향 때문에 한반도 청동기의 계통에 관한 대부분의 설명은 단선적(unilinear), 단면적(one-dimensional), 단명적(ephemeral)이라는 한계를 보여주고 있다.

Ⅲ. 청동야금술의 출현과 확산

청동기시대(Bronze Age)란 인류가 구리를 주성분으로 주석, 아연, 납 또는 비소 등을 섞은 합금인 청동을 재료로 하여 여러 종류의 도구, 무기, 장신구, 그릇 등을 제작하고 사용하던 시기를 가리킨다. 하지만 일부 지역에서는 청동기를 제작하기 이전에 주로 구리 제품을 사용하던 시기가 존재하였는데, 이를 紅銅時代(Copper Age, Chalcolithic Age)라고 부른다. 청동기시대는 유라시아 대륙과 북아프리카의 경우 통상 구석기시대와 신석기시대 이후에 출현하는 인류문화 발전의 한 단계로서 철기시대보다는 상대적으로 앞서고 있는데 우리나라 선사시대의 경우도 예외는 아니다.

하지만 우리나라의 청동기시대는 청동기를 제작하고 사용하였다는 시대적 개념 자체가 의미하는 특성과 더불어 여러 가지 새롭고 광범위한 문화적 발전양상을 함께 보여주고 있어 이전 시기와 질적으로 다른 문화적 시기임을 알려주고 있다. 한반도의 청동기시대는 벼농사의 도입으로 발생한 생업경제의 변화, 대규모 정주성 마을의 등장에 의한 취락유형의 변화, 지석묘·석관묘와 같은 새로운 묘제의 출현, 무문토기와 마제석기의 보편적 사용에 의한 물질문화의 변화 등이 관찰된다. 이 가운데 특히 청동기시대의 대표적 표지유물인 청동기와 무문토기 중 어떤 유물에 주목하느냐에 따라서 청동기시대의 상한 연대와 편년에서 상당한 차이가 나타난다. 최근에 활발하게 전개되었던 청동기시대 조기 및 전기의 설정에 관한 논의는 청동유물보다는 모두 무문토기 자료에 한정하고 있다(한국청동기학회 2013).

청동야금술의 발전단계와 관련한 대표적인 설명은 자연 구리를 냉각 단조한 최초의 단계에서 가열 단조(열처리), 용융, 주조, 합금의 순서로 발전하였다는 워타임의 이른바 '표준 모델'이다(Wertime 1964). 하지만 이러한 모델을 더 이상 세계 모든 지역에 적용할 수 없다는 것이 각 지역에서 축적된 고고학 자료를 통해 확인되었다(Killick 2001). 또한 청동야금술이 근동지역의 단일 지역에서 기원하여 구대륙의 전역으로 파급되었다는 견해에도 의문이 제기되어, 이제는 다수의 지역에서 야금술이 독립적으로 발명되었을 가능성을 검토하고 있다(Killick 2001). 또한 소규모 생산과 비전업 야금기술자의 사례가 많이 알려지면서 최초 야금술의 출현이 사회·경제적 조직에 혁명적인 변화를 가져왔다는 고든 차일드의 주장 역시 설득력이 약해졌다. 제도술 및 야금술과 같은 불을 다루는 기술의 발전이 경제적 동기보다는 개인의 장식을 위한 심미적 동기에서 출발하였다는 주장(Smith 1981; Killick 2001) 역시 고려할 만한 가치가 있다.

동아시아에서 청동야금술의 출현은 기원전 3천년기 중엽까지 소급되는데, 甘肅 齊家 및 四壩文化, 內蒙古 朱開溝文化, 遼寧 夏家店 하층문화, 山東 岳石文化, 河南 二里頭文化 등 여러 지역에서 소형의 장신구와 도구가 발견되고 있다(표 1). 이렇게 청동야금술이 북중국의 각 지역에 출현하는 과정에서 新疆 위구르 자치구지역이 중요한 통로 역할을 한 것으로 밝혀졌다(朴洋震 2002).

중국 동북지방의 경우 가장 이른 시기의 청동기는 요령 서부와 내몽고 동남부지역에 분포하였던 夏家店 하층문화와 요동반도 남단의 雙砣子 제1기문화의 유적에서 출토되는 소형의 도구 및 장신구이다. 夏家店 하층문화의 경우 鬲과 같은 삼족기가 보편적으로 사용되고 채색토기가 무덤의 부장품으로 다수 발견되는 것을 고려하면 한반도 같은 시기 문화와의 직접적 관련성은 전혀 없다. 하지만 한반도와 비교적 가까운 요동반도 大連 大嘴子遺蹟의 제1기층(기원전 2,000~1,600년경)에서 소형의 청동

표 1 _ 중국 청동기시대 초기의 고고학 문화

고고학 문화	주요 분포지역	개략적 연대	주요 청동기
齊家	甘肅 중부	기원전 2,400~1,900년	손칼, 송곳, 끌, 도끼, 반지, 장식패, 거울
四壩	甘肅 回廊	기원전 1,950~1,550년	도끼, 끌, 손칼, 송곳, 살촉, 반지, 귀걸이, 단추
朱開溝	內蒙古 중남부	기원전 2,200~1,500년	귀걸이, 반지, 살촉, 끌, 송곳, 손칼, 꺾창, 칼, 장식패
夏家店 하층	內蒙古 동남부 遼寧 서부	기원전 2,200~1,400년	귀걸이, 반지, 손칼, 송곳, 살촉, 꺾창
岳石	山東	기원전 2,000~1,500년	송곳, 손칼, 고리
二里頭	河南 중서부	기원전 1,900~1,600년	도끼, 끌, 손칼, 송곳, 방울, 장식패, 爵·斝·鼎·盉 등의 禮器

꺾창편이 출토된 것을 보면, 아직 발견된 사례는 없지만 인접한 한반도에서
도 이와 같은 소형의 도구 또는 장신구가 사용되었을 가능성은 매우 높다. 이
유적의 제3기층(기원전 1,400~1,000년경)에서 청동살촉이 출토되었고 이와
함께 벼농사의 증거인 탄화미가 발견된 것은 이 지역과 산동반도 사이의 밀
접한 문화적 교류를 보여준다. 大嘴子 제3기와 같은 시기인 于家村 坨頭 묘
지에서 청동살촉, 단추 장식, 고리, 낚싯바늘 등이 무덤의 부장품으로 출토되
고 羊頭窪遺蹟에서 청동편이 출토된 것을 보면 기원전 2천년기 말에는 청동
기의 사용이 이 지역에서 더욱 보편화되었음을 알 수 있다. 이와 같은 상황을
종합적으로 고려하면 한반도의 청동기 출현 및 벼농사 확산 시기도 앞으로
조사가 증가하면서 더욱 연대가 소급될 가능성이 높다.

한반도에서 청동기가 출현한 것도 이러한 고고학적 배경 및 지리적 위치
와 밀접한 관련을 가지고 있다. 한반도에서 사용된 최초 청동기의 예로서 평
북 용천군 신암리 제3지점의 제2문화층에서 발견된 청동칼과 단추 등을 들
수 있다(사진 1-1). 이밖에도 한반도 북부의 자강 시중 풍룡리 석관묘(청동
단추), 평양 금탄리유적 제3문화층 8호 집자리(청동끌), 황해 봉산 신흥동 7
호 집자리(청동단추), 은천 약사동 고인돌(청동살촉), 사리원시 상매리 석관
묘(청동살촉) 등에서 소형의 청동 도구와 장신구가 출토되는데 그 연대는 기
원전 1,000년을 전후한 시기로 추정되고 있다(사진 1-2~4).

사진 1 _ 한반도의
초기 청동기
(1 : 신암리, 2 : 금탄리,
3 : 약사동, 4 : 상매리)

이렇게 한반도 북부에서 청동기가 최초로 출현하게 된 것은 인접한 중국
동북지방에서의 청동야금술 등장 및 발전과 밀접한 관련을 가지고 있다. 특히 신암리 제3지점 제2문
화층의 토기와 청동기들이 于家村 상층 또는 雙砣子 제3기문화의 유물들과 유사한 것을 볼 때 요동반
도 청동기문화와의 밀접한 관련은 분명하다. 따라서 신암리 제3지점 제2문화층의 유물은 한반도 청동
기문화의 가장 이른 단계이며, 중국 동북지방 및 한반도 청동기문화의 대표적인 유물 가운데 하나인
이른바 비파형 청동단검이 출현하기 이전 시기이다. 이 시기 청동기의 종류를 보면 간단한 소형 도구
와 장신구 등으로 요동반도의 초기 청동기와 유사하다. 한편, 이 시기 동안 청동기의 한반도 현지 제작
을 보여주는 직접적인 증거는 아직까지 발견되지 않았지만 그 가능성은 남아 있다.

Ⅳ. 한반도 청동기의 특징과 기원, 계통

위에서 살펴본 것처럼 한반도에서 최초로 청동기가 사용된 것은 인접한 요령지역 특히 요동반도의
기원전 2천년기 청동기시대 문화의 발전과 밀접한 관련을 가지고 있다. 하지만 이 시기에 제작 사용된

청동기의 경우 소형의 도구, 무기, 장신구 등으로서 수량도 많지 않기 때문에 양식적으로 지역적 특성과 차이를 분명하게 인식하여 그 계통을 확실하게 밝히기는 어렵다.

한반도 청동기의 뚜렷한 특징이 드러나는 것은 이른바 비파형 곡인동검의 제작과 사용으로 시작되는데 동검과 함께 T자형 칼자루, 곡인의 창끝, 부채날 도끼, 화살촉, 끌, 손칼, 장신구 등의 청동유물이 발견되고 있다. 이와 같은 한반도 청동유물군의 기원지로는 대체로 중국 동북지방의 요령지역이 고려되고 있는데, 구체적인 후보지로는 내몽고 동남부 및 요령 서부지역의 夏家店 상층문화로부터 요동반

표 2 _ 내몽고, 요령 및 한반도 주요 청동기시대 유적의 유구와 유물 비교

유적명	유구	특징	청동 무기·도구 (점)	청동 장신구 등 (점)	청동 거마구 (점)	청동 용기 (점)	기타 (점)	토기 (점)
寧城 南山根 101호	토광 석곽묘	목관 흔적	검(7), 검집(4), 꺾창(3), 창끝(3), 살촉(45), 도끼(8), 방패, 투구, 손칼(9), 끌(2), 괭이(2), 가래	獸形飾(14), 鏤孔飾(9), 長方形牌飾(10), 半圓形牌飾, 雙鈕牌(33), 穿孔牌, 蓋形器(8), 擺形器(8), 爪形器(3), 鉤形器, 叉形器, 釘(5), 거울(2)	재갈, 鑾(5), 圓形穿孔飾(12), 環(2), 泡(284)	鼎(3), 勺(2), 簋, 簋簋, 鬲, 瓿, 杯, 豆形器, 雙聯罐, 圓底器	金環(3), 석부(2), 骨鏃(7), 錐形骨器, 刻紋骨板, 骨珠(20), 綠松石珠(5), 卜骨	
寧城 小黑石溝 8501호	토광 석곽묘	목관, 頭龕	검(5), 칼집(2), 꺾창, 투구, 살촉(16), 손칼(17), 손칼집, 도끼(22), 자귀(6), 끌(2), 송곳(2), 망치	扣飾(70+), 牌飾(60+), 鈴(7), 鴨形飾(160+), 小形飾(20+)	재갈, 當盧, 軛, 馬冠, 蟠首, 套管, 別釘, 車穿	方鼎, 簋, 鬲, 壺, 盂, 尊, 匜(7), 豆(3), 盤, 罐, 雙聯罐, 四聯罐, 六聯罐, 勺	金牌飾, 金絲環(4), 金扣飾, 석부, 석도, 磨石	
朝陽 十二臺營子 1호	토광 석곽묘	목관, 葦蓆, 남녀 합장	검(2), 도끼, 살촉(2), 손칼(2), 송곳(3), 끌	거울(2), 人面牌(6), 獸面牌(3), 魚鉤(3), 泡(2), 管狀飾(59)	Y形具, 鑣形具(6), 節約(12)		石製加重器(2), 礪石, 石墜, 細石器(2)	紡輪, 陶片
朝陽 十二臺營子 2호	토광 석곽묘	2인 합장	검(2), 도끼, 살촉(14), 손칼, 송곳	거울(2), 游環長板狀具(2), 雙虺糾結具, 長管狀具(5), 扣(10), 帶具(7)	Y形具, 鑣形具(5), 十字形具(12), 節約(20)			
沈陽 鄭家窪子 6512호	토광묘	단인장	검(3), 칼집(3), 살촉(188), 손칼, 도끼, 끌, 송곳	거울, 鏡形飾(6), 泡飾(124)	재갈(4), 鑣(8), 節約(16)			壺(3)
西豊 誠信村	석관묘		검, 창끝, 살촉(3)				石范, 석도, 석촉(16), 礪石(3)	壺(2), 罐, 豆
普蘭店 雙房 6호	석관묘	석개	검				石范(2)	壺, 罐
大連 崗上 19호	적석묘	다인장 (18인)	검, 자루편(?)				석촉, 石牌飾, 石製加重器	罐
부여 송국리 1호	석관묘	석개	검, 끌				석검, 석촉(11), 곡옥(2), 관옥(17)	

도의 곡인동검문화에 이르기까지 다양한 주장이 있다. 물론 중국 동북지방과 한반도에서는 슴베형의 곡인동검이 공통적으로 출토되지만, 동검과 함께 유적에서 공반되는 다른 청동유물의 종류와 수량은 각 지역별로 뚜렷한 차이를 보여주고 있다. 중국 동북지방과 한반도의 대표적 유적에서 출토된 청동기의 종류와 수량을 비교하여 그 차이를 살펴보면 〈표 2〉와 같다.

먼저 내몽고 동남부인 寧城에 위치한 南山根 101호 묘와 小黑石溝 8501호 묘의 출토 유물을 통해 알 수 있듯이 이 두 유적이 대표하는 夏家店 상층문화의 청동기는 무기와 도구, 장신구, 車馬具, 중원양식 및 지방양식의 청동 그릇 등으로 종류도 다양하고 수량도 풍부하다(사진 2). 특히 이 지역의 특징적 토기 형태를 청동 그릇으로 주조한 鼎, 鬲, 豆, 杯, 雙聯罐, 六聯罐, 圓底器 등의 존재를 통해서 이 지역의 청동기 자체 생산 능력과 매우 발달한 주조 기술을 알 수 있고, 이를 뒷받침하여 주는 석제 거푸집과 토제 송풍관 등의 주조 관련 유물도 출토되고 있다.

요령 서부의 朝陽에 위치한 十二臺營子遺蹟의 토광석곽묘에서는 짧은 슴베를 가진 곡인동검을 포함한 무기와 도구, 장신구, 다뉴경 등이 출토되며 마구로 사용된 유물도 여러 점 발견된다. 遼河 평원에 위치한 沈陽의 鄭家窪子遺蹟 6512호 묘에서도 유사한 무기와 도구, 장신구, 다뉴경, 마구 등이 출토

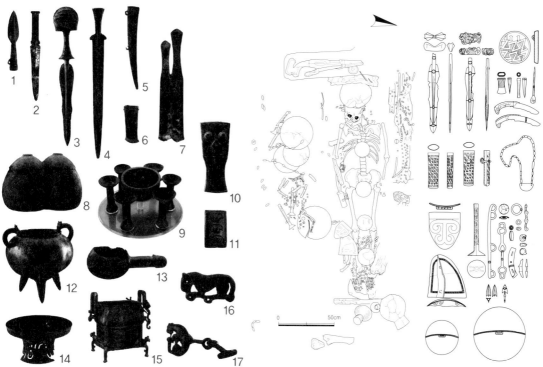

사진 2 _ 南山根 101호(1·2)와 小黑石溝 8501호
(3~17) 출토 청동기(한국고고학회 2010, 87쪽)

그림 4 _ 鄭家窪子 6512호 토광묘 유물
출토 상태와 출토 유물(한국고고학회 2010, 111쪽)

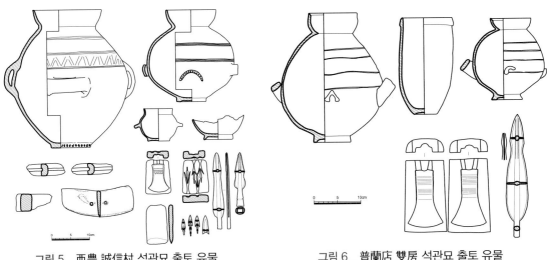

그림 5 _ 西豊 誠信村 석관묘 출토 유물　　　　　그림 6 _ 普蘭店 雙房 석관묘 출토 유물

되고 있다(그림 4). 하지만 이 유적들에서는 내몽고 南山根 또는 小黑石溝遺蹟과 달리 청동제 그릇이
나 수레 갖춤새가 전혀 발견되지 않는다.

　　한편, 西豊 誠信村, 普蘭店 雙房, 大連 崗上 등 요동반도 및 주변 지역에 위치한 유적에서 출토되는
청동유물은 짧은 슴베를 가진 곡인동검, 창끝, 살촉 등의 무기 및 개인용 장신구 등이다(그림 5·6).
이 지역에서 출토되는 청동유물의 종류는 매우 단순할 뿐만 아니라 개별 유구에서 출토되는 청동기의
수량도 몇 점에 불과하다. 이 가운데 崗上遺蹟은 집단묘인 적석묘로서 한반도의 청동기시대 문화에서
는 찾아볼 수 없는 형태임을 고려하면, 요동반도의 구릉지대에 위치한 誠信村 및 雙房遺蹟이 부여 송
국리 석관묘와 같은 한반도의 청동기문화와 가장 유사함을 알 수 있다.

　　이상에서 살펴본 것처럼 중국 동북지방 및 한반도 청동기시대 주요 유적의 출토 유물 및 유구를 비
교하여 보면 상호간의 유사성 및 차별성을 파악할 수 있다. 이 유적들에서 모두 이른바 비파형의 곡인
동검이 공통적으로 출토되지만 지역 간, 유적 간의 차별성은 매우 뚜렷하다. 이를 근거로 한반도 청동
기문화를 대표하는 부여 송국리유적과 중국 동북지방의 여러 유적과의 상관성과 상대적 친소관계를
보여주는 系統樹(cladogram)를 작성하여 보면〈그림 7〉과 같다.

　　중국 동북지방과 한반도의 대표적인 청동기시대 유적을 서로 비교함으로써 송국리 석관묘와 가장
근접한 유적으로 요령 普蘭店의 雙房遺蹟과 西豊 誠信村遺蹟을 지적하였다. 이와 유사한 유적들은 주
로 요동반도의 남단을 제외한 요동반도 산지구릉지대, 太子河, 渾河流域 및 그 주변 지역에서 발견된
다. 이 일대에서는 또한 이른바 미송리형토기 또는 弦紋壺가 발견되며 한반도의 북방식 지석묘와 유사
한 石棚 및 개석식 지석묘도 확인되고 있어, 新城子文化의 분포 지역으로 설정하려는 시도도 있다(華玉
氷·王來柱 2011). 또, 이 지역에서는 한반도 비파형동검문화와 세형동검문화의 전환기에 중요한 의

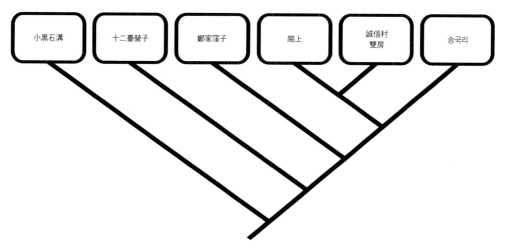

그림 7 _ 중국 동북지방 및 한반도 청동기시대 주요 유적 간 계통수

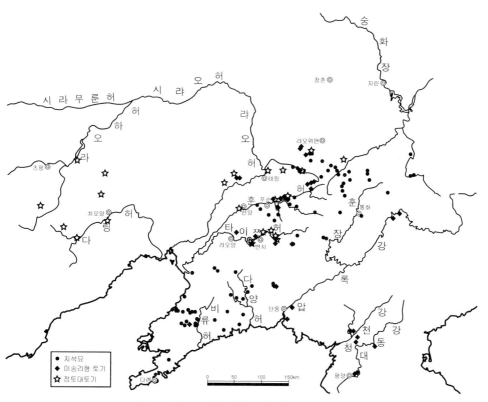

그림 8 _ 지석묘, 미송리형토기, 점토대토기 분포도

미를 가진 것으로 간주되는 점토대토기도 출토되고 있다. 지석묘, 미송리형토기, 점토대토기와 관련된 유적들의 분포를 지도에서 살펴보면 〈그림 8〉과 같다. 이를 통해서 알 수 있는 것은 중국 동북지방의 상당히 넓은 지역이 한반도 청동기문화의 형성 및 발전에 직접적, 간접적으로 기여하였으며 이를 지리적으로 한곳에 한정하기는 어렵다는 점이다. 요동반도 남단에서 기원전 2천년기에 이미 가장 시기가 이른 청동유물이 발견되고 있는 점을 추가로 고려한다면, 한반도 청동기문화의 출현 및 발전에 지역과 시기를 달리하는 중국 동북 여러 지역의 소집단이 다양하게 기여하였음을 짐작할 수 있다.

이와 함께 청동기시대 동안에는 중국 동북지방과 한반도 사이에 현재의 국경과 같은 명백한 정치 · 사회적 경계가 존재하였다는 증거는 전혀 없다는 점을 고려하여야 한다. 현재의 국경인 압록강과 두만강이 장벽이라기보다는 오히려 문화소통과 교류의 긴밀한 통로로서 역할하였을 것이다. 당시 고고학 문화의 상호작용 영역(interaction sphere)은 인접 지역 간의 활발한 소통에 의하여 지역적으로 외연이 계속 확대되는 형태로 존재하였기 때문에 공간적 범위를 현재의 국경을 기준으로 인위적으로 한정할 필요는 없다고 볼 수 있다. 한반도 청동기의 계통론에 관한 논의에서 또 한 가지 명심할 점은 청동야금술이 동북아시아와 한반도에서 출현하는 과정은 점진적 · 누진적이며 여러 차례에 걸친 발전과 혁신의 연속이었다고 볼 수 있다는 것이다. 한반도 청동기의 계통에 관한 앞으로의 연구는 이러한 多源的, 多次的, 多元的 성격을 구체적으로 밝혀내는 것이 당면과제라고 할 수 있다.

V. 맺음말

한반도에서 청동기가 출현하고 발전한 것은 동북아시아 및 동아시아 전체의 지역적 맥락에서 고찰할 때 비로소 제대로 이해할 수 있다. 한반도 청동기문화의 발전은 짧은 기간에 걸친 급격하고 전면적인 변화의 사건이라기보다는 장기간에 걸친 점진적이고 누적적이면서 지역 간의 불균등한 변화의 과정이라고 할 수 있다. 청동기의 사용과 제작은 동아시아 북방지구의 동쪽 끝인 내몽고 동남부 및 요령 서부지역에서 출현한 청동야금술이 요동반도의 산지구릉지대를 거쳐 한반도에 보급된 결과라고 믿어진다.

한반도 청동기시대 문화의 기원과 계통을 규명하려는 노력은 연구 대상을 청동기에만 국한하지 않고, 석기 · 토기 등의 유물과 함께 묘제, 취락, 생업경제, 의례, 사회조직 등에 대한 연구도 병행하여 종합적으로 검토할 때 비로소 완전한 설명에 근접할 수 있다. 중국 동북지방에서 주로 새김무늬 계통의 신석기시대 토기가 사라지고 무문계의 새로운 토기가 등장하는 것도 기원전 2천년기의 청동기시대 이른 시기에 이루어진다. 앞에서 언급한 것처럼 가장 이른 벼농사의 증거가 大連 大嘴子遺蹟의 제3기층에서 확인되어 기원전 2천년기 말에는 이 지역에서 벼농사가 실시되었고 곧 서북한지역으로 보급되었을 것으로 추정된다. 이와 함께 석기, 골기 등의 유물과 지석묘, 석관묘, 토광묘 등의 묘제를 구체적으로 고찰하면 중국 동북지방과 한반도와의 복잡하고 다양한 문화접촉 및 상호교류의 증거를 찾을 수 있다. 물론 지리적인 인접성 때문에 한반도 서북부의 청동기시대 문화는 요령 동부지역과, 한반도 동북부의 문화는 길림 동부지역과 상대적으로 밀접한 관련을 맺고 있었음은 자명하다.

하지만 한반도의 청동기문화가 중국 동북지방의 청동기문화를 일방적으로 수용하거나 그대로 모방한 것은 물론 아니다. 두 지역 사이에는 문화적 동질성도 발견되지만 청동기의 종류와 수량, 출토 유구의 양상 등에서 이질성도 뚜렷하다. 한반도 청동기문화의 출현과 발전은 지역적 불균형성과 점진성, 그리고 뚜렷한 지역성으로 그 특징을 요약할 수 있다. 또한 이러한 문화적 변화는 중국 동북지방을 포함한 동북아시아 전체에서 일어나고 있었던 전반적인 물질문화의 개선과 변화의 한 부분이라고 할 수 있다. 이러한 문화 발전에서 중심적 역할을 담당한 사람의 대다수는 외부의 이주민 집단이 아니라 한반도에 계속하여 거주하고 있던 주민들이었음이 분명하다.

참고문헌

金元龍, 1977, 『韓國考古學槪說』 改訂版, 一志社.

金元龍, 1986, 『韓國考古學槪說』 第三版, 一志社.

朴洋震, 2002, 「中國 新疆地區 靑銅器時代 文化의 一考察」 『中央아시아硏究』 7.

李健茂, 1992, 「韓國의 靑銅器文化」 『韓國의 靑銅器文化』, 國立中央博物館 · 國立光州博物館.

한국고고학회, 2010, 『한국 고고학 강의』, 사회평론.

한국청동기학회, 2013, 『한국 청동기시대 편년』, 서경문화사.

宮里修, 2010, 『한반도 청동기의 기원과 전개』, 사회평론.

華玉氷 · 王來柱, 2011, 「新城子文化初步硏究」 『考古』 6.

Killick, D., 2001, Science, Speculation and the Origins of Extractive Metallurgy, In *Handbook of Archaeological Sciences*, (eds.) D. R. Brothwell and A. M. Pollard, John Wiley & Sons Ltd.

Smith, C. S., 1981, *A Search for Structure: Selected Essays on Science, Art and History*, MIT Press.

Wertime, T., 1964, Man's first encounters with metallurgy, In *Science* 146.

제4장
청동기의 제작, 부장 및 매납

이양수 문화체육관광부

Ⅰ. 머리말

구리는 지각에 8번째로 많이 포함된 금속 원소로서 다른 금속들과 달리 황색, 적색, 녹청색 등 특이한 색깔을 띠고 있어 사람들의 주목을 끌어왔다. 또한 지표에서 자연동 상태로 발견되어 두드리는 작업을 통해 원하는 형태를 쉽게 만들 수도 있기 때문에 금속 중 가장 먼저 인간이 이용할 수 있게 되었다. 그리고 거기에 주석을 더하여 인공적으로 만든 최초의 금속 '청동'이 탄생하게 된다. 원래는 주석이 아닌 비소를 더한 비소청동이 이용되었지만, 잘 알려진 바와 같이 비소는 인체에 해로워 주석으로 대체된 것이다. 이러한 청동을 만들기 위해 구리와 주석이 원거리로 교역되고, 제작된 청동기를 분배하면서 이집트, 메소포타미아, 중국 등지에서 대제국이 만들어지게 된다(샬린 2013).

한반도에서도 이와 별반 다르지 않은 과정을 거치게 된다. 구리는 상대적으로 많은 양이 있었지만 주석이 없었기 때문에 중국 등지에서 원거리 교역 등을 통해 수입을 해야 했고, 청동기문화를 바탕으로 우리나라 최초의 국가인 '고조선'이 탄생하게 되었다. 한반도에서 청동기시대는 토기를 기준으로 무문토기시대라고도 부르는데, 단순히 청동기의 등장이 아닌 사회의 발전단계 중에서 잉여생산물을 바탕으로 계층이 분화되는 시기를 뜻한다(安在晧 2009).

이 글에서는 도구로서의 청동기 자체에 대해 집중하여 논의를 진행하고자 한다. 다루고자 하는 시대는 청동기시대이며 유물은 청동기이다. 이를 위해 먼저 청동기시대 청동기의 편년과 제작기술의 변천에 대하여 간단히 살펴보고자 한다. 그리고 다음으로 청동기가 출토되는 무덤에서의 부장 상태, 매납 상태 등을 검토해 보고자 한다.

Ⅱ. 청동기의 편년

　　이 글에서는 청동기시대를 조기·전기·중기·후기로 나누어 살펴보겠다. 조기는 돌대문토기와 삼각만입촉이 사용되는 시기로 용천 신암리 3지점 2문화층 4호 수혈에서 출토된 도자, 동포 등의 청동기가 여기에 해당한다. 이외에 나진 초도 무덤 출토 순동제 관옥, 평양 금탄리 8호 주거지 출토 동착, 봉산 신흥동 7호 주거지 출토 동포, 진주 옥방 5-D지구 출토 곡옥형 청동기 등이 이 시기에 해당할 가능성이 있다. 아직 요령식동검은 출현하지 않았으며, 작은 소품 위주의 청동기가 발견되고 있다.

　　전기에는 요령식동검이 출현한다. 이중구연토기, 공렬문토기가 사용되는 시기로 석촉은 삼각만입촉, 이단경식석촉 등이 사용된다. 이 시기에 해당하는 청동기는 주로 무덤에서 출토되는데 광주 역동 석관묘, 춘천 우두동 석관묘, 대전 비래동 1호 지석묘, 서천 오석리 주구묘, 배천 대아리 석관묘, 신천 선암리 석관묘, 김천 송죽리 4호 지석묘 주변 출토 요령식동검 등이 여기에 해당한다. 일반적인 요령식동검과 달리 직선적인 형태나 돌기부가 발달하지 않은 것이 주류를 이룬다(庄田愼矢 2005). 이러한 동검을 이형요령식동검이라 한다. 함께 출토되는 동촉은 삼각만입식 혹은 이단경식동촉이다. 동검과 동촉을 제외하면 김해 연지 지석묘 출토의 마제형 청동기가 있는데, 이것은 寧城 小黑石溝 M7501호 묘 출토 동검과 같이 검파두의 장식이며 유사한 것이 중국 崗上墓, 撫順과 한반도 광주 역동 석관묘에서 출토된 바 있다. 이러한 형태의 검파두식이 달린 동검을 모티브로 한반도 남부의 마제석검이 출현하였다는 의견도 있다(近藤喬一 2000). 이외에 나진 초도 출토 소동탁 등이 이 시기에 해당할 것으로 생각된다.

　　중기는 전반과 후반으로 구분할 수 있다. 중기 전반은 전형적인 요령식동검이 사용되는 시기로 부여 송국리 석관묘 출토품이 대표적이다. 여수 적량동·월내동, 청도 예전동, 전 무주 출토품 등이 여기에 속한다. 또한 평양 표대 10호 주거지, 덕천 남양리 16호 주거 출토 요령식동모 역시 이 시기에 해당한다. 동촉은 일단경식의 단부돌출형이 산청 매촌리 35호 석관묘에서 출토된 바 있으며, 거제 아주동 13호 지석묘 출토의 동촉은 울산 검단리 39호 주거지 출토 석촉과 유사하여 석촉과 동촉의 제작이 디자인적으로 상관관계가 있었음을 보여준다. 동부는 거푸집이 부여 송국리 55지구 8호 주거지에서 출토되었다. 파편이지만 형태를 유추해보면 선형동부로 신부에 돌선이 있는 것이 특징이다. 이보다 인부의 좌우가 더 벌어진 금야 금야읍 출토 거푸집도 이 시기에 해당하는 것이다.

　　중기 후반에는 변형된 요령식동검이 사용된다. 전기의 이형요령식동검과 형태적으로 유사하여 구분이 쉽지 않다. 다만 동반된 유물을 볼 때 확연한 차이가 관찰된다. 개천 용흥리에서는 퇴화형의 도자와 함께 출토되었으며, 평양 신성동 석관묘에서는 다뉴뇌문경 등과 공반되었다. 김천 문당동 목관묘에서는 흑색마연장경호, 원형점토대토기 등과 함께 출토되었으며, 흑색마연장경호는 대전 괴정동 출토품과 유사하다. 이 시기에는 동검을 재가공한 동촉 등이 주목되는데, 김해 무계리 지석묘 출토의 동촉 4점은 손잡이가 장대화된 석검과 함께 출토되었다. 창원 진동리에서는 직선적으로 날이 재가공된 동검이 출토되었으며, 이러한 것이 김해 신문동 1호 지석묘에서도 출토되어 이 지역만의 고유한 형태임이 확인되었다. 이외에도 경주 봉길리 출토 동검은 지표 수습품이기는 하지만 기부의 양쪽에 구멍이 뚫려있는 것으로 창원 덕천리 16호 지석묘 출토품과 유사하다. 이렇게 기부에 구멍이 뚫린 예가 전형적인 한국식동검에는 없고 요령식동검 중 창원 덕천리유적 출토품의 기부에 구멍이 있는 점을 근거로 한다면 요령식동검으로 볼 수 있을 것이다. 또한 국립경주박물관 소장의 소형 동검도 봉길리 출토품과 유사하게 등대가 발달하지 않았으며, 검엽도 두께가 얇고 전체적으로 소형이다. 이러한 동검은 경주지역의 특징적인 것으로 볼 수 있다.

원형점토대토기를 지표로 하는 청동기시대 후기에는 한국식동검이 사용되며, 동경을 기준으로 다뉴조문경과 다뉴세문경 시기로 구분이 가능하다. 먼저 다뉴조문경 시기에는 잘 알려진 바와 같이 대전 괴정동, 아산 남성리, 예산 동서리유적 등지에서 검파형동기, 나팔형동기, 방패형동기 등이 함께 출토된다. 이러한 유물들은 중국 沈陽 鄭家窪子 6512호 묘 출토품과 직접적인 관련성을 가지며 고조선과 연관된 것으로 생각된다.

이에 반해 다뉴세문경 시기에는 간두령, 쌍두령, 팔주령 등 다양한 동령류가 함께 출토된다. 동령이라는 한반도 남부적인 의기가 만들어지는 시기로서 고조선적인 제사가 한반도 남부적인 제사로 변화하였음을 보여주는 것이라 생각된다. 이외에도 전국계의 주조철기가 동반하여 출토되는데, 주조철부, 철사, 철착 등 공구류가 중심이며 무기류가 확인되지 않는 점도 주목된다. 이렇듯 한반도 청동기의 변화는 동검을 기준으로 이형요령식동검-전형요령식동검-변형요령식동검-한국식동검의 순으로 바뀌며 동반 유물도 변화해 가는 것을 확인할 수 있다.

Ⅲ. 제작기술의 변천

앞서 청동기의 편년에 대해서 간단히 언급하였다. 이를 기준으로 제작기술에 대해서 살펴보자. 먼저 청동기의 제작기술에 대해서는 주로 거푸집에 대한 연구가 주류를 이루었다(後藤直 1996; 2007; 李健茂 2005; 趙鎭先 2005; 2006; 2007). 이외에 개별 유물이나 유적에 대한 종합적인 분석이 이루어진 바 있다(鄭仁盛 2001; 崇實大學校韓國基督敎博物館 2009). 하지만 종합적인 청동기 제작기술에 대한 연구는 그리 심도 있게 논의되지 못하였다.

각 시기별 청동기 제작기술을 세분하여 살펴보면 조기에 해당하는 것은 도자, 동포, 동착 등이 있는데, 먼저 동착이나 동포는 실물을 관찰할 기회가 없었지만 도자는 국립중앙박물관에서 개최한 '북녘의 문화유산' 전시를 통해 용천 신암리 출토품 실물이 공개된 바 있다. 이것과 중국 동북지역 출토품을 근거로 살펴보면 용천 신암리 도자는 단범을 사용해 제작된 것으로 추정된다. 먼저 칼등에 돌대를 만들어 도자가 구부러지는 것을 방지하고 손잡이 아래에도 돌대를 만들어 손이 다치는 것을 방지하였다.

사진 1 _ 춘천 우두동 석관묘 출토 동검·동촉

그리고 손잡이의 끝에는 둥근 환수를 달아 장식을 하였다. 이와 유사한 형태의 것은 중국 동북지역 중에서도 발해만 연안을 중심으로 출토되고 있다. 특히 灣柳街村과 馮家村遺蹟 출토품이 가장 유사하다(三宅俊彦 1999). 이 시기의 청동기는 소형의 것들이 중심이 되며 그리 많은 양은 아니다. 생산과 관련된 유구나 거푸집 등의 발견 사례가 없기 때문에 한반도에서의 자체 제작 여부는 분명하지 않고, 현재로서는 중국 동북지역에서 유입되었다고 보는 것이 타당하다.

전기에는 한반도에서 직접 청동기를 제작하기 시작하였을 것으로 추정된다. 그 대표적인 증거가 춘천 우두동 석관묘 출토의 동촉이다. 이 동촉은 부식이 되어 정확한 형태를 유추하기가 쉽지 않지만 삼각만입촉으로 추정된다. 이러한 형태의 석촉은 한반도의 청동기시대 조기-전기에 주로 사용된 형태이다. 때문에 이것을 모방하여 만든 것으로 추정되는 춘천 우두동 석관묘 출토 삼각만입동촉은 한반도 내에서 청동기의 자체 제작과 관련해 주목된다.

이 무덤에서는 이형요령식동검, 이단경식동촉 등이 함께 출토되었다. 이단경식동촉은 사리원 상매리 석관묘, 배천 대아리 석관묘, 강릉 포남동 주거지 등지에서 출토된 바 있는데, 가장 유사한 것은 대아리 석관묘 출토품이다. 요령식동검은 척이 없고 인부는 직선적인 형태이다. 유사한 것들이 광주 역동 석관묘, 서천 오석리 주구묘 등지에서 출토되었는데, 일반적으로 생각하는 요령식동검과 형태상 차이가 있는 이형요령식동검이다.

동촉의 거푸집은 중국 동북지역에서 遼陽 二道河子 1호 석관묘와 西豊 誠信村 석관묘에서 출토된 바 있다. 이들은 석관묘 출토품, 거푸집에 새겨진 기물이 동부와 석촉의 조합이라는 공통점을 가진다. 또한 동촉의 제작기술에서도 봉부 쪽으로 주입구가 만들어져 있는 것이 특징이다. 이는 화살의 날개 끝부분까지 주조가 잘되게 하기 위한 고안이라고 생각된다. 그리고 이러한 기술은 어떤 방식으로든 동검의 제작기술에도 영향을 주었을 것이다. 주목되는 점은 西豊 誠信村 석관묘 출토 동촉은 이단경식이며, 遼陽 二道河子 석관묘 출토품은 일단경식이라는 점이다. 한반도 남부의 석촉 변화 양상을 살펴보면 당연히 西豊 誠信村 석관묘 출토품을 이른 형식으로 생각할 수 있는데, 일반적인 중국 동북지역 연구자들은 遼陽 二道河子 출토품을 이른 형식으로 본다(金美京 2006). 그 원인은 요령식동검에 있는데 西豊 誠信村 출토의 요령식동검은 雙房類型에 속하는 것으로 돌기부가 발달하지 않은 이형이다. 이에 반해 遼陽 二道河子 출토품은 十二臺營子類型에 속하는 전형적인 것이다. 현재까지 알려진 한반도 동검의 변화는 이형요령식동검에서 전형요령식동검으로 변화한다. 그리고 이형요령식동검의 원류는 雙房類型과 관련이 있을 것이다. 그렇다면 遼陽 二道河子 석관묘와 西豊 誠信村 석관묘의 편년에 대해서도 재고해볼 가치가 있다.

이외에 김천 송죽리 4호 지석묘 주변에서 땅에 박힌 상태로 발견된 동검은 배천 대아리 석관묘 등지에서 출토된 것과 유사하게 돌기부가 발달하지 않았다. 이들 역시 전형적인 요령식동검과는 차이가 있다. 이러한 이형동검의 거푸집은 발견되지 않았지만, 요령식동검의 거푸집은 중국 동북지역과 한반도 통천 발산 등지에서 출토된 바 있다. 이것을 근거로 한다면 석범을 이용하였고, 두 개의 거푸집을 합쳐서 주조하는 방식으로 제작되었을 것으로 추정된다. 합범의 특징인 합범 분할선은 동검의 슴베 부분에 잘 남아 있다.

중기 전반에는 비파 형태를 한 전형적인 요령식동검이 제작된다. 대표적으로 부여 송국리 석관묘, 여수 적량동·월내동 지석묘 출토품 등을 들 수 있다. 출토 빈도로 보아 여수 적량동과 월내동유적은 동북아시아 중에서도 요령식동검의 분포가 가장 밀집된 지역 가운데 하나이다. 현재까지 적량동 2·4·7·13·21·22호 묘와 월내동 상촌 Ⅱ-7·Ⅲ-92·115·116호 묘 등지에서 요령식동검 10점과 적량동 2호 묘에서 요령식동모 1점이 출토되었다. 그리고 이곳에서 출토되는 동검을 살펴보면 표면이 매끄럽고 동질이 좋은 것과 표면이 다듬어지지 않고 동질이 상대적으로 좋지 않은 두 종류로 구분이 된다. 물론 이

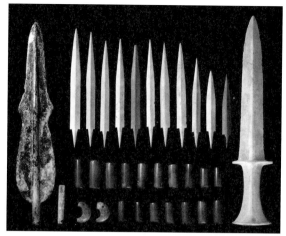

사진 2 _ 부여 송국리 석관묘 출토 일괄유물
(國立中央博物館·國立光州博物館 1992)

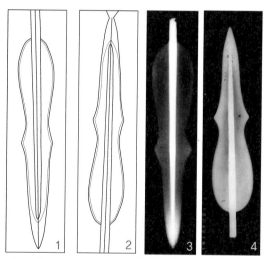

그림 1 _ 요령식동검의 제작기술-탕구 방향 슴베 쪽
(1·3 : 부여 송국리)과 봉부 쪽(2·4 : 청도 예전동)

것이 사용에 의한 마연 차이를 나타내는 것일 수도 있지만, 성분 등의 과학적 분석을 통해 재지 제작품과 외부 유입품일 가능성에 대한 검토도 필요할 것이라 생각된다.

이 시기에도 이전과 마찬가지로 석제 합범을 이용하여 동검을 제작하였다. 중국 동북지역에서는 이러한 전형적인 요령식동검의 거푸집이 여러 점 출토된 바 있는데, 內蒙古 午漢旗 山灣子 묘지와 朝陽 西三家子 등지에서 확인되었다. 모두 석제의 쌍합범이다. 이전 시기와 차이나는 것은 동검의 제작에 있어서 주입구의 방향에 따라 슴베와 봉부로 구분되는 것이다(이양수 2012). 그리고 봉부 쪽으로 주입하는 기술이 반영된 요령식동검은 여수반도를 중심으로 확인되어 한반도 남부의 제작기술일 가능성이

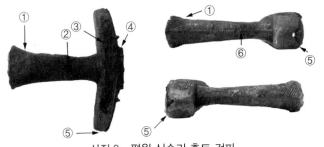
사진 3 _ 평원 신송리 출토 검파

점쳐지고 있다.

토범을 이용한 청동기 제작기술도 확인되는데, 상원 장리 1호 지석묘 출토의 인물형 장신구나 신천 출토로 전하는 'T'자형 검파는 토범을 이용하였을 가능성이 높다. 특히 신천의 'T'자형 검파는 이 지역 출토로 전하는 2점과 재령 고산리, 평원 신송리 출토의 4점이 알려져 있다. 신천 출토품 중 국립중앙박물관에 전시되어있는 것을 살펴보면 전면에 번개무늬가 새겨져 있다. 번개무늬는 주변을 파내어 문양을 도드라지게 만든 것으로 흙이나 나무로 원형을 만들어 주물사에 찍어내는 방식을 이용한 것이다. 이를 바탕으로 이 시기부터 원형을 이용하는 토범 제작기술이 존재하였음을 알 수 있다. 이렇게 원형을 만들어 무늬를 새기고 그것을 바탕으로 거푸집에 찍어내는 기술을 원형법 혹은 입형법이라고 한다. 이에 반해 거푸집에 직접 새기는 것을 만형법 혹은 총형법이라고 한다.

중기 후반은 변형요령식동검이 사용되는 시기로 원형을 이용한 제작기술이 다양하게 발전한다. 대표적인 평원 신송리에서 출토된 검파를 살펴보자. 〈사진 3〉을 참고로 살펴보면 ①은 손잡이 부분에 음각선으로 문양을 넣은 것인데 문양이 나오게 만들기 위해서 먼저 나무나 흙 등으로 원형을 만들어 거푸집에 찍어내었을 것으로 추정된다. ②는 속에 빈 공간을 만들기 위해 내형을 만들고 그것을 외형과 붙지 않도록 하기 위한 형지를 붙였던 형지공이다. ③은 반부의 문양인데 거푸집에 문양을 새긴 것이 아니라 원형에 문양띠를 붙여서 거푸집에 찍어낸 것으로 추정된다. ④는 검파두식을 붙이기 위한 부분으로 ⑤에서 보이는 바와 같이 하나로 주조된 것이 아니라 두 부분을 각기 주조하여 끼워 넣은 형태이다. 이렇게 만들기 위해서는 앞서 언급한 바와 같이 원형을 만들고 그것을 깎아 내면서 두 부분으로 나누었을 것으로 추정된다. ⑥은 합범을 이용하여 만들어진 합범 분할선이다.

이러한 제작기술은 중국 동북지역에서 한반도보다 한 시기 앞서 확인되는 것으로 고조선의 청동기 제작기술로 추정된다. 중국의 경우 청동예기의 제작에 토범이 일반적으로 사용되는데, 토범을 이용하는 기술은 西周시기 중국 중원에서 통제하여 주변으로 퍼져나가지 못한다. 그러나 춘추전국시대를 거치면서 점차 주변으로 확산되며, 한반도로의 기술 유입도 이러한 과정 속에서 이루어진 것으로 생각된다.

후기에 들어서면 청동기 제작기술은 더욱 발전하여 청동기의 종류도 폭발적으로 증가한다. 먼저 다뉴조문경 시기에는 토범과 석범이 함께 사용되는데, 검파형동기, 나팔형동기, 방패형동기 등 최고 수준의 청동기는 토범을 이용하며, 동검과 같은 무기류는 전 시기와 마찬가지로 석범을 사용한다. 검파형동기와 방패형동기에서 확인되는 청동환은 유기물로 만든 끈과 같은 형태로, 이를 제작하기 위해서는 밀랍을 이용하였을 것으로 추정된다. 또한 고리를 뉴에 끼워 넣기 위해 분주법도 사용된 것으로 생각된다. 그리고 아산 남성리 출토 다뉴조문경의 제작기술에서 알 수 있듯이 콤파스의 사용도 이 시기부터이다.

검파형동기는 밀랍으로 만들었을 가능성과 거푸집에 직접 무늬를 새기는 만형법으로 만들었을 가능성이 제기되고 있다. 먼저 밀랍으로 만들었을 것으로 추정하는 이유는 형태의 복잡함과 음각 중심의 문양에 있다(許浚亮 2013). 그러나 최근 일본학자에 의해

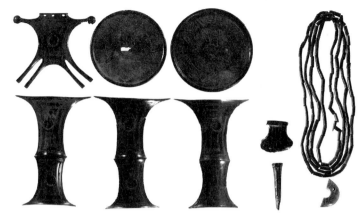

사진 4 _ 아산 남성리 목관묘 출토 청동기와 옥
(國立中央博物館·國立光州博物館 1992)

만형법으로 검파형동기가 복원된 바 있으며, 문양 부분이 떨어져 다른 곳으로 이동한 점을 근거로 거푸집에 문양을 새기는 것이 아니라 붙이는 방식인 '띠붙이기 기법'을 사용하였다는 의견이 제시되었다(宮里修 2010). 이외에 예산 동서리 출토 나팔형동기는 원통 부분과 삼각뿔 부분을 따로 만들어 접합한 것으로 분주되었을 가능성이 높다.

다뉴세문경 시기에는 청동기 제작기

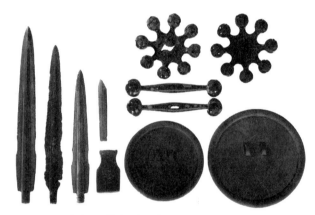

사진 5 _ 화순 대곡리 목관묘 출토 청동기
(國立中央博物館·國立光州博物館 1992)

술이 최고조에 이르는 시기로서 다양한 제작기술이 사용된다. 특히 이 시기의 제작기술을 가장 잘 보여주는 것은 팔주령과 같은 방울의 제작이다. 방울소리를 내기 위한 설을 넣는 기술이나 문양의 치밀함은 현대 기술에도 뒤쳐지지 않는 것이다. 또한 동과나 동모와 같은 무기류의 제작에 기존에는 석범을 이용하는 것이 일반적이었지만, 이 시기가 되면 전 논산 출토 동과를 비롯해 경주 입실리 출토 동모 등에 다뉴세문경에서 보이는 세밀한 문양이 새겨지고 있어 무기의 제작에서도 토제의 거푸집을 이용하였음을 알 수 있다. 하지만 이 시기를 경계로 점차 청동기 제작기술은 쇠퇴하고 철기의 제작으로 대체되어 간다.

종합하면 청동기의 제작기술은 전기부터 석범을 이용하여 만형법으로 제작되다가, 중기 전반에 토범을 이용하는 제작기술의 등장과 함께 원형법이 사용되기 시작한다. 후기에 들어서면 밀랍법과 분주법 등 고도의 제작기술이 등장하여 역사상 가장 뛰어난 청동기 제작기술을 선보인다. 이러한 기술을

바탕으로 청동기의 기종은 시간에 따라 점점 다양해지고 제작기술도 발전한다. 또한 발전된 기술을 바탕으로 청동기의 생산량 증대를 이루어 내는 것이다.

Ⅳ. 부장

부장이라는 것은 무덤에 매장되는 것이다. 무덤이라는 것은 죽은 이를 위해 만든 기념물로 죽은 이가 생전에 아끼던 것을 비롯해 사후세계에 사용하기 위한 것, 무덤을 만들기 위해 땅의 주인인 지신에게 바치는 것 등 다양한 목적을 가지고 무덤에 부장하게 된다. 그러나 실제 무덤 내부에서 이러한 것들을 구분해 내기는 쉽지 않다. 특히 청동기시대 무덤과 같이 부장품이 빈약한 경우는 더욱 그러하다.

조기에는 분묘의 형태도 아직 명확하지 않다. 다만 나진 초도에서는 어린아이의 무덤에서 순동으로 만든 동제관옥이 출토된 바 있다. 출토 위치로 보아 목걸이로서 착장한 상태였을 것으로 추정된다. 즉 이 시기에는 친근 유물로서 착장한 상태로만 부장되는 것으로, 망자가 평소에 아끼던 물건을 부장해주는 정도의 의미였을 것이라 생각된다. 다만 어린이의 무덤에 부장되어 있었다는 점은 장자상속과 같은 신분제의 변화와 관련하여 설명할 수 있는 근거가 되지만, 사례가 많지 않아 더 이상의 논의는 진행되지 않았다.

전기에는 광주 역동 석관묘, 춘천 우두동 석관묘, 서천 오석리 주구묘 등에서 청동기가 확인되었는데, 이전 시기와 마찬가지로 피장자가 사용하던 물건을 부장한 것이라 생각된다. 광주 역동 석관묘는 석관묘로 보고하였으나, 벽석이 분명하지 않고 내부에 할석이 쌓여 있는 점을 근거로 지석묘 하부구조로 보는 의견도 있다(서길덕 2011). 동검과 이형청동기, 석촉, 구슬, 인골편 등이 확인되었고 일부 석재에 피열흔이 관찰되어 주목받았으며, 옥이 출토된 쪽이 두부라고 한다면 오른쪽 허리에 칼을 착장하였던 것으로 볼 수 있다.

춘천 우두동 석관묘에서는 바닥면 중앙 상면에서 동검, 동촉, 석촉이 출토되었고, 이탈된 벽석 제거 중 토광과 벽석 사이의 공간에서 곡옥이 출토되었다. 곡옥은 착장된 상태였으나 조사 이전 도로공사가 일부 진행되면서 토압에 의해 석관이 파괴되어 이탈한 것으로 보인다. 주목되는 것은 동촉인데 2점이 석촉 9점과 분리되어 출토되었다. 아마도 석촉은 화살통 등에 담겨있었을 것이며, 동촉 2점은 별도로 구분되어 담겨져 부장되었던 것으로 추정된다. 하지만 그 의미는 명확히 해석할 근거가 없다.

서천 오석리 오석산 주구묘의 매장주체부는 석관으로 벽석을 무질서하게 쌓았다. 관옥, 석촉 등과 함께 출토되었는데, 동검은 피장자의 오른쪽, 관옥은 가슴부위, 석촉은 오른쪽 다리 근처에 놓여 있었다. 동검은 경부에 홈이 있으며 날은 직선적이다. 보고자는 요령식동검을 재가공하여 이러한 형태가 된 것으로 보았다. 종합하면 전기에는 부장을 위해 청동기를 만든 것이 아니라 피장자가 사용하던 동검을 착장한 상태로 부장한 것으로 보인다. 다만 춘천 우두동 석관묘 출토의 동촉과 같이 청동기라는

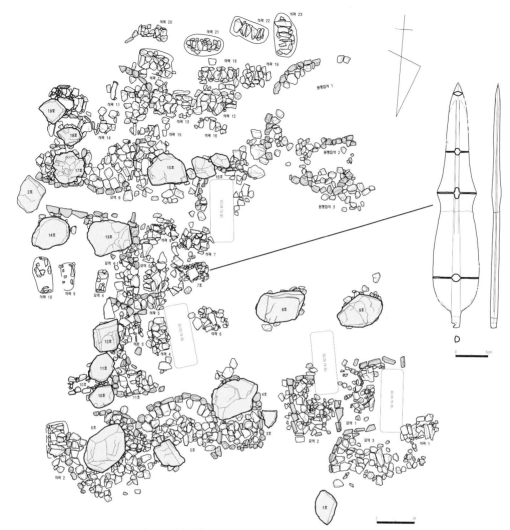

그림 2 _ 여수 월내동 상촌 Ⅱ지구 요령식동검 출토 위치

특수성을 인정받아 석촉과는 별도로 부장한 것을 알 수 있다.

중기 전반에는 부여 송국리 석관묘 출토의 요령식동검이 주목된다. 이 무덤에서는 석검과 동검이 함께 출토되었는데, 석검은 피장자의 우측에, 동검은 좌측 머리맡에 석촉, 관옥 등과 함께 놓여 있었다. 때문에 석검과 동검은 의미를 달리하고 있었음을 알 수 있다. 석검은 착장된 것으로 보이며 실제 무기로서의 사용을 나타낸다. 그렇다면 피장자는 왼손잡이일 가능성이 높다. 중요한 것은 머리맡에 부장된 동검이다. 착장되지 않은 상태로 부장된 것으로 이것에 대해서는 의기로서 벽사의 의미를 가지고 부장되었을 가능성 등을 타진할 수 있을 것이다. 또한 이 동검은 마모가 거의 되지 않은 점에서 실제 사용을 목적으로 했다기보다는 부장을 위해 만들어졌을 가능성도 있다. 즉 이전 시기와 달리 부장을 목적으로 청동기의 제작이 개시되었을 가능성이 있다.

　또 이 시기에 주목되는 것으로 요령식동검의 부장이 대형 무덤이 아닌 주변의 상대적으로 작은 유구에서 출토되는 점을 들 수 있다. 그 대표적인 예로서 여천 월내동 상촌 Ⅱ-7호 묘 출토품을 들 수 있다. 이러한 예는 다음 시기의 창원 덕천리 지석묘에서도 확인되는 것이다. 이에 대한 해석으로 주변의 작은 무덤을 큰 지석묘의 배장이나 부장품을 놓기 위한 공간으로 볼 수도 있을 것이다. 하지만 그 예가 많지 않아 근거는 아직 부족하다. 여수 적량동에서는 군집 중 하나의 무덤에 요령식동검이 부장되는데, 집단 내에서의 우두머리 등으로 해석되기도 한다(武末純一 2002). 하지만 이러한 예는 이 지역에 한정되고 있다. 아마도 이 지역에서는 요령식동검을 직접 제작하였기 때문에 많은 수의 동검이 부장될 수 있었던 것으로 추측된다.

　남해안지역을 중심으로 청동기 파편 부장도 눈에 띈다. 대전 비래동 1호 지석묘, 승주 우산리 내우 지석묘, 보성 덕치리 신기 지석묘, 여수 봉계리 월앙 10호 지석묘·오림동 지석묘, 여천 평여동 지석묘 등지에서는 동검의 파편이 출토되었는데, 특히 승주 우산리 지석묘, 여수 월내동 상촌 Ⅲ지구 115호 지석묘에서는 부러진 동검을 재가공하여 부장하였다. 이러한 파편 부장에 대해서 동검의 상단과 하단을 부러뜨려 서로 나누어 소지하는 것으로, 혈연관계나 동맹관계를 상정할 수도 있지만 아직 자료가 부족하다.

　중기 후반에도 착장 상태로 부장되는 것이 일반적이다. 평양 신성동 석관묘에서는 다뉴뇌문경, 변형요령식동검, 석제검파두식, 흑색마연장경호, 옥 등이 출토되었는데, 동검은 착장된 것으로 볼 수 있지만 동경은 착장되지 않았다. 김천 문당동 1호 목관묘에서는 동검이 피장자의 좌측에서 출토되었는데, 보고자는 목관의 상면에 부장하였던 것이 목개가 썩어 함몰되면서 유입된 것으로 보았다. 그렇다고 한다면 망자를 묻고 흙을 덮기 전 마지막으로 목관 상면에 부장하였을 가능성이 높다.

　또한 사천 이금동 D-4호 묘 출토 요령식동검의 재가공품은 석관에서 출토되었는데, 석관의 판석을 세우기 전에 묘광의 구석에 비파형동검을 부장하였다. 즉 〈그림 3-4〉의 부장품은 시신이 안치되기 전에 부장된 것이며, 〈그림 3-5〉의 관내 부장품은 시신의 안치 이후에 부장되는 것이다. 이러한 시신 안치 이전의 부장 사례는 관내 부장품과 다른 의미를 부여할 수 있는데, 피장자보다는 땅의 주인인 지신에 대한 공양으로 볼 수도 있을 것이다. 현재로서는 부장에 대한 모든 과정을 파악할 수 없지만, 자료의 증가와 치밀한 조사를 통해 자료를 조합하여 청동기시대 장송의례의 과정을 복원할 수 있을 것이라 기대된다.

　후기의 다뉴조문경 시기에는 다양한 청동기들이 출토되기는 하지만 정식 조사에 의해 밝혀진 예가 많지 않다. 때문에 논의의 진전은 쉽지 않다. 그나

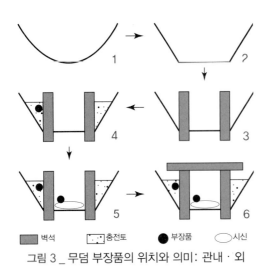

그림 3 _ 무덤 부장품의 위치와 의미: 관내·외

마 대강의 실태를 알 수 있는 대전 괴정동 분묘의 상태를 살펴보면, 곡옥은 귀걸이로 사용되었고 한국식 동검은 착장한 상태였으며 방패형동기, 검파형동기들은 발치에 부장되어 있었던 것으로 보인다. 착장이 아닌 부장품으로서의 청동기가 처음으로 등장한 것이라 생각된다.

다뉴세문경 시기의 분묘 부장 양상을 가장 잘 보여주는 것은 함평 초포리 무덤이다. 이 무덤에서는 간두령, 쌍두령을 비롯한 방울류와 도씨검, 동사, 동착, 동부, 동과 등이 관외에서 출토되었고, 동검과 다뉴세문경, 식옥 등이 관 내부에서 출토되었다. 먼저 관내를 살펴보면 식옥은 귀걸이로 착장된 것으로 보이며 다뉴세문경과 동검이 중첩되어 부장되는데, 이러한 예는 전주 원장동 1호 묘를 비롯하여 이후 시기인 포항 성곡리 Ⅱ-7호 목관묘에서도 확인된다. 도교에서는 사악한 귀신이 접근하지 못하게 하기 위한 것이라고 보기도 한다. 관내와 관외의 부장품에 대한 차이는 장수 남양리유적에서도 확인된다. 대체적으로 관내에서는 피장자가 실제 사용한 것으로 동검과 장신구(유리구슬 등)가 출토되고, 관외에서는 외부에서 유입된 것으로 보이는 전국계 철기류-주조철부, 철사 등과 함께 의기인 다뉴세문경 등이 확인되고 있다.

파편으로 부장되는 것도 하나의 특징이다. 청동기시대 후기의 남해안지역에서는 요령식동검의 파편 부장이 눈에 띄는데, 같은 시기 중부지역에서도 파편 부장이 관찰된다. 논산 원북리에서는 다뉴세문경 3개체가 출토되었다. 나-1호 목관묘에서는 완형이 발견되었지만 나머지 나-6호, 다-1호 묘에서는 파편으로 출토된 것이 흥미롭다. 나-6호 묘에서는 주연부의 파편 3점과 외구 파편 1점이 출토되었는데, 서로 접합되지 않으며 완형으로 복원되지도 않는다. 함께 출토된 동검 역시 파편으로 동체부 일부이다. 그리고 다-1호 묘 출토품은 파편 1점으로 역시 파편의 동검과 함께 출토되었다. 이외에도 나-1호 묘에서는 동사의 파편, 나-10호 묘에서는 동검의 파편이 출토되어 전체적으로 파편의 부장이라는 점이 주목된다. 이렇게 파편이 출토되는 무덤으로 후대의 영천 용전리 목관묘를 들 수 있다. 부장품의 훼기습속과도 관련이 있을 것이다.

청동기의 부장은 초기에는 피장자가 생전에 사용하던 물건을 착장하여 부장하는 것이 일반적이지만 중기에 들어서면서 다양하게 변화한다. 대형 무덤이 아닌 곳에서 요령식동검이 출토된다든지, 무덤군 중 가장 중심 무덤에 동검을 부장하거나 동검의 파편을 부장하는 것 등 다양하다. 그리고 후기에 들어서면서 청동기는 개인 무덤에 집중하는 경향을 보이는데, 이는 개인에게 권력이 집중되는 것을 보여준다. 또한 관 내외에 부장되는 기물의 차이라던가 검과 거울을 중첩시켜 부장하는 등 다양한 부장양상이 나타나는데, 이들이 규격화되는 것은 장송의례의 공유, 통일성을 보여주는 것이다.

Ⅴ. 매납

여기에서 다루고자 하는 매납이라는 것은 특별한 목적을 가지고 청동기를 의도적으로 묻은 것을 의미한다. 이러한 매납에 대해 중국과 일본에서는 많은 유구가 확인되었고 이를 바탕으로 다양한 연구가 진행되어진 반면, 한반도에서는 1999년 마산 가포동유적의 발굴을 시작으로 본격적인 연구가 시작되었다(李相吉 2000).

일반적으로 청동기의 매납이 이루어지는 곳의 특징은 강변이나 해안 등 주변을 조망하기에 좋은 높은 곳에 위치하는 것이다. 또한 이와 관련하여 유구의 특징은 ① 적석 내에 매납하는 경우, ② 동검이나 동모가 바닥에 꽂혀 매납되는 경우, ③ 바위 틈 사이에 매납하는 경우, ④ 수혈이나 석관 안에 열상으로 매납하는 경우로 나뉜다. 현재로서는 시기적인 변화, 지역성, 사용되는 청동기의 조합 등이 일정하게 확인되지 않지만, 자료의 증가를 통해 해결될 것으로 기대된다.

조기에 속하는 것은 크게 주거지 출토품과 퇴적층에서 출토된 두 종류로 구분된다. 평양 금탄리 8호 주거지에서는 청동착이 출토되었으며, 봉산 신흥동 7호 주거지에서는 동포가 확인되었다. 이 두 예모두 단순히 주거지에서 출토된 것으로 특별한 시사점은 확인되지 않는다. 그리고 진주 옥방 5-D지구에서 출토된 곡옥형 청동기는 소속 시기가 애매하지만 조기에 속할 가능성이 있다. 진주 남강댐 수몰지구에서는 많은 주거지와 무덤 등이 확인되었지만, 청동기는 이것 단 한 점에 불과하다. 이러한 점에서 의미를 부여할 수 있을 것이다.

전기에 속하는 것으로 김천 송죽리 4호 지석묘 주변에서 땅에 박혀 출토된 동검이 있다. 동검의 형태는 이형요령식동검이며 4호 지석묘에서는 삼각만입석촉과 일단경식의 석촉이 출토되어 시기를 전기로 볼 수 있다. 무덤의 주변인 묘역에서 출토된 점, 땅에 박혀서 출토된 점은 이 동검이 특별한 의미를 가지고 매납되었음을 보여준다. 그 의미는 아직 명확하지 않지만, 무덤에 부장된 것이 개인에게 귀속된 물건이라면 이렇게 사용된 동검은 개인에게 귀속되지는 않았을 것이라는 의견이 있다(宮里修 2010).

중기에는 주거지 내부에서 동모가 출토되는 점이 주목된다. 평양 표대 10호 주거지와 덕천 남양리 16호 주거지에서는 요령식동모가 출토되었다. 이 중 덕천 남양리 16호 주거지 동모는 봉부 끝부터 신부 중간까지 폭 0.1mm 정도의 돌대가 직선적으로 돌출되어 있다. 이러한 것은 중국 朝陽 西三家子 출토 요령식동검의 거푸집에서도 확인되는 것으로 동검과 동모 제작기술의 유사성을 보여준다. 평양 표대 10호 주거지와 덕천 남양리 16호 주거지는 둘 다 불탄 화재주거지인데, 다른 주변의 주거지와 비교해서 크기나 구조상 별다른 특징은 확인되지 않는다. 이외에 청도 예전동의 산비탈에서는 적석 내에서 전형적인 요령식동검이 출토되었다. 전 무주로 알려진 3점의 동검도 적석 내에서 출토되었다고 한다. 중기 후반에는 개성 해평리 산중의 적석 내에서 동검이 출토된 바 있으며, 신천 청산리 일출동에서는 사면에 동검이 박힌 상태로 확인되었다. 중기부터 이어져오는 전통으로 이 시기만의 특징은 확인되지 않는다.

후기의 다뉴조문경 시기에 가장 주목되는 것은 고흥 소록도유적 출토품이다. 다뉴조문경과 석부, 석촉 등이 함께 출토되었는데, 수혈을 파고 그 안에 석촉과 석부를 넣고 다뉴조문경으로 뚜껑을 덮듯 마감하였다고 한다. 현재로서는 이러한 예가 하나밖에 없기 때문에 의미에 대해서는 논의할 근거가 부

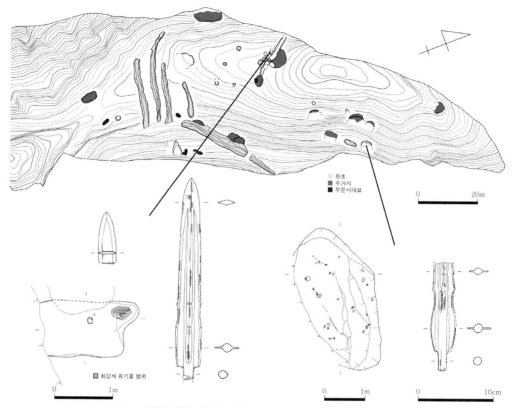

0   20m

■ 회갈색 유기물 범위

0   1m

0   1m

0   10cm

그림 4 _ 합천 영창리유적 매납유구(좌 : 28호 수혈, 우 : 22호 수혈)

족하다. 이외에 수혈 내 바닥에 박혀 출토된 합천 영창리, 대전 문화동 출토품과 적석 내에서 출토된 영암 신연리 출토품 등이 알려져 있다. 합천 영창리에서는 22호 수혈 내에서 칼끝이 없는 동검이 땅에 박혀 출토되었다. 또한 28호 수혈에서는 한국식동검과 동촉, 뼈 등이 출토되었는데, 가죽과 같은 유기 질로 쌓여있었던 것으로 추정된다. 동검은 흡사 22호 수혈 내에서 출토된 동검의 윗부분처럼 보이지 만 서로 접합되지는 않는다. 대전 문화동에서는 구릉 꼭대기에서 세형동검이 땅에 박혀서 출토되었다. 영암 신연리유적은 낮은 구릉의 적석 사이에서 한국식동모와 검파두식이 출토되었으나 자세한 내용 은 알 수 없다.

다뉴세문경 시기에는 지리산 자락의 산청 백운리 적석 내에서 동검, 동모, 동사 등이 출토되었다. 그리고 함평 장년리 당하산, 군산 관원리유적의 수혈 내에서 동검이 땅에 박힌 상태로 확인되었다. 함 평 장년리 당하산유적에서는 말각방형의 토광 내에서 한국식동검이 구부러진 채 땅에 박혀서 출토되 었다. 주석 7%, 동 85%, 납 3%의 성분으로 주석이 적고 동의 함량이 많아 부러지지 않고 구부러졌으 며 실용성을 잃은 것을 알 수 있다. 군산 관원리유적에서는 토광 내에서 한국식동모, 철검, 흑색마연장 경호가 출토되었는데 동모는 박혀서 확인되었다.

이외에 완주 상림리유적에서는 도씨검 26점이 일괄로 출토되었다. 구릉 사면에 칼끝이 동쪽을 향하여 나란히 배치되었는데, 26점 모두 각기 다른 형태로 동형은 없다. 주조 후에 마연은 거의 되지 않았다. 시기는 도씨검이 출토된 재령 고산리유적이나 평원 신송리유적을 근거로 하면 청동기시대 중기 후반으로 생각되지만 이웃한 함평 초포리유적에서 다뉴세문경과 동반하여 도씨검이 출토되는 바 후기로 비정한다.

그리고 다뉴세문경의 경우 일본에서는 제사유구에서 출토된 예가 많다. 일본 규슈 小郡市 若山遺蹟에서는 수혈 내에 다뉴세문경 두 점이 토기에 담겨서 출토되었다. 그리고 오사카 大縣遺蹟과 나라 名柄遺蹟은 산을 사이에 두고 위치하는데 각기 다뉴세문경이 출토되었다. 이러한 매납과 관련된 다뉴세문경은 크기가 큰 3구식인 점이 주목된다. 이를 바탕으로 한반도의 양상을 살펴보면 소형의 2구식은 철기 등과 동반하는 경우가 많고 대형의 3구식은 동령류 등과 동반하여 출토되는 경향성이 있어, 이것이 제정분리와 관련되었을 가능성을 제기하기도 하였다(李陽洙 2004).

한반도의 청동기 매납은 가장 눈에 띄는 것이 땅에 박혀서 출토되는 동검과 동모, 그리고 적석 내에서 발견되는 동검 등이다. 대부분 무기류를 매납하고, 유일하게 고흥 소록도에서 의기인 다뉴조문경을 매납한 사례가 있다. 중국 老鐵山 郭家屯에서 발견되는 바와 같이 주조가 불량인 제품을 모아서 부장하는 예는 보이지 않지만, 일본 島根縣 荒神谷遺蹟과 같이 청동기가 대량으로 부장되는 양상은 완주 상림리유적에서 확인된다. 하지만 이는 한반도에서는 특이한 사례이기 때문에 이에 대한 해석도 한반도 자체적인 양상을 고려해야할 것이다. 검이나 창을 땅에 꽂는 것은 무속에서 악귀를 쫓아 버리거나 액운을 물리치는 것과 관계 있다고 한다. 이러한 전통이 청동기시대까지 거슬러 올라갈지는 모르지만 가능성은 열어둘 필요가 있다.

VI. 맺음말

한반도의 청동기는 청동기시대에 출현하여 초기철기시대에 극성을 이루며 이후에도 계속 제작·사용된다. 청동기는 주로 지배층의 의기·장신구 등으로 사용되었기 때문에 넓은 지역으로 유통되었고, 구리와 주석 등 원료와 제작기술을 가진 장인집단은 통제되어 제작지는 한정되어 있었다. 때문에 청동 제작기술에 대한 치밀한 분석을 통해 제작집단을 구분하고 그것의 유통범위를 파악함으로써 연관된 정치체의 범위를 상정하는 것이 가능하며, 제작기술과 부장·매납의 상관관계를 파악함으로써 의기화의 방향 등을 설명할 수도 있다.

이러한 연구를 위해서 우선 청동기의 제작기술에 대한 치밀한 연구가 필요하다. 그리고 이와 같은 기초적인 연구를 통해 생산과 유통이라는 거대한 메커니즘을 이해할 수 있을 것이다. 앞으로 이와 관련된 다양한 연구가 진행되기를 기대해 본다.

표 1 _ 한반도 청동기시대 청동기 개요

시대	시기		표지유물	제작기술	부장	매납
청동기시대	조기		도자, 청동관옥, 동포, 동착	석범, 단범, 한반도 내 제작 증거 없음	착장 상태로 부장 (나진 초도)	주거지 내(평양 금탄리 8호, 봉산 신흥동 7호), 지면 (진주 옥방 5-D)
	전기		이형요령식동검, 이단경식동촉, 삼각만입동촉	석범, 합범, 한반도 내 제작 개시 (춘천 우두동 동촉)	착장 상태로 부장(서천 오석리) 청동촉과 석촉의 부장 위치 구분 (춘천 우두동)	무덤 주위에 꽂힘 (김천 송죽리 4호 지석묘 주위)
	중기	전반	전형요령식동검, 일단경식동촉, 선형동부, T자형검파	석범, 합범, 동검 제작 시 탕구 위치 구분, 토범, 원형법(신천)	착장 상태로 부장, 대형 지석묘가 아닌 주변의 분묘에서 출토 (여천 월내동), 부장 전용 청동기의 등장(부여 송국리 석관묘), 군집 중 리더(여수 적량동), 파편 부장(여수 월내동)	적석 내(청도 예전동), 주거지 내 동모 (평양 표대 10호, 덕천 남양리 16호)
		후반	변형요령식동검, 재가공동촉, T자형검파	석범, 토범, 원형 깎기(평원 신송리 출토 청동검파)	착장 상태로 부장, 대형 지석묘가 아닌 주변의 분묘에서 출토 (창원 덕천리 16호 지석묘), 유구 축조 중 부장(사천 이금동)	적석 내(개성 해평리), 사면에 꽂힘 (신천 청산리 일출동)
	후기	다뉴조문경시기	다뉴조문경, 검파형동기, 나팔형동기, 방패형동기, 견갑형동기	석범, 토범, 밀랍법, 분주법(대전 괴정동 검파형동기), 콤파스 사용(아산 남성리 다뉴조문경)	개인 분묘에 청동기 집중, 착장품과 비착장품	수혈 내 꽂힘(합천 영창리, 대전 문화동), 적석 내(영암 신연리), 동경 매납 (고흥 소록도)
		다뉴세문경시기	다뉴세문경, 간두령, 쌍두령, 팔주령	석범, 토범 일반화 (논산 동과), 청동기 제작기술의 최전성기	관내/외 부장, 동경·검의 중첩 부장(함평 초포리), 다뉴세문경의 형식과 의미 구분	적석 내(산청 백운리), 수혈 내 꽂힘 (함평 장년리 당하산, 군산 관원리), 도씨검의 매납 (완주 상림리)

참고문헌

國立中央博物館 · 國立光州博物館, 1992, 『韓國의 靑銅器文化』, 汎友社.

金美京, 2006, 「美松里型 土器의 변천과 성격에 대하여」 『한국고고학보』 60.

샬린, 에릭(서종기 역), 2013, 『광물, 세상을 바꾸다』, 예경.

서길덕, 2011, 「경기지역 동검 문화의 전개 양상」 『先史와 古代』 35.

崇實大學校韓國基督敎博物館, 2009, 『韓國基督敎博物館 所藏 國寶 第141號 多鈕細文鏡 綜合調査硏究』.

安在晧, 2009, 「南韓 靑銅器時代 硏究의 成果와 課題」 『동북아 청동기문화 조사연구의 성과와 과제』, 학연문화사.

李健茂, 2005, 「韓國 先史時代 靑銅器 製作과 거푸집」 『개교 108주년 기념 한국의 청동기 제작과 용범』 숭실대학교 한국기독교박물관 제2회 매산기념강좌 발표요지문.

李相吉, 2000, 「청동기 매납의 성격과 의미」 『韓國考古學報』 42.

李陽洙, 2004, 「多鈕細文鏡으로 본 韓國과 日本」 『嶺南考古學』 35.

이양수, 2012, 「탕구의 위치로 본 요령식동검의 제작기술과 의미」 『考古廣場』 11.

鄭仁盛, 2001, 「樂浪土城と靑銅器製作」 『東京大學考古學硏究室硏究紀要』 16.

趙鎭先, 2005, 「韓半島 出土 靑銅器時代 鎔範」 『개교 108주년 기념 한국의 청동기 제작과 용범』 숭실대학교 한국기독교박물관 제2회 매산기념강좌 발표요지문.

趙鎭先, 2006, 「細形銅劍 鎔範의 製作技術」 『한국고고학보』 60.

趙鎭先, 2007, 「전 영암용범의 연대와 출토지」 『湖南考古學報』 25.

許浚亮, 2013, 「劍把形銅器의 製作技法」 『亞細亞鑄造技術史學會 硏究發表資料集』 7.

宮里修, 2010, 『한반도 청동기의 기원과 전개』, 사회평론.

近藤喬一, 2000, 「東アジアの銅劍文化と向津具の銅劍」 『山口縣史』 資料編 考古 1.

武末純一, 2002, 「遼寧式銅劍墓와 國의 形成」 『悠山姜仁求敎授停年退任記念 東北亞古文化論叢』.

三宅俊彦, 1999, 『中國古代北方系靑銅器文化の硏究』, 國學院大學大學院.

庄田愼矢, 2005, 「湖西地域 出土 琵琶形銅劍과 彌生時代 開始年代」 『湖西考古學』 12.

後藤直, 1996, 「靈岩出土鑄型の位置」 『東北アジアの考古學-槿域』, 깊은샘.

後藤直, 2007, 「東北アジアにおける使用濟み鑄型の扱いと鑄型埋納」 『한반도의 청동기 제작기술과 동아시아의 고경』, 國立慶州博物館.

제3부
도구를 통해 본 생계와 사회

제1장
도구의 사용과 생계

손준호 　한국고고환경연구소

Ⅰ. 머리말

　　청동기시대에는 대부분의 생활도구들이 토기, 석기, 목기 등으로 제작되었다. 그러나 목기는 유기물에 해당하여 특수한 환경의 유적에서만 발견되기 때문에, 다수의 자료를 확보하기에 어려움이 있다. 당시에 수많은 목제도구들이 이용되었음은 분명하지만, 실물이 확인되지 않는 한 연구의 진전이 어려워 아직까지는 자료의 증가를 기다려야 하는 실정이다. 따라서 도구에 대한 연구는 당시인들의 다양한 활동에 이용되면서 동시에 높은 잔존율을 보이는 토기와 석기에 집중될 수밖에 없다.

　　최근 청동기시대 도구의 사용방식을 밝히기 위하여, 출토 맥락을 살펴보는 것과 함께 유물에 남겨진 사용흔적을 관찰하거나 사용실험 등이 적극적으로 이루어지기도 한다. 특히 유물 관찰에서 토기의 취사흔을 주목하거나 석기의 사용흔과 잔존녹말 등을 분석하는 것은, 모두 용도 추정에 있어서 객관성을 높이기 위한 노력의 일환이라 할 수 있다. 본고에서는 이러한 분석법이 적용된 최신 연구성과를 바탕으로 토기와 석기의 사용방식을 복원하고, 다음으로 석기 조성비를 비교하여 청동기시대의 생계에 대한 문제까지 다루어 보고자 한다.

　　한편, 본고의 목적은 청동기시대 도구 사용과 생계의 전반적인 경향을 살펴보는 데에 있다. 따라서 소수에 불과한 조기의 자료는 전기에 포함시켰으며, 후기 자료의 경우 검토대상으로 삼지 않았다. 즉, 여기서 언급할 토기 사용방식이나 석기 조성비의 변화는 정착적 농경사회로의 재편에 의해 생계환경이 크게 달라진 것으로 보고 있는 전기에서 중기(李弘鍾 2000, 5쪽)로의 변화상에 해당함을 미리 밝혀둔다.

Ⅱ. 토기의 사용

토기의 사용에 대해서는 주로 취사 시 토기에 형성된 그을음이나 유기물 탄착흔 등을 관찰하여 조리방식이나 음식물의 종류를 추정하는 연구가 시도되고 있다. 특별한 장비의 사용이나 복잡한 분석절차 없이 약간의 훈련만으로 누구나 관찰할 수 있기 때문에, 광범위한 적용을 통해 다수의 자료를 확보하는 것이 가능하다. 기존의 연구는 대부분 유적별로 단편적인 언급만 이루어졌는데, 최근 여기에 새로운 자료를 추가하여 청동기시대의 전반적인 양상을 종합적으로 살펴본 논고가 발표된 바 있다(손준호 · 최인건 2012). 본장에서는 이를 기반으로 취사용 토기의 용량과 기종, 그리고 청동기시대 취사방식에 대한 문제들을 살펴보고자 한다.

취사흔이 관찰된 총 183점의 토기 가운데 용량을 파악할 수 있는 토기는 모두 122점이다(그림 1). 취사용 토기의 개체수를 5 l 단위로 나누어 보면 0~5 l 62점, 5~10 l 31점으로, 10 l 이하의 토기가 2/3 이상을 차지한다. 이들은 일반적으로 중형 또는 소형으로 인식되는 크기이기 때문에, 결국 중소형 토기가 주로 취사에 이용되었음을 알 수 있다. 대체로 용량이 20 l 이상이면 대형 토기라 할 수 있는데, 이에 해당하는 것이 16점이다. 그리고 47 l 이상의 토기에서는 취사흔적이 관찰되지 않아 저장의 기능이 상정된다.

취사용 토기의 용량 변화에 대해서는 전 · 중기로 구분하여 비교하였다. 용량 파악이 가능한 전기 토기는 64점, 중기 토기는 56점이다. 용량별로 세분하면 전기 토기는 10 l 이하 45점, 10~20 l 12점, 20 l 이상 7점으로, 용량이 커질수록 취사용 토기의 수가 줄어든다. 이와 달리 중기에는 10 l 이하 46점, 10~20 l 1점, 20 l 이상 9점으로, 중간 용량의 토기가 거의 없는 편이다. 그러나 중기의 대형 토기 9점이 모두 옹관에 해당하여 생활유구 출토품에 비해 잔존율이 높다는 점을 감안하면, 이 역시 다수를 차지한다고 보기 어렵다. 따라서 전기와 중기 취사용 토기의 용량은 중소형의 경우 큰 차이가 없지만, 중기가 되면 상대적으로 중대형 토기를 조리에 이용하는 사례가 줄어든다고 할 수 있다. 이는 중기 단계의 주거지 규모 축소에 따른 거주인원 감소와 맥을 같이하는 현상으로, 대형 토기의 사용량이 전반적으로 줄어들면서 취사용 토기의 용량 또한 작아진 것이라 판단된다.

다음으로 취사용 토기의 기종에 대하여 언급하겠다. 무문토기의 기종에 대해서는 연구자마다 다양한 견해가 제시되고 있는 실정이지만, 대부분 개별 유적이나 해당 시기에 적절한 분류일

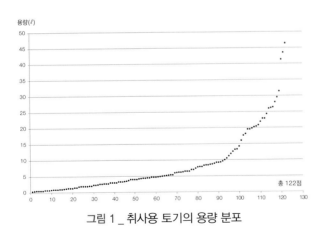

그림 1 _ 취사용 토기의 용량 분포

뿐 청동기시대 전체나 전후 시기와의 연결성을 생각하면 그대로 적용하기에 무리가 있다. 특히 조·전기 옹형과 발형의 구분, 중기 송국리형토기의 기종 상정 등에서 애매한 경우가 발생한다. 먼저 안재호(2010, 47쪽)에 의해 옹형으로 분류된 토기(그림 2-1)는 대형 발형토기와 형태적으로 크게 다르지 않고 기능상의 차이도 확인하기 어려워 발형에 포함시켜도 무방하다고 생각한다(1~3). 송국리형토기에 대해서는 외반구연호 또는 옹으로 분류되는데, 토기 관찰결과에 의하면 발형토기와 유사하게 저장 또는 조리에 이용되었음이 확실하다(10~12). 즉, 호형토기와는 기능상의 차이가 분명하기 때문에 옹형으로 분류하는 편이 좋을 것 같다.

한편, 일반적으로 저장용이라 인식되는 호형토기에서도 취사흔적은 관찰된다. 중대형 5점(5)과 소형 1점(6), 적색마연 호 2점(7)에서 확인되지만, 다른 기종에 비하여 취사흔이 형성되지 않은 경우가 많아 주 기능은 역시 저장에 있었다고 생각된다. 또한, 구경이 기고의 2배 이상인 토기를 완형으로 분류하였는데, 모두 7점이 이에 해당한다(8·9). 완형토기의 취사흔은 기고와 구경이 1 : 1에 가까운 소형 발과 유사한 패턴을 이루고 있어, 동일한 조리방식의 추정이 가능하다. 그러나 호형토기와 마찬가지로 이러한 흔적이 보이지 않는 사례가 다수 존재하기 때문에, 주요 용도는 음식을 담아 먹는 식기로서의 이용이 상정된다. 이밖에 대부발 1점에서도 취사흔이 관찰된다(4).

이상과 같이 취사용 무문토기는 발형, 호형, 옹형, 완형으로 구분된다. 기종 구성의 시기별 변화상을 보면, 기종 추정이 가능한 124점 가운데 시기를 알 수 없는 2점을 제외하고 전기 토기는 66점, 중기 토기는 56점이다. 이를 다시 기종별로 세분하면 전기에는 대부발 1점을 포함한 발형 55점, 호형 7점, 완형 4점, 중기에는 발형 34점, 옹형 18점, 호형 1점, 완형 3점으로 구성된다. 전·중기 모두 발형토기가 다수를 차지하는데, 이는 발형을 세분하지 않았기 때문에 나타난 현상이기도 하다. 발형은 심발과 천발로 구분되며 용량의 편차가 커 다양한 용도로 사용되었을 가능성이 높다. 하지만 이러한 점을 감안하더라도 특히 전기의 발형토기는 다른 기종에 비해 월등히 다수를 점하고 있어, 취사행위에 주로 이용된 기종임은 분명하다.

중기가 되면 발형의 수량이 감소하는 반면, 옹형이 새롭게 등장하여 발형의 역할을 대신한다. 중기의 이른 시기에 발형토기가 다수를 차지하다가 점차 옹형토기의 비율이 높아지는 점을 감안하면(安在晧 1991, 60~61쪽), 이러한 기종 교체가 점진적으로 이루어졌음을 짐작할 수 있다. 한편, 호형은 소형 3점을 제외하더라도 전기에 4점, 후기에 1점으로 수량이 감소하는데, 줄어든 취사용 호의 역할 역시 중기의 옹형이 대신하였을 것이다. 그리고 완형의 경우는 호형과 마찬가지로 소수에 불과하지만 전·중기 모두 일정량을 차지하고 있어, 이를 이용한 일정한 취사방식이 시기에 관계없이 존속하였을 것으로 추정된다.

다음으로 취사흔 토기의 관찰결과를 바탕으로 청동기시대 취사방식의 복원을 시도해 보았다. 분석 대상 토기 183점 가운데 취사흔의 분포패턴을 확인할 수 있는 것은 151점이다. 내면 탄착흔의 형성 위치와 존재유무에 따라 크게 하부에 띠 형태로 부착된 것-A형(그림 2-1·10·11), 하부 1/2 정도에 넓게 부착된 것-B형(3·6·8), 상부 또는 중부에 띠 형태로 부착된 것-C형(4·9), 그리고 탄착흔이 관

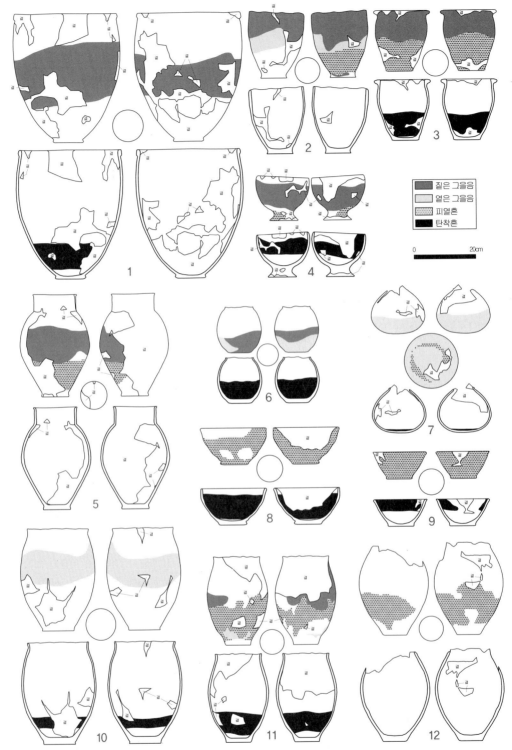

그림 2 _ 기종별 취사흔 분포패턴(1 · 3 · 6 : 대평리, 2 · 5 : 미사리, 4 · 7~9 : 백석동, 10~12 : 관창리)

찰되지 않는 것-D형(2·5·12)으로 구분된다.

취사실험과 민족지조사에 의하면(小林正史 2011), A·B형은 밥이나 스튜처럼 최종 단계에 수분이 거의 없어지는 조리와 음식물을 덜어낸 후 찌꺼기를 제거하기 위하여 계속 가열한 경우, C형은 야채를 데치거나 스튜 조리 시의 수면저하, 휘젓기, 끓어오름 등에 의해 형성된다. D형의 경우는 구체적인 방식이 상정되지 않았지만, 내부에 유기물이 존재하지 않는 물 끓이기 등을 추정할 수 있다. 한편, 불이 세고 사용횟수가 많을수록 외면의 그을음과 피열흔이 뚜렷하고 넓게 부착되며, 그을음의 경우 토기 상부까지 형성되는 것도 확인된다.

취사흔 분포패턴별 개체수를 보면 A형에 해당하는 토기가 54점으로 가장 많고, 다음으로 C형은 46점, D형 28점, B형 14점 순이며, A형과 C형의 흔적이 모두 관찰되는 경우가 9점 있다. 전체 기형 파악이 가능한 토기로 한정하여 용도별 세부 기종을 살펴보면, A형은 발형 19점, 옹형 5점, C형 발형 32점, 옹형 2점, 호형 2점, 완형 3점, A+C형 발형 8점, D형 발형 17점, 옹형 8점, 호형 2점, B형 발형 10점, 호형 1점, 완형 3점으로 구성된다. 이를 통해 발형과 옹형은 거의 모든 조리방식에 이용되며, 호형은 A형 조리에 사용되지 않는 반면 완형은 B·C형의 조리에만 이용되었음을 알 수 있다. 용량과의 관계를 보면 A형은 가장 작은 토기가 2.7 l 로 중형 이상을 주로 사용하며, B형의 경우 반대로 2 l 이하가 절반 이상을 차지하여 상대적으로 소형 토기가 이용되었음이 짐작된다. 이와 달리 C형은 0.3~22.9 l , D형은 1~46.4 l 의 넓은 분포를 보여, 소형부터 대형까지 다양한 크기의 토기가 모

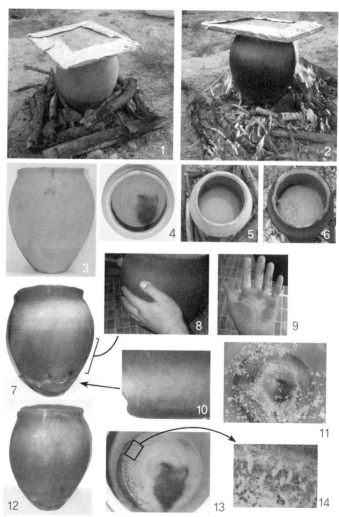

사진 1 _ 실험 토기의 취사흔(쇼다신야 2008, 21쪽)
1·2 : 조리실험, 3·4 : 사용된 토기, 5 : 내용물(쌀+물), 6 : 조리종료,
7~11 : 세척 전 그을음과 탄착흔, 12~14 : 세척 후 그을음과 탄착흔

두 활용된 것으로 추정된다.

시기별로 비교하면 소속 시기를 알 수 없는 2점을 제외하고 전기에 해당하는 것이 95점, 중기에 해당하는 것이 54점이다. 세부적으로는 전기에 A형 41점, C형 27점, A+C형 4점, D형 14점, B형 9점이며, 중기에는 A형 12점, C형 18점, A+C형 5점, D형 14점, B형 5점이다. 시기별 검토대상의 개체수를 감안할 때 B형과 C형의 비율은 큰 차이가 없지만, A형이 크게 감소한 반면 D형은 증가한다고 볼 수 있다. 그런데 상식적으로 중기에 A형으로 대표되는 밥 짓기 등의 비율이 줄어들었다고 생각하기는 어렵기 때문에, 상대적으로 증가한 물 끓이는 용도의 D형이 이러한 역할을 대신하였을 것이라 추정된다. 이와 관련하여 중기에 아래쪽에서 물을 끓여 밥을 찌는 방식의 등장을 상정할 수도 있다.

한편, 취사흔 관찰결과를 바탕으로 출토 유구와의 관계도 살펴보았다. 우선 취사용 토기는 대부분 주거지에서 출토되고 있다. 그러나 아쉽게도 노지 형태와의 특별한 상관관계는 확인되지 않는다. 다만 전기와 중기의 비교에서도 별다른 차이가 발견되지 않는 것을 볼 때, 송국리형주거지에도 어떠한 형태로든 노지가 존재하였을 가능성은 높다고 생각된다. 노지 이용의 구체적인 모습은 토기를 지면에 세우고 그 주변으로 연료를 돌려 가열하는 방식이 상정된다. 이는 외저면에서 그을음이나 피열흔이 관찰된 사례가 거의 없고 있어도 도넛 형태로 주변부에만 형성된 점을 통해서 확인되는데, 무문토기에서 열스트레스를 가장 많이 받는 부분이 두께 차이가 심한 저면과 동체의 접합부라는 점(김장석 2005, 16쪽)을 반영한 사용방식으로 추정된다. 이러한 조리방식으로 인해 내저면에 탄착흔이 관찰되는 경우도 드문 편이다.

마지막으로 취사용 토기의 출토 위치를 검토해 보았다. 일반적으로 취사용 토기는 노지 근처에 분포할 것으로 생각되지만, 분석결과 노지가 존재하는 주거지에서 벽가 출토 사례가 44점으로 가장 많고 그 다음이 노지 주변 20점, 저장공 부근 12점 순이다. 결국 취사용 토기를 평소에는 벽가에 두고 필요시에만 노지 근처로 옮겨 사용한 것으로 추정된다. 저장공 내부나 그 근처에서 출토되는 것들은 취사용에서 저장용으로 용도가 바뀐 것이라 할 수 있다. 한편, 중기 송국리형주거지에서는 벽가와 중앙토광 근처에서 발견된 사례가 각각 5점으로, 전기의 양상과는 약간의 차이를 보인다. 그러나 송국리형주거지의 경우 중앙토광 이외의 시설이 확인되지 않아 내부 공간 활용에 대한 구체적인 정보가 거의 없다는 점을 감안하면, 이러한 분포상에 큰 의미를 부여하기는 어려울 것 같다.

Ⅲ. 석기의 사용

석기의 사용에 대해서는 필자가 조성비 비교를 위한 사전작업으로서 기종별로 정리한 바 있다(孫晙鎬 2008a, 38~43쪽). 여기에 최신 연구성과들을 반영하여 대표적인 석기 기종의 기능과 용도를 살펴보고자 한다. 먼저 석검 가운데 유병식은 제작의 어려움이나 분묘에서 주로 출토되는 점 등을 볼 때 부장 전용 혹은 패용을 목적으로 하는 신분상징용 의기로 판단되며, 유경식도 동일한 기능이 추정되지만 상대적으로 제작이 쉽고 생활유구 출토품이 많기 때문에 실제 사용을 상정한다면 근접전용 무기일 가능성이 높다. 단, 유경식 가운데 경부가 길어 석창으로 분류되는 것이나(孫晙鎬 2008b, 708쪽) 미늘이 부가된 소위 '쌍미늘석창(李宗哲 2006, 32쪽)'은 수렵구로 상정할 수 있다.

다음 석촉에 대하여 필자는 민족지고고학이나 실험고고학의 연구성과를 바탕으로 형식별 기능 차이를 설정한 바 있다(손준호 2007, 105~107쪽). 그 결과 편평무경촉은 수렵용, 능형촉은 무기로서의 기능 추정이 가능하였는데, 이를 통하여 편평형촉의 감소와 능형촉의 증가로 요약되는 청동기시대 마제석촉의 변화상을 수렵구의 감소와 무기의 증가로 해석하였다. 물론 필자가 제시한 석촉의 형식별 기능 설정이 반드시 일대일의 대응관계를 갖는 것은 아니다. 다만 청동기시대 중기에 전쟁의 희생자를 시사하는 석촉 선단부 출토 무덤이 등장하고 규모나 구조에 있어서 좀 더 방어적 성격이 강한 환호와 목책렬이 나타나는 등 전쟁관련 자료의 변화양상이 관찰되고 있어(손준호 2011b, 19쪽), 어느 정도의 경향성으로 파악하는 것은 무리가 없다고 생각한다.

세 번째로 언급할 석도에 대해서는 사용흔분석과 사용실험이 비교적 다수 이루어져, 구체적인 사용방법이 실증적으로 증명되고 있다. 사용흔분석은 필자(손준호 2011a; 손준호·조진형 2006)와 高瀨克範(2011, 82쪽; 高瀨克範·손민주 2007, 60~61쪽)에 의해 주도되고 있는데, 분석결과는 대체로 유사하며 이삭을 따는 방식은 엄지로 피가공물을 석도의 날이 없는 면에 밀착시킨 다음 검지를 이용하여 피가공물을 꺾어 그 반대 면에 붙이고 끈에 걸려 있는 중지에 가볍게 힘을 주면서 손목을 비트는 형태로 복원되었다(그림 3). 사용실험을 통해서는 수확에 있어서 반월형석도보다 삼각형석도가 효율적이며, 날 전체를 이용하는 방법이 더 많은 수확량을 가져오는 것으로 확인되었다(신경숙 외 2011, 20~21쪽). 또 구근류, 어육, 계육 등의 음식물 가공실험에서는 양인 무공석도의 활용도가 높은 반면(사진 2-1~3), 편인 유공석도는 쓰임새가 제한적이었음이 밝혀지기도 하였다(金旼志 2012, 76~77쪽).

석도 이외에 수확구로 분류 가능한 기종으로 석겸이 있는데, 수확보다는 목공구로 사용되거나(金度憲 2008, 56쪽) 수확 후의 짚 또는 잡초제거에 이용하였을 가능성이 제기된 바 있다(孫晙鎬 2008a, 42쪽). 석겸과 형태가 유사하지만 날이 바깥쪽에 형성되어 있는 소위 '동북형석도'는 일상생활용 나이프로 그 기능이 추정된 이후(裵眞晟 2007, 10쪽), 동물가죽과 물고기 가공구설(安在晧 2011, 69~70쪽) 등이 제기되었으나, 사용흔분석 결과 자루 장착흔 이외에 적극적으로 사용되었다고 볼 만한 흔적은 아직까지 확인되지 않고 있다(高瀨克範 2011, 83~85쪽).

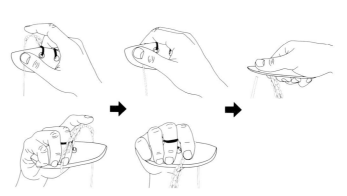

그림 3 _ 반월형석도의 사용방법 복원(손준호·조진형 2006, 25쪽)

무공석도 사용실험(1: 구근류 껍질 깎기, 2: 어육 손질, 3: 계육 손질)

유구석부 사용실험(4: 목재 껍질 벗기기, 5: 땅파기, 6: 가지치기)

사진 2 _ 무공석도(金旼志 2012, 77~79쪽)와 유구석부(朴智熙 2007, 48~51쪽) 사용실험

한편, 부리형석기도 수확구설이 제기된 바 있지만(兪炳琭 2006, 229~230쪽; 李宣味 2007, 60~61쪽), 사용흔분석 결과 사용된 흔적이 전혀 관찰되지 않았기 때문에(高瀬克範 · 손민주 2007, 60쪽) 실생활 용으로 보기는 어렵다. '猪形石器'라 부르며 농경관련 제사유물로 상정되기도 한다(安在晧 2009, 84쪽).

석부도 석도만큼은 아니지만 사용흔분석과 사용실험이 시도되고 있다. 흔암리유적(윤지연 2007, 18~19쪽)과 연암산유적(高瀬克範 2011, 82~83쪽) 출토품에 대한 사용흔분석 결과, 세부적으로 약간의 차이는 있지만 타제석부는 굴지구, 합인석부는 벌채구, 편인석부는 가공구라는 기존의 견해가 다시 한 번 실증적으로 입증되었다. 사용실험은 유구석부를 대상으로 이루어졌는데(朴智熙 2007, 48~51쪽), 목재가공, 땅파기, 가지치기 등을 실시한 결과 목공구로서의 효율성이 높지 않다는 점과 구 하부가 수직으로 내려오는 점토대토기 단계의 형식이 보다 유용하다는 점이 확인되었다(사진 2-4~6). 이밖에 현대 공구와의 비교를 통하여 편평편인석부의 세분된 각 형식을 대패, 자귀, 끌로 구분한 연구도 있다(全眞賢 2013, 44~47쪽). 한편, 환상석부와 다두석부에 대해서는 전자의 경우 무기 또는 위세품으로 이용되다가 점차 의기화되었으며, 후자는 원래부터 의기적 성격이 강한 것으로 상정된 바 있다(崔承希 2004, 75~79쪽).

이상 주요 석기에 대한 기능과 용도 문제를 살펴보았다. 이밖에도 기타 석기로서 갈돌과 갈판의 잔존녹말분석이 시도되어 다양한 식물을 대상으로 한 탈곡 · 제분행위가 추정되었으며(孫晙鎬 · 上條信彦 2011), 토제이긴 하지만 포항지역에서 출토된 어망추를 그물의 말단에 수직으로 매다는 결속방식이 복원되기도 하였다(이동주·장호진 2012, 15쪽). 또, 원형 석제품에 대하여 끈으로 연결하여 원심력을 이용해 대상물을 타격하는 '볼라(bola)'와 같은 용도가 상정되거나(황창한 2013, 49~50쪽), 비교적 소형의 자연자갈은 투석기를 이용하여 날리는 투탄으로 복원되기도 하였으며(손준호 2011b, 10쪽), 이러한 형태의 석기를 '球形石器'로 통칭하여 공이, 숫돌, 갈돌, 투석으로의 이용 가능성을 모두 제시한 연구사례도 있다(장명엽 2011, 36~43쪽).

Ⅳ. 석기 조성비를 통해 본 청동기시대의 생계

석기의 용도 추정을 바탕으로 유적별 혹은 시기·지역별 조성비를 비교하면 당시 취락의 생계방식이나 문화의 변화양상 등을 살펴보는 것이 가능하다. 필자는 남한지역 대단위 취락의 석기 조성비를 비교하여 생계방식의 공통성과 시간적 변화상, 그리고 호서지역 내에서의 사회경제적 측면 등을 검토한 바 있다(孫晙鎬 2008a). 또, 일본 긴키지방의 조몬시대와 야요이시대를 비교한 연구에서는 전환기의 강한 외부 영향을 반영하는 듯 상당히 복잡한 양상이 확인되었다(이기성 2008). 이밖에 제주도와 호남지역을 대상으로 한 비교의 경우 석기 수량의 부족을 보완하기 위한 방법으로 각 기종의 출현비율에 주목하였는데, 분석결과 제주도에서 수렵의 감소와 야생견과류의 활발한 이용이 상정된 바 있다(김민구·권경숙 2010). 최근에는 전기·선송국리·송국리유형의 조성비를 비교하여 송국리문화 형성에 대한 문제를 다룬 글이 발표되기도 하였다(金範哲 2013).

본장에서는 상기한 필자의 논고에 최신 자료를 추가하여 청동기시대 취락의 생계유형과 그 변화상에 대하여 언급하고자 한다. 분석대상 유적은 대단위 취락 가운데 기능 파악이 가능한 석기의 출토량이 100점을 넘는 것으로, 모두 31개의 유적이 이에 해당한다. 유적 간의 조성비 비교를 좀 더 용이하게 하기 위하여 도면으로 나타낸 것이 〈그림 4〉이다. 기능에 따라 구분된 특정 석기의 조성비가 다른 유적에 비하여 상대적으로 높게 나타난다면, 해당 취락에서 이에 상응하는 생계경제 방식에 보다 집중하였던 상황을 짐작하는 것이 가능하다.

먼저 수렵구는 자개리·검단리·기지리·송정리 갈두·대곡리 도롱유적 등에서 높은 비율로 확인되는데, 이들이 모두 중기에 해당하고 있어 전장에서 밝힌 바와 같이 수렵구보다는 무기로서의 사용량이 증가한 것으로 보는 편이 합리적이다. 특히 월등히 높은 조성비를 보인 갈두유적에 대해서는 취락분석을 통하여 영역갈등이 상정된 바 있어(이종철 2012, 83쪽), 이에 부합되는 내용이라 하겠다. 또, 수확구는 성산리·갑산리유적에서, 굴지구는 미사리·굴화리 장검유적에서, 벌채구와 가공구는 용암리유적에서 각각 높은 조성비를 나타내고 있다.

석기가공구는 대평리의 옥방과 어은유적, 용강리 기두유적에서 두드러지는데, 이 세 유적에서는 석기가공구뿐만 아니라 다량의 미제품과 박편, 석재 등이 출토되어 다른 유적에 비하여 석기의 제작이

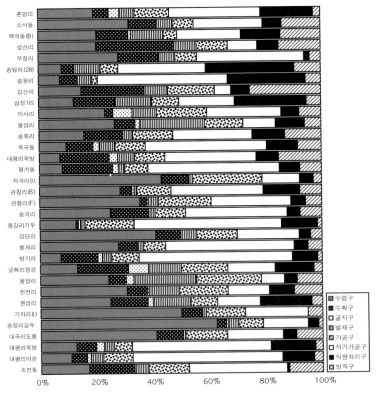

그림 4 _ 유적별 석기 조성비

활발하였음을 짐작할 수 있다. 그런데 공방지로서의 성격을 갖는 주거지가 다수 확인된 용암리나 천전리유적에서 석기가공구의 비율이 현저히 낮은 점은 의문이다. 양 유적에서는 다량의 석기제작 부산물이 출토되었기 때문에, 상기한 세 유적과 마찬가지로 빈번한 제작이 이루어진 것은 분명하다. 하지만 지석의 출토량이 상대적으로 적은 것을 볼 때, 마연 이전 단계까지의 반성품 상태로 제작된 석기를 다른 취락에 공급하였을 가능성도 있다.

이밖에 식량처리구는 삼정1리유적, 방직구는 갑산리유적에서 각각 두드러진 조성비를 보인다. 송담리·송원리유적에서도 식량처리구의 비율은 높지만, 대다수를 차지하는 것이 석기가공구로도 이용되는 편마암제 고석이기 때문에 하나의 생계활동으로 한정하기에는 무리가 있다. 한편, 어구는 충적지에 입지한 유적이나 구릉의 경우 해안 또는 강가에 위치한 유적에서 주로 확인된다.

이 가운데 수확구와 굴지·벌채·가공구인 석부류는 넓은 의미에서 모두 농경관련 도구라 할 수 있다. 굴지구나 벌채구는 화전작을 포함한 밭농사와 관련된 도구로 상정된 바 있으며(安在晧 2000, 51쪽), 가공구의 경우는 목제농구와 논농사의 관련성을 생각할 때(根木修 1976, 110~111쪽) 제작된 목기의 대다수가 농경에 이용되었을 가능성이 높다. 따라서 이 모두를 농경관련 도구로 합하여 조성비를 살펴보면 전체 유적에서 최소 13.4%부터 최대 54.5%(평균 30.5%)까지 고르게 분포하고 있어, 검토대상 취락 모두가 어느 정도 농경에 의존한 생계경제 방식을 택하고 있었던 것으로 판단된다.

한편, 농경 이외에 수렵과 채집생활도 당시인들에게는 중요한 경제활동이었을 것이다. 수렵의 증거로는 무기로만 볼 수 없는 다량의 석촉을 들 수 있으며, 식량처리구 가운데 석명·요석·고석 등은 견고한 종자를 부수고 내부의 식용부분을 취하는 데 이용된 것으로 추정되고 있어(李弘鍾 1997, 9~10쪽) 채집활동을 나타내는 자료라 할 수 있다. 이상의 석기들은 시기나 입지에 상관없이 모든 유적에서 확인되고 있기 때문에, 대부분의 유적에서 농경에 기반을 둔 경제생활을 영위하는 동시에 자연지리

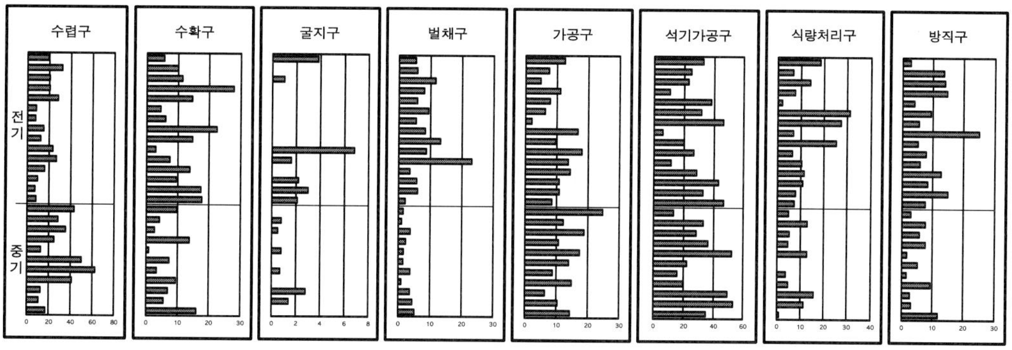

그림 5 _ 시기별 석기 조성비의 변화상

적 환경을 최대한 활용하여 수렵이나 채집활동, 경우에 따라서는 어로활동까지 병행하였을 것으로 생각된다. 이와 같이 다양한 생계활동이 존재하는 것이 농경사회의 일반적인 모습이다(신숙정 2001, 25쪽).

이상 청동기시대 대단위 취락의 생계유형 복원을 시도하였는데, 다음으로 그 시기적 변화상에 대하여 살펴보고자 한다. 청동기시대 중기는 송국리문화의 등장과 함께 시작되며 송국리문화는 논농사를 바탕으로 한 정착적 농경문화에 기반을 두고 있기 때문에, 결국 석기 조성비의 시기적 차이는 논농사의 보급에 의한 생계유형의 변화상이라 할 수 있다. 그런데 본고에서 다루고 있는 31개 유적 가운데에는 전기의 양상이 뚜렷한 변화 없이 중기까지 이어진 것들이 존재한다. 모두 송국리문화가 파급되지 않은 지역에서 조사된 유적으로, 동남해안지역과 강원지역의 중기 단계 유적들이 이에 해당한다. 이러한 유적들을 포함할 경우 변화의 양상이 뚜렷하게 관찰되지 않을 가능성이 높아, 본고에서는 이들을 제외한 후 석기 조성비의 시기적인 변화상을 검토하였다.

해당 유적은 모두 7개로, 이를 제외하고 시기별 변화상을 도면으로 나타낸 것이 〈그림 5〉이다. 가운데 선을 기준으로 위쪽이 전기에 해당하며, 아래쪽은 중기에 속하는 유적의 석기 조성비이다. 석기의 기능별 변화상을 보면, 먼저 수렵구는 전기보다 중기의 증가세가 뚜렷하다. 이는 수렵구의 대부분을 차지하는 석촉의 출토량이 늘어난 것으로, 전장에서 언급한 바와 같이 청동기시대 중기에 무기로서의 석촉 사용이 증가하면서 전체 조성비에서 차지하는 비중도 높아진 것이라 판단된다. 그렇지만 중기의 석촉이 모두 무기로만 이용되어 전기부터 이루어지던 수렵행위가 완전히 소멸되었다고 볼 수는 없다. 수렵은 여전히 식량생산의 다양성 확보와 부족한 영양분 보충을 위하여 존재하였을 것이며, 특히 농경의 확산과 더불어 害獸驅除 등을 목적으로 하는 수렵(곽종철 2003, 448쪽)이 중기에 좀 더 빈번해졌을 가능성도 충분하다.

다음으로 수확구는 감소 추세를 보인다. 수확구의 대부분을 차지하는 것은 반월형석도인데, 논농사의 보급으로 농경이 확대된 시점에 오히려 수확구가 줄어들고 있어 주목된다. 청동기시대 중기에 등장하는 삼각형석도가 양쪽 날을 모두 사용할 수 있는 개량형이라는 견해(崔淑卿 1960, 35쪽)를 받아

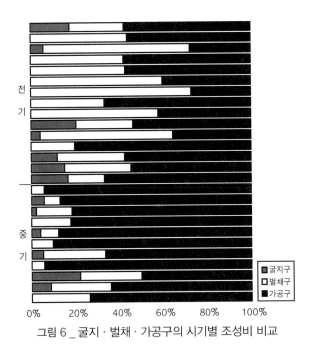

그림 6 _ 굴지·벌채·가공구의 시기별 조성비 비교

들인다면, 적은 수의 석도만으로도 이전 시기와 동일한 수확량을 확보할 수 있기 때문에 도구의 효율성 증대가 개체수의 감소를 가져온 것이라 해석할 수 있다. 그러나 삼각형석도의 기능적 장점을 인정한다 하더라도 조성비에 뚜렷한 변화를 가져올 정도로 효율성에 차이가 있었는지는 의문이다. 한편, 석겸 등의 다른 수확구가 특별히 중기에 증가하는 양상도 확인되지 않고 있어, 수확방법에서의 변화를 생각하기에도 어려움이 있다. 일본열도 각지에서 발견되고 있는 목제 수확구로의 대체 가능성에 대해서는(山崎賴人 2008, 68~70쪽), 아직 한반도에서의 출토 예가 없기 때문에 자료의 증가를 기다려야 할 것 같다.

이밖에 굴지·벌채·가공구는 모두 석부류에 해당하는데, 굴지구나 벌채구는 밭농사, 가공구는 논농사와 관련된 도구로 추정된다. 따라서 청동기시대 중기에 굴지구와 벌채구가 감소하는 양상은 밭농사의 비중이 줄어든 것이라 할 수 있으며, 반대로 가공구의 증가는 송국리문화의 등장에 의한 논농사의 활성화와 잘 부합하는 내용이라 하겠다. 그런데 〈그림 5〉를 보면 굴지·벌채구가 시간적 흐름에 따라 뚜렷하게 감소하는 데 반하여 가공구의 증가는 그다지 두드러지지 않고 있다. 가공구의 증가양상은 굴지·벌채·가공구만의 조성비를 상대 비교할 때 좀 더 뚜렷하게 관찰되는데, 이를 도면으로 나타낸 것이 〈그림 6〉이다.

마지막으로 석기가공구, 식량처리구, 방직구의 변화상을 보면, 석기가공구는 중기가 되면서 증가하는 반면 식량처리구와 방직구는 감소하고 있다. 석기가공구의 증가는 석기의 생산활동이 증대되었음을 의미하는데, 단순히 소비량이 늘었기 때문일 수 있지만 자급적 생산을 넘어 교역을 위한 대량생산이 이루어졌을 가능성도 배제할 수 없다. 한편, 청동기시대 중기에 감소세를 보이는 식량처리구 중에는 견과류 파쇄용구가 다수 포함되어 있어 이를 채집활동과 결부시켜 생각하면, 전기에 농경 이외의 생계방식에 대한 의존도가 상대적으로 높았음이 짐작된다. 방직구는 특히 전기에 해당하는 갑산리유적의 조성비가 두드러지는데, 전반적으로도 전기에 방직활동이 빈번한 것으로 파악된다.

이상과 같이 시간적 흐름에 수반되는 석기 조성비의 변화를 살펴보았다. 이를 요약하면 무기의 증가, 수확구의 감소, 굴지·벌채구의 감소와 이에 상응하는 가공구의 증가, 석기가공구의 증가와 식량처리구·방직구의 감소로 정리할 수 있다. 물론 구분된 기능별로 시기적인 차이가 뚜렷한 것과 그렇지 않은 것이 공존하고 있지만, 어느 정도의 경향성으로 보기에는 무리가 없다. 이러한 변화가 의미하는 바에 대해서는 몇 가지 해석이 가능하다. 먼저 석부류의 증감을 통하여 추정된 논농사의 확산과 밭농사의 상대적 감소는, 논농사 집약화에 의한 생산량의 증대로 이어졌을 가능성이 높다. 생산량의 증가는 다양한 생계방식 가운데 농경의 비중을 높였을 것이며, 이는 식량처리구의 감소를 통해서도 확인된다. 또, 무기 사용의 증가는 증대된 생산물을 차지하기 위한 집단 간의 갈등이 빈번해졌음을 나타내는 양상이라 하겠다. 한편, 석기가공구의 증가에 대해서는 석기의 사용량이 늘어난 데에서 그 원인을 찾을 수 있지만, 교역을 위한 생산량 증대로 상정한다면 초기 복합사회로 진입한 청동기시대 중기 사회의 정치경제적 요소(金範哲 2006, 72쪽)로 파악하는 것도 가능하다.

V. 맺음말

이상과 같이 토기와 석기의 사용방식을 살펴보고, 석기 조성비를 통한 청동기시대 생계의 복원을 시도해 보았다. 그러나 분석과정에서 여러 문제가 존재하고 있음을 부정하기는 어렵다. 우선 토기의 분석과 관련하여 실물을 관찰해야 하는 연구방법상 많은 자료를 확보할 수 없었다는 점을 지적할 수 있다. 석기의 사용과 조성비 비교에 있어서는 주거지 출토 유물이 점유 당시의 고고학적 맥락을 그대로 반영하는 경우가 거의 없다는 점(金承玉 2000, 38쪽)이나 석기의 다기능성에 대한 문제(홍주희 2011)와 같은 분석상의 오류도 존재한다. 또한 석기만의 분석을 통하여 취락의 생계경제를 언급하는 것은 무리가 따를 수밖에 없어, 관련 고고학 자료는 물론 인접 학문분야의 연구성과까지 적극적으로 활용할 필요가 있다.

그럼에도 불구하고 도구의 사용에 대하여 좀 더 실증적인 방법에 의한 복원이 시도되었다는 점이나, 청동기시대의 생계경제를 살펴보기 위한 하나의 접근방법을 제시한다는 측면에서는 나름대로 충분한 의미를 가질 수 있다. 앞으로 양호한 자료의 확보와 함께 다양한 측면에서의 연구가 동시에 진행됨으로써, 보다 객관적이고 타당성 있는 도구의 사용 및 생계에 대한 복원이 이루어질 수 있을 것이라 기대한다. 이를 위해서 개인적인 연구만으로는 분명한 한계가 존재하기 때문에, 관련 연구자들의 지속적인 관심과 노력이 요구된다.

곽종철, 2003, 「가야의 생업」『가야 고고학의 새로운 조명』, 혜안.

金度憲, 2008, 「선사·고대의 농구 조합과 생산력의 변화」『嶺南考古學』 47.

김민구·권경숙, 2010, 「제주도 송국리문화의 석기조성과 생업경제」『湖南考古學報』 36.

金旼志, 2012, 『青銅器時代 開始期의 漢江 中上流地域 石器 樣相』, 嶺南大學校大學院 碩士學位論文.

金範哲, 2006, 「忠南地域 松菊里文化의 生計經濟와 政治經濟」『湖南考古學報』 24.

金範哲, 2013, 「청동기시대 前-中轉移期 生計經濟戰略의 추이」『湖南考古學報』 44.

金承玉, 2000, 「호남지역 마한 주거지의 편년」『湖南考古學報』 11.

김장석, 2005, 「한국 선사시대의 식량가공과 조리」『선사·고대의 생업경제』, 제9회 복천박물관 학술발표회.

朴智熙, 2007, 『남한지역 유구석부의 형식변화와 실험고고학적 방법에 의한 기능변화 추론』, 漢陽大學校大學院 碩士學位論文.

裵眞晟, 2007, 「東北型石刀에 대한 小考」『嶺南考古學』 40.

손준호, 2007, 「마제석촉의 변천과 형식별 기능 검토」『한국고고학보』 62.

孫晙鎬, 2008a, 「石器 組成比를 통해 본 靑銅器時代 生計와 社會經濟」『韓國靑銅器學報』 3.

孫晙鎬, 2008b, 「朝鮮半島における磨製石劍の展開と起源について」『地域·文化의 考古學』, 下條信行先生退任記念論文集.

손준호, 2011a, 「송담·송원리유적, 백석동유적 출토 반월형석도의 사용흔 분석」『考古學誌』 17.

손준호, 2011b, 「청동기시대 전쟁의 성격」『고고학』 10-1.

손준호·조진형, 2006, 「고배율 현미경을 이용한 반월형석도의 사용흔 분석」『야외고고학』 1.

손준호·최인건, 2012, 「무문토기 취사흔의 관찰과 해석」『考古廣場』 11.

孫晙鎬·上條信彦, 2011, 「청동기시대 갈돌·갈판의 사용흔 및 잔존 녹말 분석」『中央考古研究』 9.

쇼다신야, 2008, 「土器 炊事痕의 觀察과 記錄方法 檢討」『炊事의 考古學』, 서경문화사.

신경숙·김소라·서지아, 2011, 「실험고고학을 통해 본 석도제작과 사용실험 보고」『박물관 연보』 20, 목포대학교박물관.

신숙정, 2001, 「우리나라 청동기시대의 생업경제」『韓國上古史學報』 35.

安在晧, 1991, 『南韓 前期無文土器의 編年』, 慶北大學校大學院 碩士學位論文.

安在晧, 2000, 「韓國 農耕社會의 成立」『韓國考古學報』 43.

安在晧, 2009, 「松菊里文化成立期의 嶺南社會와 彌生文化」『彌生文化誕生』, 彌生時代의 考古學 2.

安在晧, 2010, 「韓半島 靑銅器時代의 時期區分」『考古學誌』 16.

安在晧, 2011, 「墓域式支石墓의 出現과 社會相」『東北亞 靑銅器文化와 支石墓』, 韓國學中央研究院共同研究팀.

俞炳琭, 2006, 「一名 '부리형석기' 用途에 대한 小考」『石軒鄭澄元教授 停年退任記念論叢』, 釜山考古學研究會.

윤지연, 2007, 「사용흔 분석을 통한 석부의 기능 연구」『한국고고학보』 63.

이기성, 2008, 「일본 죠몽·야요이 전환기의 석기 변화」『韓國上古史學報』 59.

이동주·장호진, 2012, 「어망추로 본 청동기시대 어로 양상」『야외고고학』 14.

李宣味, 2007, 『소위 '부리형석기'의 用途에 관한 研究』, 慶南大學校大學院 碩士學位論文.

李宗哲, 2006, 「쌍미늘 石槍 小考」『研究論文集』 7, 湖南文化財研究院.

이종철, 2012, 「탐진강유역 송국리형주거의 특징과 편년」 『湖南考古學報』 42.

李弘鍾, 1997, 「韓國 古代의 生業과 食生活」 『韓國古代史研究』 12.

李弘鍾, 2000, 「無文土器가 彌生土器 성립에 끼친 영향」 『先史와 古代』 14.

장명엽, 2011, 「구형석기(球形石器)의 기능에 대한 몇 가지 추론」 『湖南文化財研究』 11.

全眞賢, 2013, 「편평편인석부의 기능과 용도에 관한 연구」 『韓國靑銅器學報』 12.

崔淑卿, 1960, 「韓國摘穗石刀의 研究」 『歷史學報』 13.

崔承希, 2004, 『韓半島 出土 環狀·多頭石斧 研究』, 釜山大學校大學院 碩士學位論文.

홍주희, 2011, 「청동기시대의 생활상과 석기의 기능영역」 『人類學考古學論叢』, 영남대학교 문화인류학과 개설40주년 기념논총.

황창한, 2013, 「영남지역 청동기시대 석제무기」 『韓國靑銅器學報』 13.

高瀬克範, 2011, 「大邱燕岩山·慶州隍城洞遺蹟出土石器の使用痕分析」 『慶北大學校考古人類學科30周年紀念 考古學論叢』.

高瀬克範·손민주, 2007, 「晋州 生物産業團地 造成敷地 內 耳谷里遺蹟 出土 부리형석기·반월형석도의 使用痕分析」 『東亞文化』 2·3.

根木修, 1976, 「木製農耕具の意義」 『考古學研究』 22-4.

山崎賴人, 2008, 「收穫具(穗摘具·鎌)」 『季刊考古學』 104.

小林正史, 2011, 「スス·コゲの形成過程」 『土器使用痕研究』, 能登印刷株式會社.

제2장
청동기와 사회

이청규 영남대학교

Ⅰ. 머리말

　도구는 사회의 필요에 의해서 제작되고 사용된다. 사회를 유지하기 위해서는 생업활동을 통하여 의식주 자원을 마련해야 하고, 경우에 따라서는 무력행사를 통하여 외부집단을 공격하고 방어하기도 해야 한다. 또한 집단의 결속력을 강화하기 위해 정치적 혹은 종교적 행사를 치루기도 한다. 그러한 사회적 필요에 의하여 동원되는 청동기시대의 도구로서 토기, 석기 등이 있지만, 기능상의 효율성과 이데올로기적 상징성 등을 따져 볼 때 청동기에 비할 바 못된다.

　청동기를 제작·공급하는 수준에 따라서 당대 사회의 복합도가 다르다고 할 수 있다. 가령 공정이 단순한 청동기를 제작하는 장인이 존재하는 사회와 복잡한 공정을 거치는 청동기를 제작하는 사회는 그 시스템이 발달한 정도가 다른 것이다. 소유하고 사용하는 청동기의 종류와 양이 집단 또는 사람의 경제적 실력과 사회적 위세에 따라 다르다. 청동기에는 여러 기종이 있는데, 청동기에 투여되는 재료의 양과 제작기술의 난이도가 기종에 따라 다르게 반영된다. 그에 따라 소유자의 신분과 지위를 판단할 수 있는 등급을 결정할 수 있다.

　등급이 실제 생활에서 상하의 위계를 바로 입증하는 것은 아니다. 상하관계에 있다 하더라도 실제 그 상하가 무엇과 관련한 것인지는 확인되지 않는다. 이에 대한 설명은 사회발전단계론과 통하는데, 사회의 발전단계 혹은 복합도를 설명하는 데에 단위사회가 몇 계층으로 이루어졌는지가 중요하다. 한국고고학에서 중점을 두는 것은 크게 신진화론의 'band-tribe-chiefdom-state'와 문헌사적 관점인 '촌-읍락-국'의 두 가지가 있다.

한편, 청동기와 관련된 사회의 문제를 설명하기에 앞서 한국 청동기문화의 시공간적 범위를 어떻게 잡을 것인지를 먼저 합의하여야 한다. 논의되어야 할 공간적 범위를 설정하는 데 청동기, 그중에서 한반도를 포함하여 중국 동북지방에 분포한 비파형동검을 표지로 하는 것이 합당하다. 비파형동검은 하가점하층문화권처럼 북방식동검의 분포권에서도 발견되는 사례가 있지만 이 경우는 제외한다. 시간적으로는 비파형동검이 제작·보급되는 기원전 11~10세기경에서 기원전 5~4세기경이 된다. 연구자에 따라서는 그 상한을 기원전 8세기, 하한을 기원전 3세기로 보기도 하지만, 전형적인 동검 이전에 초기 동검을 인정하고 그 초기 연대를 여유 있게 보는 안을 따르고자 한다.

비파형동검을 표지로 하는 청동기문화권에서는 중원지역에 널리 보급되는 청동용기가 그 경계지역인 요서지역에서 일부 확인될 뿐이다. 역으로 한반도의 청동기가 전이된 일본 규슈지역의 경우 한반도에서 보이는 청동방울이나 의기가 확인되지 않는다. 그러한 점을 토대로 공간적 범위를 규정하고, 역사 초기의 문헌기록에 등장하는 고조선 또는 예맥과 관련된 종족과 지역집단을 설명할 수 있는 것이다.

Ⅱ. 청동기의 종류와 부장묘의 등급화

1. 청동기의 종류

중국 동북지역과 한반도에 걸쳐 비파형동검을 표지로 하는 청동기문화권에서 발견되는 청동기의 종류는 그 사용 용도에 따라서 공구, 무기, 의기, 제기, 장엄구, 차마구 등으로 구분할 수 있다. 청동기로 농기구는 거의 제작되지 않는다. 그것은 어렵게 제작하더라도 그 쓰임새의 효율성이나 내구기간을 따져볼 때 석기보다 크게 우월하지 않기 때문이다.

공구는 나무를 벌채한다든가 목제품을 가공할 때 사용된다. 도끼와 끌이 대표적으로, 석제 공구보다 그 기능성이 뛰어나다. 이러한 공구는 그 크기나 형태상 다른 청동기에 비해 상대적으로 제작하기 쉬워 가장 낮은 등급의 청동기로 평가된다. 이들은 무기로도 사용되는데, 순수무기로는 검, 창, 촉이 있다. 이 또한 수렵용 혹은 공구로서도 사용되지만 사람을 다치게 하는 대인용으로 사용되었음은 물론이다. 대외 방어도구로서 구성원의 안전을 도모하거나 대내적으로 억압하는 권위의 도구로 공동체 결속력 강화에 사용된다. 그 자체로서 사회집단에 주는 이데올로기적 상징성도 크다. 검, 창, 과의 경우 30cm 길이가 보통으로, 투입되는 원자재의 양이 적지 않다. 그러나 화살촉의 경우 소형이어서 비교적 흔하게 제작·보급된다.

의례에 사용되거나 사용될 수 있는 의기로는 반사용 거울과 소리를 내는 동탁, 그리고 원개형동기 등을 들 수 있다. 그 용도가 일반사람이 필요로 하는 것이 아니라 제사의례를 담당한 사람들이 소유하고 사용하는 것이므로, 그 사회적 등급은 높다 하겠다. 더군다나 문양을 장식하는 데 고도의 기술이 발휘되는 거울의 경우 더욱 그러하다. 제사용기는 원래 비파형동검문화권에서 제작된 것이 아니라, 중원계로서 중원의 제사신앙과 관련된다. 그 크기는 물론 조형성에서 높은 난이도를 나타낸다. 그러나 이의 수용 및 사용은 타집단의 이데올로기를 받아들이는 것으로서 극히 일부만 수용되고 있다.

비파형동검문화권에서 발견되는 차마구는 주로 재갈 종류로 실용적으로 사용되는 것이다. 기마를 할 수 있는 지위를 고려할 때 무기 이상의 등급으로 평가될 수 있다. 단순 장신구로는 귀고리, 팔찌 등이 있고, 새, 개구리 등의 동물형 장식도 확인된다. 일정 크기 이상의 장엄구로서 다채로운 문양이 있는 기하학무늬 방형판, 방패형동기, 나팔형동기 등이 이에 포함된다. 소형은 등급이 낮겠지만, 중형 이상이면서 조형성이 뛰어난 것은 등급이 높다 하겠다.

2. 청동기 조합의 등급화

청동기를 통하여 당대 사회계층의 현상을 설명하기 위해서는 지역집단이나 개인이 보유하고 있는 청동기의 등급화 작업이 불가피하다. 우선 종류별로 살피면 앞서 보듯이 상위급의 기종은 의기 혹은 장엄구이고, 마구와 무기는 중위급, 그리고 공구류가 하위급으로 추정된다. 세부기종을 보면 조형과 장식의 난이도가 높은 동경이나 이형동기가 상위급, 동검이나 마구가 중위급, 그리고 동촉이나 끌 등이 하위급으로 추정된다.

고고학적으로 당대 집단 구성원의 실제 보유상태는 파악이 불가능하다. 다만 무덤에 부장된 상태로 미루어 간접적으로 짐작할 수밖에 없다. 그러나 실제 소유된 것과 부장된 것 사이에는 기종과 수량에서 같을 수도 있지만 그렇지 않을 수도 있다. 실제 보유한 것을 그대로 부장할 수 있지만, 후손들에 의해 추가되거나 누락, 훼손 혹은 변형될 가능성을 완전히 배제하기는 어렵다.

이러한 한계를 고려하면 당대의 계층화 현상을 살피는 데 지나치게 등급을 세분하는 것은 무리가 있다. 가장 낮은 등급은 단일 종류에 단일 기종을 보유한 경우일 것이다. 여러 점이 부장되는 경우라 하더라도 소형이고 단순한 종류이면 그것을 별도로 다른 등급으로 평가하기는 곤란하다. 그 바로 위의 중간 등급은 단순한 장신구 수준이 아니라 위세용의 성격이 강한 의기와 장엄구, 또는 마구 중에 한 종류 이상이 추가되는 경우이다. 상위등급은 기본적으로 전 종류가 조합되는 경우일 것이다. 원칙적으로 모든 종류의 전 기종이 빠짐없이 채워져야 되겠지만, 실제 한두 종류가 빠진 경우를 고려하지 않을 수 없다. 따라서 의기, 장엄구, 마구, 무기, 공구 중에 어느 한 종류가 빠지더라도 이를 상위급으로 분류할 수 있다.

이와 같은 3등급의 위계가 당대의 사회를 설명하는 데 충분하지 않음은 물론이다. 특히 각 하위지역의 집단 간 서열이나 상호관계를 비롯하여 사회의 세부적인 성격을 설명하는 데 부족하다. 세밀한 등급화 작업은 오히려 중국 동북지역과 한반도의 전체 집단에 대해서 대체적인 동향을 설명하는 데 어려움을 줄 수도 있다. 이를 고려하여 각 등급에 속한 사례를 살펴보면 다음과 같다(표 1).

표 1 _ 청동기 부장유물의 조합

등급	종류	의기	제기	장엄구	마구	무기	공구	유적
상위급	A	◯		◯	◯	◯	◯	조양 십이대영자
	B	◯		◯	◯	◯	◯	심양 정가와자
	C	◯	◯	◯	◯	◯	◯	객좌 남동구
중위급	A			◯		◯	◯	객좌 대랍한구
	B	◯				◯		본계 양가촌
하위급	A					◯		여수 적량동
	B			◯				평양 장리

상위급에 속하는 사례는 거의 전 기종을 망라하거나 1개 기종 정도만 빠진 경우로 크게 세 가지 조합이 있다. 첫째 조합을 대표하는 것으로 요서지역의 십이대영자 1호 묘가 있다(朱貴 1960). 장엄구로 경형동기 2점, Y형동기 1점, 인면동식 16점, 수면동식 3점, 마구로 재갈멈치 6점, 절약 12점, 생업공구로 도끼 1점, 손칼 2점, 끌 1점, 송곳 3점, 낚시 1점, 무기로 비파형동검 1점이 부장되었다.

둘째 조합으로 요동지역의 심양 정가와자 6512호 묘의 경우가 있다(瀋陽故宮博物館 1975). 의기로서 거울 1점, 원개형동기 1점, 방패형동기 1점, 나팔형동기 3점, 무기로서 변형 비파형동검 3점과 화살촉 169점, 생업공구로서 도끼 1점, 손칼 1점, 송곳 1점, 마구로서 재갈멈치 8점, 재갈 4점, 절약 16점, 장엄구로서 나팔형동식 4점, 원형동식 9점, 경형식 10점 등이 있다. 비파형동검과 동경의 형식도 다르지만 의기와 장엄구의 기

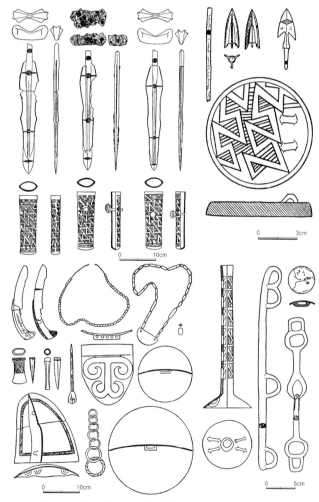

그림 1 _ 상위급 청동기 부장유물 조합(정가와자 6512호 묘)

종과 형식에서 차이가 있다.

　　셋째 조합으로 객좌 남동구의 사례가 있다(遼寧省博物館·朝陽地區博物館 1977). 무기로 동검 1
점, 동과 1점, 차마구로 말재갈 2점, 수레굴대끝 2점, 말얼굴 장식 2점, 장엄구로 대구 1점, 제기로 궤 1
점, 관 1점, 장엄구로 가오리모양 장식 8점 등이 있다. 제기, 무기, 장엄구 등에서 중원계의 기종을 갖추
고 있지만 청동거울이 탈락된 것이 앞서 2개 조합과 차이가 난다.

　　중위급은 무기와 공구 이외에 의기, 장엄구, 차마구 중 1기종이 추가된 경우이다. 이에 속하는 첫 번
째 조합은 본계 양가촌(魏海波 1984)과 평양 신성동의 사례(김재용 2012)가 대표적인데, 무기로 동검
1점, 의기로 거울 1점이 있다. 또 다른 조합으로 건평 대랍한구 751호의 사례가 있는데(李展福 1991),
무기로 동검 1점, 공구로 도끼 1점, 끌 1점, 장엄구로 난령 1점, 원형동식 1점 등이 있다. 거울은 공반되
지 않는다.

　　하위급은 무기, 공구 또는 장엄구 1~2기종이 조합을 이루는 것으로 전 단계, 전 지역에 걸쳐 확인된
다. 한반도에서 청동기를 부장한 지석묘의 사례는 대부분 이에 속한다. 여수의 적량동과 월내동이 대
표적인데(이영문 외 2012), 무기로 비파형동검 1점인 사례가 대부분이다. 다른 예로 동모 혹은 화살촉
등의 무기가 부장된 사례가 있다.

Ⅲ. 청동기 부장묘의 시공간적 전개

　　청동기시대의 시기구분에 대해서는 다양한 의견이 제시되어 있다. 우선 동검이 출현하기 이전과 이
후를 구분하여 전자를 1기로 한다. 동검기는 다시 비파형동검시기와 세형동검시기로 구분할 수 있는
데, 대체로 전형적인 세형동검시기부터는 다음 초기철기시대로 이해하고 있다. 문제는 비파형동검시
기인데, 그 초기에 해당하는 형식이라고 주장되는 동검이 연구자마다 다르다. 각기 다른 지역인 요동,
요서, 한반도에서 각기 다른 형태의 동검을 초기 형식이라고 주장한다. 같은 요서지역이라 하더라도
하가점상층문화의 소흑석구 동검(中村大介 2007), 십이대영자문화의 화상구 동검(姜仁旭 2005) 등으
로 엇갈린다. 요동지역에서 최고 형식의 동검이 등장하였다고 주장하는 연구자들은 그 사례로 이도하
자 혹은 쌍방식 동검을 제시한다(林澐 1980). 한반도에서 최고 형식이 등장하였다는 연구자들은 선암
리의 사례를 들기도 한다(성철 2012).

　　이들 각각의 주장을 종합하면 대체로 하가점상층문화를 제외한 십이대영자문화권과 그 동쪽 주변
에서 동경 등이 제작되기 이전의 동검 단계가 있는 바, 이를 2기로 한다. 그 추정연대는 각 지역에서
공반되는 토기 형식과 방사성탄소연대 자료를 근거로 하여 기원전 11~9세기로 이해된다. 다음 3기
는 요서, 요동, 한반도에 걸쳐 분포하는 전형적인 비파형동검의 시기로서 요서지역을 중심으로 다뉴
경을 비롯하여 각종 이형청동기가 제작되는 단계이다. 공반되는 춘추시대 청동기의 사례로 보아 기

원전 8~7세기에 해당되는 것으로 이해된다. 한반도에서는 슴베에 홈이 있는 동검이 널리 보급되는 단계이다.

다음 4기는 동검의 봉부가 길어지고 하부의 폭이 좁아지는 비파형동검의 단계로, 요서지역의 능원 삼관전자, 요동의 심양 정가와자의 사례가 이에 해당된다. 번개무늬가 변형된 동경이 제작·보급된다. 공반되는 연나라의 청동무기 등으로 보아 기원전 6~5세기경에 속하는 것으로 추정된다. 한편, 마지막 5기는 폭이 좁아지지만 지역마다 세부형식이 다른 비파형동검 말기 혹은 세형동검 초기 단계로서, 요서지역에서는 번개무늬 거울이 사라지고 요동과 한반도에서는 삼각거치문을 단위문양으로 하는 기하학무늬 거울이 제작된다. 대체로 연의 동진 이전인 기원전 4~3세기경이 이에 해당된다. 연구자에 따라서는 철기가 보급되는 시기로 보기도 하지만, 대부분의 지역에 철기의 실생활 사용은 물론 아예 보급조차 되지 않은 단계이다.

각 단계별로 무덤에 부장된 청동기를 공간적으로 살펴보기 위하여 요서, 요동, 길림, 한반도로 지역을 구분한다. 요서지역의 경우 노로아호산 이동에서 의무려산 이서로 한정하며, 요동과 길림지역은 천산산맥을 경계로 한다. 한반도의 경우 지리적으로 보아 청천강 이북과 함경북도지역에 걸치는 북부지역을 따로 세분할 수 있으나, 청동기 부장묘가 거의 확인되지 않으므로 따로 구분하지 않는다.

이러한 시기와 공간의 분류안을 토대로 청동기 부장묘의 시공간적 전개과정을 살펴보면 다음과 같다(표 2). 우선 동검이 출현하기 이전인 기원전 11세기 이전 1기에 대체로 소형의 무기와 장신구 등이 요서와 요동, 한반도에서 제작·보급되는 것으로 추정된다. 대련 대취자유적의 청동촉, 평양 금탄리 동끌, 진주 대평리의 장신구가 그 예인데, 유물이 출토된 유구는 모두 집자리이다. 한편, 일정 지점에서는 의례용 무기가 돌발적으로 등장하는데, 금주 수수영자의 동병동과가 대표적인 사례이다. 요서지역의 홍성, 요동의 만유가에서는 북방계 청동기, 관공부, 관공과의 유입 사실도 확인된다. 그러나 무덤에서 출토된 사례가 아니다. 무덤에 부장한 예로는 한반도 강계 풍룡동의 예가 있을 뿐이다.

표 2 _ 청동기 부장묘의 시공간적 전개

시기	청동기	요서	요동	길림	한반도
1기(B.C. 11세기 이전)	동검 이전		대련 대취자		
2기(B.C. 11~9세기)	전기 비파형동검	객좌 화상구	요양 이도하자		
3기(B.C. 8~7세기)	중기 비파형동검	조양 십이대영자	대련 강상	길림 소서산	부여 송국리
4기(B.C. 6~5세기)	후기 비파형동검	객좌 남동구	심양 정가와자		평양 신성동
5기(B.C. 4~3세기)	초기 세형동검	건창 동대장자	대련 윤가촌		전 전북

이 청동기들은 특정개인이 소유하였을 가능성이 있지만, 정형화되지 못하여 이를 소유한 사람이 뚜렷한 계층을 형성한 것으로 보이지 않는다. 이러한 사실은 인접지역인 내몽고 동부에서 비슷한 시기에 해당하는 대규모 무덤군이 조사된 하가점하층문화 대전자유적의 사례를 통해서 짐작할 수 있다. 대전

자유적에서 확인된 총 800여 기의 무덤에 부장된 유물의 주종을 이루는 것은 토기이며, 그 외 석기, 옥기가 있고 청동기는 소수이다. 장신구가 대부분으로, 간단한 소형 귀고리가 부장되었을 뿐이다. 이를 부장한 무덤의 경우 함께 부장된 유물이나 무덤의 구조 및 크기로 볼 때 상대적으로 상위계층에 속한다고 보기 어렵다(이청규 2010).

비파형동검이 처음 제작된 기원전 11~9세기경의 2기에 속하는 청동기 부장묘에서 출토된 청동기는 주로 무기, 그것도 동검이다. 앞서 등급화한 바에 따르면 하위등급에 해당되는데, 중국 동북지역과 한반도의 극히 일부 지역에서 발견된다. 이 단계의 동검 형식과 분포에 대해서는 연구자들마다 의견이 달라서 명확하게 어느 지역의 사례가 이에 해당한다고 단정하기 어렵다. 그 발견 사례도 적을 뿐만 아니라 또한 복수로 부장된 사례가 없음을 볼 때 더욱 그러하다. 여하튼 단검의 단일 부장이라는 초보적이나마 정형화된 모습을 보여주고 있다. 극히 소수 사람이 보유하였을 것이며 모든 군사에게 지급되는 무기일 수는 없다. 이를 인정한다면 이 단계에 무기를 위세품으로 활용하는 계층화 현상이 나타난 것이라 할 수 있겠다. 그것은 군사적 실력이 본격적으로 위세의 잣대가 되었음을 보여준다.

죽은 자가 평소 동검을 보유하고 있다면 사후 즉시 부장할 수 있을 것이나, 동검이 후계자에게 승계되지 않음을 전제해야 한다. 바꾸어 말하면 동검의 숫자가 적음에도 부장되었다는 것은 구성원들이 그의 배타적인 위세를 인정하였음을 나타내는 것이다. 그러한 위세를 가진 사람의 무덤은 지금까지 출토 상황으로 보면 일정한 지역에 1기뿐이다. 그러나 이 사례들이 다음 3기에 속하는 것이라고 한다면 상황은 달라진다. 3기에 요서와 요동의 일정 지역에서는 동검이 보급되는 수량이 늘어났을 뿐만 아니라 동경, 장엄구, 의기 등 여러 종류의 청동기를 갖춘 상위급의 부장묘가 등장하므로, 그러한 지역집단에서는 앞서의 동검 단일 부장묘는 하위등급에 속하게 된다.

전형적인 비파형동검과 번개무늬 다뉴경을 표지로 하는 3기에는 청동기의 거의 전 종류가 제작·보급된다. 그러나 제작하고 보급할 수 있는 청동기의 기종과 수량은 지역마다 다르다. 요서지역에서 거의 전 기종이 제작되지만, 다른 지역은 그러하지 못하다. 특히 한반도와 길림지역에서는 무기 1~2기종, 소형 공구, 단순한 장신구가 제작되었을 뿐이다. 지역단위별로 청동기의 제작에 이미 등급의 차이가 발생하게 되는 바, 요서지역이 상위급 수준이라고 한다면 요동은 중위급, 한반도와 길림은 하위급 수준이라 할 수 있다.

두말할 것도 없이 각 지역단위 내에서 부장된 청동기로 추정할 수 있는 계층화 현상이 각각 다르다. 가장 다양한 기종이 제작되는 요서지역에는 상위등급에서 하위등급까지 전 등급의 조합을 갖춘 청동기 부장묘가 있지만, 요동지역은 중위와 하위등급, 그리고 길림과 한반도에는 하위등급의 사례만 존재할 뿐이다.

요서지역 중에서 상위등급 조합의 부장묘가 확인되는 곳은 대릉하 중상류의 조양지역이다. 조양지역에서 정식으로 발굴조사된 무덤으로 십이대영자, 원대자 등이 있다. 십이대영자에서는 3기의 무덤이 조사되었는데, 3기 모두 상위등급 조합의 청동기를 부장하고 있다. 그로부터 몇 km 안 떨어진 원대자에서는 3기부터 4~5기에 걸쳐 지속적으로 수십 기의 무덤이 축조되었다(遼寧省文物考古研究所·

朝陽市博物館 2010). 그중에서 3기에 해당
하는 무덤은 2기뿐으로 부장된 유물은 무
기와 공구뿐이다. 바꾸어 말하면 조양지구
에서는 최상급에서 하위급까지 무덤이 발
견되어 뚜렷한 계층화 현상을 보여주는 청
동기집단이 등장하였음을 알 수 있다.

　이 상위등급의 무덤에 기하학무늬 동경
이 공반되는 사실이 주목된다. 신기로서의
상징성이 인정되는 다뉴동경이 3기 이후
기원전 1천년기에 걸쳐 요동, 요서, 길림,
한반도, 일본 전역에 걸쳐 각 지역의 지배
층 무덤에 한결같이 부장되는 통일성을 보
여준다.

　요동지역으로 가면 가장 많은 청동기가
부장된다고 해도 앞서 지적하였듯이 중위
등급 수준에 불과한데, 동경과 동검을 조합
으로 한 본계 양가촌이 이를 대표한다. 한
편, 같은 중위등급에 속하지만 요동지역의
강상무덤에서는 동경이 탈락한 대신 동검

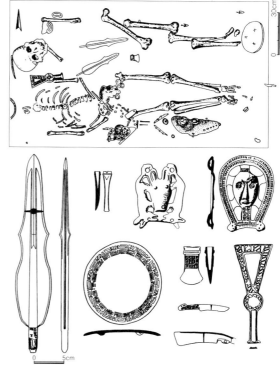

그림 2 _ 십이대영자 1호 묘와 출토 청동기

과 함께 각종 장엄구가 부장된다. 한반도와 길림지역의 경우 무덤에 부장된 청동기가 하위등급 수준인
것은 앞서 지적한 바와 같다. 동경 등의 의기와 장엄구는 거의 확인되지 않는다. 한반도에서는 부여 송
국리, 서천 오석리 등의 석관묘를 비롯하여 남부지역의 지석묘유적인 여수 적량동, 월내동, 마산 진동
리 등지에서 출토 사례가 있다. 길림지역에서는 반석 소서산 석관묘의 사례가 있는데, 그 대부분이 비
파형동검 단일 기종이 부장되었을 뿐이다.

　변형 비파형동검이 제작·보급되는 4기에는 요서지역에 중원계 청동기, 무기와 제기 등이 유입되
고, 그 모두를 부장한 무덤이 상위급이 된다. 각각 부장된 청동기 기종에 차이가 있지만 상위급으로 능
원 삼관전자(遼寧省博物館 1985)와 객좌 남동구가 있다. 이를 통해서 이 지역이 여전히 청동기의 제작
과 보급의 중심지이면서, 청동기로 상징되는 우두머리의 지역집단이 자리 잡은 곳임을 알 수 있다.

　무엇보다도 이 단계에 주목되는 것은 요동지역에 비로소 각종 기종이 갖추어진 상위등급의 무덤이
확인된다는 점이다. 심양 정가와자의 사례가 그것이다. 동검이 3점 부장되고 다뉴경을 비롯하여 이형
동기, 마구 다수가 부장되었는데, 그 형식으로 보아 모두 이 지역에서 제작되었음이 분명하다. 이와 같
은 상위급 무덤은 요동의 다른 지역은 물론 길림, 한반도에서도 발굴조사를 통해서 확인된 바가 없다.
다만 한반도 서북부에서 동검과 동경을 부장한 사례가 평양 신성동에서 확인되었을 뿐이다. 앞서 논의

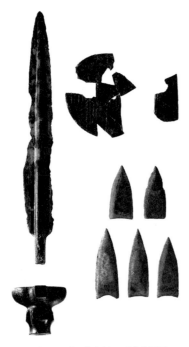

사진 1 _ 전 전북 출토 일괄유물
(國立中央博物館·國立光州博物館
1992)

한 바에 따르면 중위급에 해당되는 것이다. 중위급 정도의 청동기 조합의 지표가 되는 다뉴경은 한반도 남부의 전 대전 사례가 있으나, 아직까지 발굴조사 사례는 없다.

연구자에 따라서는 초기철기시대로 주장되는 말기 비파형동검 혹은 초기 세형동검이 등장하는 5기 단계에는 기하학무늬 청동거울이 요서지역에서 더 이상 확인되지 않는다. 동경의 형식도 이전의 번개무늬 장식에서 벗어난 삼각거치문경이다. 요서지역에 앞선 단계와 달리 상위급에 해당하는 청동기 부장묘는 확인되지 않는다. 요동, 길림지역에서도 본계 유가초, 집안 오도령구문 등 중위급 청동기의 사례로서 다음 단계에 속하는 것은 확인된 바 있지만, 이 단계에 해당하는 사례는 아직 확인된 바 없다.

한반도의 경우 중위급에 속하는 전 전북의 동검과 동경의 조합이 이에 속하는 것으로 추정된다. 아직 상위급에 속하는 청동기 부장묘가 확인되지 않았지만, 분명한 것은 요동과 길림, 한반도지역에 적어도 중위급 수준의 청동기가 제작·보급되고 그만큼 계층화 사회가 확대되었다는 점이다.

Ⅳ. 청동기와 무덤집단

청동기를 부장하는 무덤에는 지상에 상석 없이 땅을 파서 매장공간을 마련하고 시신을 안치하는 토광묘계열의 무덤과 지상에 상석을 갖추고 지상 또는 지하에 매장공간을 마련한 지석묘계열의 무덤이 있다. 전자의 경우 매장공간으로 석곽, 석관, 목관을 시설한다. 후자의 경우 지하에 석관 혹은 석곽을 시설하여 매장공간을 만든 개석식과 바둑판식, 지상에 판석을 조립하여 매장공간을 만든 탁자식이 있다.

대릉하 이동에서 3기에 속하는 최상급의 무덤으로서 요령성 조양 십이대영자가 있는데, 이 지역에서 나오는 무덤의 예로 보아 돌로 짜 만든 석곽묘로 추정된다. 4기의 건평 포수영자, 대랍한구의 무덤 또한 돌덧널무덤이다. 요동지역에서 상위급 청동기 부장묘는 요서지역과 달리 4기에 비로소 출현하며, 심양 정가와자무덤이 그 예이다. 한반도와 길림지역에서 다뉴경을 포함하는 중위등급 이상의 청동기 부장묘는 평양 신성동 등지에서 볼 수 있듯이 석곽묘이다. 다음 청동기시대 5기를 지나 초기철기시대에 속하는 당진만·삽교천지역의 아산 남성리, 예산 동서리에서 보이는 최상위급 청동기 부장무덤의 형식은 적석목관묘로서 지석묘가 아니다.

비파형동검을 표지로 한 청동기문화
권에서 중상위급 청동기 부장묘는 지석
묘의 분포범위와 차이가 있다. 전자는 대
릉하와 요하유역에 집중되어 있는 반면,
후자는 요동과 한반도에 치우쳐 있는 것
으로 확인된다. 한반도, 특히 그 남부지역
의 청동기가 출토된 부장묘는 지석묘가
대부분이지만, 요서와 요동지역과 달리
기본적으로 동검, 동모 이외에 다른 청동
기가 부장된 무덤이 거의 확인된 바 없
다. 하위급 청동기 부장묘만 확인되고 중

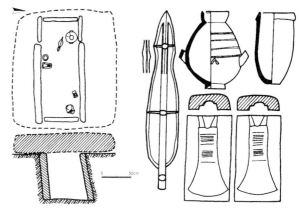

그림 3 _ 요동 쌍방 지석묘와 부장유물

상위급은 전무한 상태이다. 한반도 지석묘에서 발견되는 예외적인 청동기로서 평양 상원 장리의 교예
인물상이 있는데, 방울은 존재하지만 무늬와 모양이 거칠어 그 제작기술에 한계가 있다. 그것은 요서,
요동지역에 비할 바가 못된다.

결론적으로 말하면 청동기를 부장한 무덤의 대부분은 지하에 매장시설을 안치한 토광묘계열이고,
지석묘계열의 무덤에서 청동기가 부장된 사례는 많지 않거나 있다 하더라도 하위급 조합의 청동기만
부장되었을 뿐이다. 지석묘의 청동기 부장은 중상위등급의 청동기가 부장되지 않는 주변지역에서 나
타나는 현상인 것이다.

토광묘계열과 지석묘계열 무덤의 규모를 볼 때, 각각 투입된 노동력과 자재에 큰 차이가 있음이 짐
작된다. 전자는 토광을 파고 매장시설을 구축하는 데 그렇게 높은 기술이 동원되지 않아도 되고, 많지
않은 인력으로 축조할 수 있다. 그러나 후자를 축조하기 위해서는 석재를 채석 · 운반하고, 조립하는
복잡한 과정을 거치는 바, 일정한 수준의 기술과 적지 않은 인력이 동원되어야 한다.

그러나 부장된 청동기의 종류와 숫자는 앞서 보듯이 규모가 작은 전자의 무덤이 압도적이다. 규모
가 큰 지석묘에는 하위등급 조합의 청동기만 부장되는 바, 그것은 이 시대의 사회를 설명하는 데 가장
중요한 현상 중의 하나이다. 많은 인력을 동원할 수 있는 능력과 고도의 전문적 기술로 제작되는 청동
기를 조달할 수 있는 능력이 일치하지 않는 것이다. 바꾸어 말하면 소량의 청동기를 부장하는 지석묘
계열의 무덤을 축조하는 지역집단과 다량의 청동기를 부장하는 토광묘계열의 무덤을 축조하는 지역
집단 지배자의 권위기반 나아가 사회적 성격이 다르다는 것이다.

이러한 청동기시대의 무덤을 근거로 당대 사회를 설명하는 틀로서 1980년대에 서구의 신진화론이
도입된 바 있다. 신진화론은 잘 알려지다시피 민족지 사례를 근거로 band, tribe, chiefdom, state 순
으로 인류사회가 진화한다는 엘만 서비스의 주장이 핵심이다. 남한에서는 그중 chiefdom을 족장사회
라 하여 지석묘집단이 이에 해당한다는 주장이 제기되면서 그 논의가 본격화된다(Choi 1984). 다른
한편에서는 chiefdom을 군장사회라 하면서 문헌기록에 근거하여 삼한의 소국에 적용시킨 사례도 있

다(金貞培 1986). 이 두 의견을 정리하면 결국 많은 노동력을 동원해서 축조한 지석묘와 다량의 청동기를 부장한 적석목관묘 중 어느 무덤의 주인공이 chiefdom에 해당하는가 하는 상반된 주장이 양립하게 되고, 이에 대한 논쟁이 최근까지 지속된다(兪泰勇 2003).

지석묘사회가 족장사회라 하더라도 남한지역에 다량의 청동기를 부장한 세형동검 단계의 무덤집단이 장거리 교역을 통해 위신재를 획득하는 개인성향의 족장사회인 것과 달리, 대규모 노동력을 동원하여 거석기념물을 축조하는 집단성향의 족장사회라는 점에서 차이가 있다는 설명은 주목할 만하다(김승옥 2007). 또한 지석묘에서 볼 수 있는 낮은 등급의 청동기 부장유물과 무덤시설은 계층사회에서의 수직적 계층화가 아니라 평등사회에서 볼 수 있는 수평적 차별화로서, 연령과 성별 차이에 따른 신분의 분화를 입증하는 정도의 수준으로 이해된다.

한편, 신진화론의 틀 속에서 계층사회의 발전에 대해서 갈등만을 강조하는 것은 문제가 있으며 통합에 중점을 둔 설명이 중요하다는 지적도 경청할 만하다(김종일 2007). 지도자의 시신을 매장한 무덤을 대형구조물로 구축한 것은 집단 내의 갈등을 조정하고 해결하기 위한 통합의 의미가 강하다는 설명이다. 이 또한 지석묘사회가 공동체성향의 사회라는 것을 뒷받침한다고 판단된다.

이러한 의견들을 종합하면 남한의 지석묘 축조집단은 평등사회에서 계층사회로 이행하는 과도기 단계에 위치하는 것으로 이해된다. 그 무덤에 묻힌 사람은 우월한 지위에 있는 사람이지만, 개인성향의 지배자로 완전히 이행하지 못한 집단성향의 지배자라고 하겠다. chiefdom의 chieftain이라 하더라도 아직 그 면모를 충분히 갖추지 못하였다고 할 수 있는 것이다.

앞서 신진화론이라는 이론상으로 추정하는 집단과 별도로, 문헌기록에 등장하는 실증할 수 있는 정치체와 고고학적 실체를 대응시키는 작업이 필요하다. 실제로 서구 민족지에 근거한 신진화론의 관점을 우리나라에 그대로 적용하는 것은 무리라는 주장이 고대사학계를 중심으로 적지 않은 사실을 고려하면 더욱 그러하다. 실증할 수 있는 정치체라 함은『삼국지』위서 동이전에서 볼 수 있는 '국', '읍락', '촌' 등으로, 그중에 특히 '국'은 삼한은 물론 그 이전의 고조선, 부여 등을 고고학적으로 설명할 때 핵심적인 사회단위이다.

그러나 '국'은 문헌기록에서 확인되듯이 수백 호에서 수천 호에 이르기까지 다양하므로, '국'의 개념을 동일한 기준을 내세워 설정할 수가 없다. '국'의 개념은 우월한 중심집단과 그 주변집단의 존재를 전제로 한 것인 바, 중심촌락 혹은 국읍을 염두에 둔 것은 두말할 것도 없다. 그 '국'의

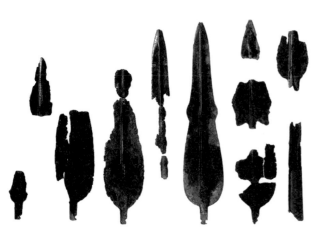

사진 2 _ 여수 적량동 지석묘 출토 청동기
(國立中央博物館 · 國立光州博物館 1992)

우두머리가 '국'의 규모와 지위에 따라서 군장, 신지, 읍차 등으로 불리는 바, 그중에서 '군장'이 다스리는 '국'이 명실공히 문헌기록에 가장 먼저 등장하고 청동기시대에 대응되는 고조선을 설명할 때 논의의 핵심적 근거로 삼을 수 있는 사회적 단위라 하겠다.

무엇보다도 3세기『삼국지』기록에서 설명한 '국' 정치체에 대한 논의를 그 이전의 지석묘 혹은 목관묘사회의 지역정치체에 적용할 수 있는가 하는 것이 문제이다. 전남 여수의 지석묘군에서 비파형동검을 부장한 무덤의 사례가 일정한 군집묘에 집중되어 있는 사실을 근거로 이 일대에 국이 형성되었다는 주장이 제기된 바 있다(武末純一 2002). 이 주장이 타당하다고 한다면 기원 전후한 시기의 문헌에 처음 등장한 한반도 남부 '국'의 기원이 시기적으로는 기원전 1천년기 전반 청동기시대 중기까지 거슬러 올라갈 뿐만 아니라, 청동기로 보아 하위급 조합의 부장묘도 이에 해당하는 것으로 이해된다.

그러나 '국'은 '국읍'을 전제로 하며, '국읍'은 단순히 우두머리의 소재지, 지리상의 교통 중심지에 위치하거나 주변취락을 거느리는 중심취락 혹은 거점취락의 수준을 넘는 것으로 이해된다. 일정 거리 이상 떨어져 산출되는 재화를 교역하는 중심지로서의 기능을 수행할 뿐만 아니라, 농업작물 수확 이외에 청동기 제작과 같은 고도로 전문화된 기술을 필요로 하는 수공업의 센터가 있어야 한다.

이러한 '국' 혹은 '국읍'은 앞서 본 것처럼 지석묘집단과 같은 공동체적 성격의 족장사회보다는, 중상위등급 청동기 부장묘의 개인성향이 강한 족장사회 혹은 군장사회에 대응하는 것으로 보아야 한다(李淸圭 2000). 단순히 군사적 성격뿐만 아니라 제사장적 성격을 겸비해야 하며, 적어도 3등급 이상의 계층화된 복합사회임을 전제로 한다. 그것은 지역마다 생산할 수 있는 경제적 기반과 각 부문에서의 수요, 그리고 제작기술, 외부로부터의 정보 등등이 어우러져 이룩된 것이다. 결국 단순한 농경사회가 아니라 수공업사회로 진입하였으며, 아울러 군사, 종교부문이 강화된 복합사회인 것이다.

V. 청동기와 고조선사회

고조선에 대해 누구나 다 인정하는 가장 이른 기록은 기원전 7세기 혹은 5세기경에 편찬된『관자』이다. 이 기록에 제나라 관중이 조선의 호랑이 가죽을 언급함으로써 기원전 1천년기 전반에 조선이 실재하였음을 보여주고 있다. 그 이전의 기록이 없었다고 해서 당대에 고조선의 존재를 인정하지 않을 수는 없다. 더 나아가 고조선을 어떻게 규정하는가에 따라 그보다 이른 시기에도 존재하였을 가능성이 충분하다.

그러나 고조선이라고 부를 만한 지역정치체는 적어도 직경 10~30km 내의 지리적 범위, 소지역 혹은 지구 정도를 중심으로 '소국' 이상이 되어야 한다. '소국'은 앞서도 지적하였듯이 청동기를 대량 제작·보급하는 개인성향의 족장사회 혹은 '군장'이 지배하는 정치체로 파악된다. 아울러 그러한 군장사회집단 다수가 결속한 연맹체를 고조선이라고 할 수도 있다. 또 다른 관점에서는 청동무기를 제작하는 수준의 공동체지향 족장사회를 고조선이라고 할 수도 있다. 군사적 위세를 강조하기 시작하였지만, 개인적인 위세와 권위가 세습되지 못함은 물론 아직 충분하게 확립되지 않은 단계이다. 후자의 경우 청동기시대 전기로 그 연대는 기원전 2천년기로 거슬러 올라갈 수 있지만, 춘추시대 제나라와 교류한 고조선은 전자일 가능성이 높다 하겠다.

그러한 고조선이 기원전 1천년기 전반 어느 곳에 자리를 잡았는지, 그리고 그 나라의 공간적 범위 혹은 사회적 상태에 대해서는 명확한 기록이 없다. 우선 지리적 위치에 대해서는 그보다 다소 늦게 편찬된 『전국책』에 조선 위치와 관련하여 "연나라는 동쪽에 조선료동이 있다"라는 기록이 보일 뿐이다. 이처럼 제나라와 연나라 사람들의 인식범위에 있는 조선이 요하 서쪽과 동쪽, 또는 요동반도, 서북한 지역 중 어느 지역에 있었는지 고대사학자들 간에 의견이 다르다. 어떤 관점을 따르든 간에 고조선의 공간 추정범위인 요하유역에서 서북한지방에 걸쳐 이 기록에 대응되는 기원전 1천년기 전반의 고고학 자료로서 비파형동검 단계의 유적유물갖춤새가 분포하고 있다.

따라서 고조선을 정치적인 성격을 띤 집단으로 이해하고 청동기가 정치적 위세품이라고 한다면, 당시에 이 지역에 걸쳐 보급되었던 비파형동검을 표지로 한 청동기문화 중에서 고조선을 찾을 수밖에 없다. 그 비파형동검문화 영역권 내의 모든 유적유물갖춤새를 모두 고조선에 속한다고 보기 어려운 것은 물론이다. 아울러 그 정확한 지리적 경계를 추구하는 것도 어려운 바, 결국 가능한 것은 중심이 되는 청동기문화유형 혹은 상위등급의 조합을 보여주는 청동기 부장묘를 찾는 일이다.

우선 비파형동검이 출토되는 공간적 범위에서 청동기시대 중기에 공간적으로 가장 서북쪽에 위치한 노로아호산 서쪽의 남산근과 소흑석구유적으로 대표되는 하가점상층의 청동기문화가 검토의 대상이 된다. 이 유적들에서는 비파형동검은 물론 기하학무늬 동경도 출토되어 노로아호산 이동의 십이대영자문화와 공통되는 바가 있지만, 대체로 이것은 후자로부터 유입된 것으로 외래산으로 이해된다. 하가점상층문화는 비단 십이대영자문화의 동검, 동경뿐만 아니라 북방계와 중원계의 다종다양한 청동기도 받아들이고 있으며, 표지 동검은 비파형동검이 아니라 공병식동검이다.

그러한 하가점상층문화의 담당집단을 고조선에 이웃하는 예맥족으로 파악하는 의견도 있지만(박진욱 외 1987), 관련 문헌기록에 근거하여 동호 혹은 산융 등의 의견에 차이가 있을 뿐 각기 다른 족속 혹은 집단에 속한다고 보는 것이 대세이다. 대릉하 중상류에 위치한 조양지구는 그 서쪽의 중원 청동기문화와 북쪽 하가점상층문화인 남산근유형문화권과의 접경지대로서 일찍부터 요하유역에서 중원과 북방 내몽골지역으로 내왕하는 교통요충지이다.

이러한 지점의 십이대영자무덤에서는 청동기시대 중기에 비파형동검과 함께 번개무늬의 다뉴조문경을 비롯한 상위등급의 청동기가 부장되고 있다. 십이대영자문화는 청동기시대 중기에 노로아호산 이북 하가점상층문화의 영향을 받아 대릉하 중류의 조양지역에서 발전하였으며, 이를 중심으로 서쪽으로 건평, 객좌, 금주지역으로 하위문화가 형성되었다. 다뉴조문경은 앞서 노로아호산 이서지역에서 수출된 것으로 보이는 1점이 소흑석구에서 발견되었을 뿐이나, 대릉하 상류를 거슬러 올라가 건평현 지역에서 발견된다. 건평 대랍한구와 포수영자무덤의 예가 바로 그것인데, 이 무덤들에서 나오는 비파형동검과 다뉴경은 십이대영자의 그것보다 시기가 떨어진다.

번개무늬 다뉴조문경과 비슷한 형식의 예는 요하를 넘어 태자하유역의 본계 양가촌의 예가 있다. 본계의 경우도 태자하 연변에 있어 천산산맥 동쪽의 부여 서단산문화지역으로 넘어가는 요지에 자리 잡고 있다. 양가촌에서는 다뉴경과 함께 동검이 부장되었는데, 부장품의 종류나 양으로 볼 때 중위등급 미만으로서 대릉하 중류의 십이대영자문화가 확산된 것으로 보여진다.

지리상으로 보아 십이대영자문화는 완만한 의무려산 능선을 사이에 두고 있지만, 대릉하유역의 저지대와 요하의 지류 저지대가 지속적으로 이어지는 공간적 범위에 분포한다. 이들을 묶어 고조선과 관련이 있는 권역으로 주장할 수 있는 바, 그것은 일정한 시차를 갖고 각기 다른 위치에 성립된 다수의 소국이 연결된 것으로 보인다. 두말할 것도 없이 중심소국은 십이대영자 지구에 위치하며 그 당초에는 확대된 소국의 연맹 이전 단계에 단독의 소국으로서 출발하였을 것이다. 십이대영자 지점 인근 수 km 이내에는 원대자를 비롯하여 다수의 청동기 부장묘가 분포·조사된 바 있어, 이 일대에 소국이 형성되어 있음은 분명하다.

금주를 중심으로 한 비파형동검문화의 서남쪽 경계가 중원 청동기문화와의 접점으로 추정된다. 앞서 제나라에서 이해한 고조선은 중원계 유물이 있는 금주에 오금당유형의 분포지역을 중간 거점으로 하여 교류한다고 볼 수 있다. 그리고 강상유형 또한 십이대영자유형에서 확산된 주변이라고 할 수 있다. 그러나 조양지역을 중심으로 하여 금주와 요동반도 대련지역을 모두 전기 고조선의 영역으로 단정할 수는 없다. 더군다나 같은 시기에 한반도 서북한지역에서 고조선의 중심이라고 할 문화유형을 찾기는 어렵다. 고조선의 주변이라 할 수 있지만, 그것이 고조선의 영역 내라고 보기는 어려운 것이다. 마찬가지로 같은 비파형동검이 출토되는 한반도의 유적은 고조선과 간접적으로 연결된 주변지역이 된다.

청동기시대 후기인 기원전 6~5세기경이 되면 요하 중류에 있는 정가와자유형이 고조선계 중심의 유물갖춤새로 적합하다. 심양 정가와자무덤에는 다뉴경과 함께 수점의 원개형동기와 청동무기, 그리고 마구와 각종 장신구가 부장되어 있어 요동 최대의 상위등급 청동기 부장묘라 할 수 있다. 정가와자 유적이 위치한 요하유역은 서쪽으로 의무려산을 경계로 십이대영자유형의 문화권과 얼핏 구분되어 보이지만, 그것은 절대거리의 문제일 뿐 큰 장애가 없어 실제로 청동기의 확산이 이루어졌음은 앞서 살펴본 바와 같다.

정가와자에서는 십이대영자와 마찬가지로 여러 청동기 부장묘가 배치되어 있어, 역시 국의 중심세력이 일정 기간 이 구역에 자리잡았음을 미루어 짐작할 수 있다. 지리적 관계로 보아 교역의 중심지로 가장 발전할 수 있는 입지에 '국'이 성립된 것이다. 그렇다고 한다면 같은 지점으로 이전 단계 청동기 문화의 중심이 옮겨 왔는가, 그리고 그것은 고조선의 중심소국으로 인정할 수가 있는가 하는 것이 문제가 된다. 의무려산 이서에는 십이대영자무덤에 버금가는 우두머리급 무덤이 아직 확인되지 않았지만, 원래 없었는지 여부는 아직 단정하기 어렵다. 포수영자에서는 정가와자와 유사한 형식의 동검과 동경이 부장된 무덤이 출토된 바 있다. 그러한 점을 고려한다면 중심이 옮겨 왔다고 말하기 어려운데, 그렇다 하더라도 분명한 것은 새로운 중심이 이전 단계에 주변이라고 할 수 있는 지리적 공간에 형성되었다는 점이다.

물론 이전 단계의 비파형동검과 그 거푸집이 요하유역의 동남지역에서도 확인된 바 있고, 한반도에까지 확산된 증거 또한 다수 확보되어 있다. 이미 비파형동검 제작과 보급의 네트워크는 한반도까지 파급되어 있었을 가능성이 높지만, 일정한 정치적 의미가 있는 청동기의 확산은 비파형동검에 더하여 중위등급 이상의 조합을 대표하는 청동기 기종으로서 의기적인 성격이 강한 조문경과 관련하여 논의되어야 할 것으로 본다.

요하유역 심양 정가와자 형식의 변형 번개무늬 조문경과 유사한 형식의 거울이 확실하게 발굴된 예는 없다. 다만 요령성과 한반도의 대동강유역 평양, 금강유역 대전에서 출토하였다고 전하는 번개무늬 거울 3점이 있을 뿐이다. 출토했다고 전하는 지점이 확실하다면 조문경의 확산범위가 한반도로 넓혀진 것이 된다. 그렇다고 한다면 기원전 6~5세기경 청동기시대 후기에 정가와자를 중심으로 한 청동기문화권의 주변은 한반도 중부까지 이른 셈이 되는데, 그렇다 하더라도 고조선의 주변이 한반도까지 이른다고 보기 어려운 것은 물론이다. 당시에 동일한 교류의 네트워크 혹은 같은 문화유형에 속한다고 할 수 있지만, 그렇다고 같은 정치적 집단으로 인식할지는 별개의 문제이다. 이러한 상황은 다음 단계에서도 확인되는데, 발달된 국가체제의 관념적 잣대를 갖고서 '소국' 혹은 '소국' 연맹 단계의 초기 고조선을 규정하여 그 영역이나 중심과 주변을 말하는 것은 무리이다.

종전과 마찬가지로 상위등급 무덤이 있었던 대릉하 중류의 조양지역을 벗어나 그 서변에 연의 영향을 보여주는 상위등급의 무덤으로 객좌 남동구가 확인된다. 간혹 중국계 유물이 그 이동에서 출토되지만, 기본적으로 전국 연나라계 청동기는 객좌지역을 크게 넘지 못한다. 이러한 상황은 결국 기하학무늬 동경과 비파형동검을 표지로 하는 비파형동검문화가 여전히 대릉하지역에 유지된다는 것을 나타낸다. 그러나 그 상위유형이 지금까지는 심양에서 확인되므로, 대릉하유역에서 요하유역으로 이동되었을 가능성을 완전히 배제하기는 어렵다. 앞서의 결과를 종합해 보면 이 당시에 고조선의 중심은 조양~심양이고 주변은 여전히 객좌 능원을 잇는 지역으로 추정되는 것이다. 한편으로 비록 전통적인 다뉴경 기종이 탈락하고 중원계 청동과, 제기 등이 포함되었다 하더라도 이를 고조선집단으로 보는 시각도 있다. 그렇다고 한다면 객좌지역을 고조선의 또 다른 중심소국으로 추정할 수 있다

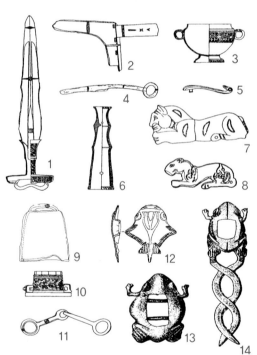

그림 4 _ 남동구유형의 청동기
(1~6 · 10~12 : 남동구, 7~9 · 13 · 14 : 삼관전자)

(박준형 2012).

　『삼국지』위서 동이전 한조에 다음과 같은 위략의 인용기사가 있다. "주나라가 약하여지는 것을 보고 연나라의 지배자가 스스로 높여 왕을 칭하고 동쪽으로 가서 땅을 빼앗으려 하니 조선의 후역시 스스로 칭하여 왕이 되었다고 한다. 조선왕은 군대를 일으켜 도리어 연을 공격하여 주왕실을 받들려고 하였는데 그 대부인 예가 간하여 멈추었다." 이 기록에

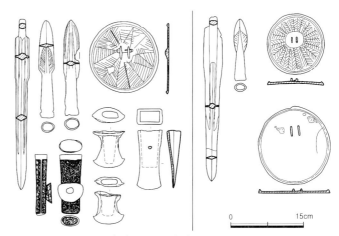

그림 5 _ 오도령구문(좌)·조가보(우) 출토유물(한국고고학회 2010)

따르면 당시 고조선의 중심에 연나라와 경쟁할 만큼의 물질문화가 보여야 되는데, 지금까지 발견된 바로는 요서, 요동, 서북한에 걸쳐 확인된 이와 관련된 청동기 유적유물갖춤새로서 정가와자무덤과 같은 상위등급의 청동기 부장묘가 보이지 않는다.

　그렇기 때문에 이전 단계에 속하지만 요서지역의 상위등급 부장묘 객좌 남동구, 능원 삼관전자 나아가 건창 동대장자와 같은 사례가 주목받을 수 있다. 이들 비파형동검을 표지로 하는 청동기 부장묘와 이를 현지에서 계승하는 집단이 있다고 추정하고, 고조선과 관련지어 설명하는 견해가 참고가 된다(吳江原 2013). 그렇다고 한다면 당시에 고조선의 서쪽 경계가 대릉하 상류지역이 되는 바, 무엇보다도 이러한 고조선 경역설에 대해서 상당수의 고대사학자들이 동의하지 않는 점이 문제가 된다.

　여하튼 대체로 청동기시대 후기와 초기철기시대에 해당하는 기원전 4~3세기대인 요하 이동에서는 한반도에 근접하거나 길림 이동지역에 치우쳐 청동기 부장묘가 발견된다. 단동 관전현 조가보와 집안 오도령구문의 동경 부장묘가 그 사례이다. 이 지역은 한반도로 넘어가는 육로가 발달하거나 후에 고구려의 중심지가 들어선 곳이다. 송화강 상류역에서는 길림 화전현 서황산둔, 그리고 연해주지역에서는 이즈웨스토프에서 중위등급의 동경 부장묘가 확인된다.

　한반도의 서남한지역에서 중상위등급의 청동기 부장묘가 확인되는 것은 기원전 4~3세기경의 초기철기시대이다. 이 집단들을 문헌기록상의 각기 다른 이름으로 규정한다 하더라도, 청동기를 통해 볼 때 각 지역의 무덤은 앞서 요서지역의 상위등급 무덤인 십이대영자무덤과 동일한 갖춤새 및 동일한 이데올로기가 반영되어 있다. 바꾸어 말하면 고조선의 동일한 논리의 지배 이데올로기와 물질문화를 근거로 각각 일정 지역집단의 우두머리가 된 셈이다. 그것이 고조선의 범주에 들어가지 않는 인접 주변의 정치체라도 그러한 것이다.

Ⅵ. 맺음말

위에서 논의한 내용을 정리하면 다음과 같다. 청동기시대 사회의 발전과 계층화 현상을 설명할 수 있는 가장 적절한 고고학 자료로 청동기를 들 수 있다. 청동기는 무기, 공구, 의기, 장엄구, 차마구 등이 있는데, 비파형동검과 다뉴경을 표지로 한 십이대영자문화가 고조선 혹은 예맥집단으로 이해된다. 이 청동기들의 제작 및 보급과정은 크게 5단계로 나누어 설명할 수 있다.

무덤에 부장된 청동기의 조합은 크게 3등급으로 구분되는데, 상위급은 거의 전 종류, 중위급은 2~3종류, 그리고 하위급은 1종류 1~2기종을 부장한다. 무덤 형식과 비교하면 중상위등급 청동기가 토광묘계열의 무덤에 부장되지만, 지석묘계열의 무덤에는 기껏해야 하위등급의 청동기가 부장될 뿐이다. 대체로 지석묘사회는 공동체성향의 족장사회이며, 기원전 1천년기 전반에 등장하는 고조선은 소국 혹은 소국연맹 단계로서 이는 개인성향의 족장 혹은 군장사회라 할 수 있다.

각 등급의 청동기 부장묘에 대해서 중국 동북지역과 한반도에 걸쳐 각 단계별로 그 분포의 변천과정을 살핀 결과, 기원전 8~7세기의 중기에 상위등급이 분포하는 요서지역에서 시작하여 후기인 기원전 6~5세기에는 상위등급이 등장하는 요동지역에도 고조선의 중심소국이 이동하는 현상이 확인된다. 이 중심소국에서는 청동기 부장묘를 볼 때 적어도 3단계의 계층화 현상이 확인되지만, 그렇지 않은 지역은 2단계 이하로서 주변의 초기 족장사회로 생각된다.

직접 관찰할 수 없는 사회집단의 성격을 그들이 남긴 물질적 자료로 설명한다는 것은 두 가지 측면에서 문제가 있다. 첫째는 그 자료가 사회를 제대로 반영할 수 있는가 하는 의문이고, 둘째는 설혹 제대로 반영되어 있다 하더라도 그 성격을 어떤 방식으로 설명할 수 있는가 하는 것이다. 그럼에도 불구하고 물질자료 중에서 청동기만을 대상으로 그것에 반영된 사회적 내용에 대해서, 그것도 등급화 혹은 계층화의 현상을 통해서 설명하는 것은 적지 않은 문제가 있다. 그러나 문헌기록에 소략하게 소개되어 있는 청동기시대 사회, 고조선에 대해서 고고학적으로 설명하는 것을 인정한다면 앞서의 논의가 나름대로 인정받을 만한 것이라 생각한다. 그렇지만 논의의 내용이 더욱 정교해야 하고, 그것을 뒷받침하는 근거와 방법이 보완되어야 함은 물론이다.

참고문헌

姜仁旭, 2005, 「韓半島 出土 琵琶形銅劍의 등장과 地域性에 대하여」『韓國上古史學報』 49.

國立中央博物館·國立光州博物館, 1992, 『韓國의 靑銅器文化』, 汎友社.

김승옥, 2007, 「분묘 자료를 통해 본 청동기시대 사회조직과 변천」『계층 사회와 지배자의 출현』, 사회평론.

김재용, 2012, 「신성동 돌곽무덤에 대하여」『조선고고연구』 1.

金貞培, 1986, 『韓國古代의 國家起源과 形成』, 高麗大學校出版部.

김종일, 2007, 「"계층 사회와 지배자의 출현"을 넘어서」『한국고고학보』 63.

박준형, 2012, 『고조선의 성립과 발전에 대한 연구』, 연세대학교대학원 박사학위논문.

박진욱·황기덕·강현숙, 1987, 『비파형단검문화연구』, 과학백과사전출판사.

성철, 2012, 「비파형단검의 발상지에 대한 견해」『조선고고연구』 1.

吳江原, 2013, 「청동기~철기시대 요령·서북한지역 물질문화의 전개와 고조선」『東洋學』 53.

俞泰勇, 2003, 『韓國 支石墓 硏究』, 주류성.

이영문·강진표·김석현·최성훈·이재언, 2012, 『麗水 月內洞 上村 支石墓』, 東北亞支石墓硏究所.

李淸圭, 2000, 「'國'의 形成과 多鈕鏡副葬墓」『先史와 古代』 14.

이청규, 2010, 「신석기-청동기시대의 요서지역 무덤의 부장유물과 그 변천」『요하문명의 확산과 중국 동북지역의 청동기문화』, 동북아역사재단.

한국고고학회, 2010, 『한국 고고학 강의』, 사회평론.

武末純一, 2002, 「遼寧式銅劍墓와 國의 形成」『悠山姜仁求敎授停年紀念 東北亞古文化論叢』.

瀋陽故宮博物館, 1975, 「瀋陽鄭家窪子的兩座靑銅時代墓葬」『考古學報』 1.

遼寧省文物考古硏究所·朝陽市博物館, 2010, 『朝陽袁臺子』, 文物出版社.

遼寧省博物館, 1985, 「遼寧凌源縣三官甸靑銅短劍墓」『考古』 2.

遼寧省博物館·朝陽地區博物館, 1977, 「遼寧喀左南洞溝石棺墓」『考古』 6.

魏海波, 1984, 「本溪梁家出土靑銅短劍和雙鈕銅鏡」『遼寧文物』 6.

李展福, 1991, 「建平孤山子·楡樹林子靑銅時代墓葬」『遼海文物學刊』 2.

林澐, 1980, 「中國東北系銅劍初論」『考古學報』 2.

朱貴, 1960, 「遼寧朝陽十二臺營子靑銅短劍墓」『考古學報』 1.

中村大介, 2007, 「遼寧式銅劍의 系統的展開와 起源」『中國考古學』 7.

Choi, Mong-lyong, 1984, *A Study of the Yongsan River Valley Culture: The Rise of Chiefdom Society and State in the Ancient Korea*, Dongsongsa.